Mélanges de la Bibliothèque de la Sorbonne

6

AUX AMATEURS DE LIVRES
INTERNATIONAL
62 Avenue de Suffren - 75015 PARIS
Tél. 45.67.18.38 - Telex 201 133 F AMATINT

Collection des
MÉLANGES DE LA BIBLIOTHÈQUE DE LA SORBONNE
dirigée par André TUILIER

1. LIMACHER (Pierrette) :
   INVENTAIRE DES LIVRES DU XVIe
   de la Bibliothèque de la Sorbonne.

2. STENDHAL.
   Colloque de Cerisy-La-Salle (30 juin-10 juillet 1982).

3. WEIL (Françoise) :
   L'Interdiction du roman et la librairie.

4. LANSARD (Jean) :
   Drieu la Rochelle ou la passion de l'unité. Tome I.

5. VENTRE-DENIS (Madeleine) :
   Les Sciences sociales et la Faculté de droit de Paris sous la Restauration.

6. RAULT (Christian) :
   L'Organistrum, les origines de la vielle à roue.

7. LINDEKENS (René) :
   Dans l'Espace de l'Image.

8. DIDEROT (Denis) :
   Colloque International (4-11 juillet 1984)
   Actes recueillis par Anne-Marie Chouillet.

ISBN 2-905053-16-X

Mélanges de la Bibliothèque de la Sorbonne

Directeur de la collection : André Tuilier, Directeur de la Bibliothèque de la Sorbonne.

Rédacteur en chef : Jacquette Reboul, Conservateur à la Bibliothèque de la Sorbonne

Administrateur : Michel Marion, Conservateur à la Bibliothèque de la Sorbonne

Direction-Administration :
Bibliothèque de la Sorbonne, 47, rue des Ecoles
75230 PARIS CEDEX 05. Tél. : 43.26.21.94

Vente : Librairie Aux Amateurs de Livres
62 avenue de Suffren 75015 PARIS

Sommaire

De summa trinitate et fide catholica et ut nequis de ea publice contendere audeat.

que s el mun. si s maiors epl'
fant adonqur aquellas .q a deu
apertenunt. e p aco deuem dir
primas de fe e de trinitat. Las
cals doas cas pertenunt mais a
deu: que negunas autras cas.
Aquestas doas cas. zo es fes e
trinitat. si deuun esser gardadas
e tengudas atoz los homes del
mun segun aco que ellas for
unt ordenadas en quatre cocili.
L uns fon tenguz en costantino
pol. Li autre en calcedonia. Li
autre in ephefo. Li autre en [illegible]
na. E p aco car aqstas doas cas.
tant s santas e dignas. non
deu nullz om desputar pobla
ment. qr molt ome encarrio
tost en error. E queq onqs om di
ra ni fara encontra aquo q no
auem dir de sobres gran pen
enaura segun la qualitat de

la psona. Si es cauallers el pr
sa cauallaria. Si es clergues
pr son orden. Si es sers pr la
testa. De las scas gleisas et dels autres locs [illegible]
De fe e de trinitat aue legi ed
dit. aras digam de las
gleisas q son maires de fe e de
religion. Mas cum zo es cosa
que las causas del mun. si cu
s tras. e uignas. e maisos. e al
tras cas mundanas s obs agle
sas. e ad hospitals. e ad altre loc
honorables. Bes es que nos diga
de las cas de las gleisas. e dels au
tres locs uenables. Las gle
sas e trastuig li autre altre loc
uenable. si cu es hospitals an
singlar radon e en acaptar. e
entretener las soas cas. e entreq
rir lo seus dreigs. Certas. si
las gleisas fadion alcun con
trast. Si cum es si ella compra.
o si lies donada alcuna causa.
ella a lo senozui. ia sia zo q el
non sia mes entenedon. e si por
ben dire atoz homes qui teno
la causa: aqsta ca es mia.
Mas si altre om agues gadani
da la ca ensa uida. el no por
dire: aqsta ca es mia. si el nos
fo mes entenedon. Si uns
om lausser assa mort. coza el
doner son garge alcun causa

Somme sur le Code de Justinien en provençal.
Manuscrit 632 de la Bibliothèque de la Sorbonne.

Cahier historique

André Gouron

LE MANUSCRIT 632 DE LA SORBONNE : A LA CONVERGENCE DES DROITS SAVANTS EN PAYS D'OC

A Paul Ourliac

En 1885, Emile Chatelain identifiait le contenu du ms. 632 Bibl. Sorbonne comme un «abrégé du Code de Justinien en provençal ou dialecte des Pyrénées copié sur vélin à la fin du XIIe siècle[1]». Cette découverte bénéficia d'un retentissement considérable tant chez les philologues que chez les historiens du droit : l'existence d'une Somme au Code en provençal était déjà connue, puisque Charles Giraud dès 1838, puis Karl Bartsch en 1874, en avaient signalé les exemplaires transmis respectivement par les mss. Bibl. Nat., n. acq. fr. 4138 et fr. 1932, mais la version de la Sorbonne était nettement plus ancienne que les précédentes, ainsi que l'établirent rapidement Fitting et Suchier, et ainsi qu'il est reconnu aujourd'hui, bien que quatre autres mss. provençaux, partiels ou complets aient été entre temps mis au jour. Notre ms. y a gagné d'être communément désigné par la lettre A.

Une littérature de poids a été consacrée, depuis la fin du XIXe siècle, au *Codi,* à ses origines, à sa diffusion et aux traductions qui en furent données en latin, en franco-provençal, en castillan et en catalan. L'édition de la version provençale se fit pourtant longtemps attendre : projetée par Fitting et par Suchier, qui n'en fournirent que quelques extraits à l'occasion d'une publication finalement limitée à la traduction latine, elle se borna à la reproduction des rubriques et du premier chapitre de chaque livre dans un article de Jules Tardif[2], et, beaucoup plus récemment, de quelques passages fournis à titre comparatif par J. Prawer[3]. L'on doit en revanche à M.F. Derrer l'édition, parue en 1974[4], du texte du ms. A, édition indispensable même si elle n'est pas dépourvue de quelques fautes et bien que le *Codi* provençal eût sans doute mérité une typographie plus agréable.

Quant à la localisation et à la datation de l'œuvre elle-même, nous nous permettons de résumer en renvoyant à ce que nous avons écrit ailleurs[5]. Inspiré d'une autre Somme au Code dite *Summa Trecensis,* elle-même rédigée à Saint-Gilles ou Arles vers 1140 par un maître Géraud originaire de la région et formé à l'enseignement bolonais d'Irnerius[6], le

Codi est dû à la plume d'un juriste inconnu — peut-être le *grammaticus* Pons que divers actes, notamment génois, nous montrent dans le rôle d'un conseiller écouté des marchands saint-gillois — écrivant aux alentours de 1150. La Somme provençale s'insère dès lors chronologiquement au deuxième rang parmi une série de *Summae Codicis* empruntant les unes aux autres, et dont la seconde édition de la *Trecensis,* la Somme de Rogerius, la *Summa* dite *Tubigensis* et celle de Placentin constituent les éléments ultérieurs : comme on le voit, se trouvent impliqués dans cet enchaînement, non seulement des juristes provençaux, mais aussi les glossateurs italiens installés dans le Midi de la France.

Pour revenir à la version provençale, ce que nous savions de sa diffusion s'est récemment encore enrichi. G. Giordanengo vient de signaler[7] la présence d'un nouveau fragment aux Arch. Dép. Bouches-du-Rhône : il s'agit de deux passages provenant des livres VI.102 à 104 et VII.15 *in fine* à 17. Ce fragment offre diverses particularités linguistiques, et notamment une tendance au chuintement, qui permettent sans doute de lui affecter une origine plus septentrionale que celle du ms. A (*camp* (A) = *champ ; cadaun = chacun ; causa = chausa ; radions = razions ; toltas = tautas ; espigas = espias ; d'altre = dautre ; maderia = mateira ; dig = dit*) encore qu'on y retrouve l'exemple d'une île née dans le Rhône *(si con es en Roen).* Ces derniers mois, J.A. Arias Bonet publie l'édition castillane du *Codi* à partir des mss. Madrid, Bibl. Nac. 6416 et 10816, rédigée au XIVe siècle dans la région de Zamora ou de Benavente, mais à partir d'un modèle traduit, peut-être dès la fin du XIIe siècle, sur la base d'un ms. nécessairement provençal, et très proche du ms. A[8].

La version livrée par la Bibliothèque de la Sorbonne n'est pourtant pas beaucoup mieux fixée dans le temps qu'il y a cent ans. Cl. Brunel s'en tenait au XIIe siècle[9] ; F. Derrer remarque l'influence cistercienne que paraît dénoter l'ornementation réduite du ms., mais le fait n'autorise pas une grande précision. L'observation la plus intéressante est à mettre au compte de P. Ourliac qui, à l'occasion de la découverte, par lui faite, de deux folios rescapés d'un ms. rédigé entre 1250 et 1270 à Toulouse ou en Quercy, relève que la lettre miniaturée ornant le f° 1 du ms. A semble «assez antérieure à 1200»[10] ; toutefois, le même auteur hésite à s'engager plus avant, compte tenu d'une glose latine insérée à la fin du ms. et citant le Décret de Gratien, le Code et le Digeste.

C'est à lever ce scrupule, et par là même à dater plus précisément le ms. A, que sont consacrées les lignes qui suivent. Nous croyons en effet possible d'enserrer quelque peu la datation à l'intérieur du laps de temps qui sépare les premiers signes de connaissance du Décret par les

Méridionaux de la limite basse que fournit l'écriture, c'est-à-dire au long de la deuxième moitié du douzième siècle. L'œuvre de Gratien s'est en effet très tôt diffusée parmi les Provençaux : outre la présence, dans le milieu arlésien, du canoniste Raymond des Arènes, le futur *Cardinalis,* qui sait faire emploi du Décret dès avant sa promotion (1158)[11], il faut signaler dans un sens analogue le petit *Libellus de verbis legalibus* du ms. Turin D.v. 19 qui, au milieu d'un exposé rédigé dans les années cinquante par un inconnu empruntant à la *Summa Justiniani est in hoc opere* (Valence ou Die, vers 1130), se réfère au *dictum post* C. 2, q. 6, c. 41, § 13[12]. On pourrait même joindre à ces éléments une glose notoire puisant *in decretis, II q. VI cap. non ita* (C. 2, q. 6, c. 18) et qui, siglée *m,* passe pour la plus ancienne citation du Décret due à un glossateur[13], mais nous est transmise par le ms. Berlin Staatsbibl. West lat. 408, où ne manquent pas les emprunts à la *Summa Trecensis* et dont la provenance est française.

Pour ce qui est du *Codi,* ce sont les deux longues gloses marginales en latin aux f°s 52 v° et 143 v°, qui constituent nos seuls indices. Il ne paraît pas douteux que le scribe en soit le même que celui du texte : ici l'écriture est certes plus petite, mais elle ne diffère pas de ce que l'on observe à propos des omissions commises dans le texte provençal par ce copiste, lorsqu'elles ont fait l'objet d'insertions marginales, et surtout le signe qui précède ces gloses reste en tous points semblable aux signes introductifs de paragraphes tout au long du ms.

A la vérité, la première de ces gloses, longue de 41 lignes, n'est pas utilisable à des fins de datation. Indépendamment de sa proposition initiale (*inc. : rem furtivam vel ablatam),* elle est faite d'extraits du titre 21.2 du Digeste *(de evictionibus et duplae stipulatione)* et plus précisément des fr. 54 pr., 62 pr., 60 à 62, 51 pr. et 65, à ceci près que seules les premières lignes de ces fr. ont été retenues.

La seconde, qui occupe non seulement l'entière marge de gauche, mais aussi tout le bas du folio 143 v°, et donc forme comme un supplément, présente beaucoup plus d'intérêt. On y trouve un exposé détaillé sur les diverses formes de violation des immunités ecclésiastiques et sur le droit d'asile en terre d'Eglise. Le texte est riche en allégations aux droits tant canonique que civil ; les premières sont pour l'essentiel tirées du Décret, C. 17 q. 4, c. 3 à 29, tandis que les secondes empruntent au Code et au Digeste.

Les procédés de citation des sources romaines permettent à eux seuls de gagner en précision, encore que manque, à ce jour, une étude consacrée à l'évolution de ces procédés dans les mss. non-italiens. Notre glose est caractérisée en ce domaine par une divergence : tandis que les allégа-

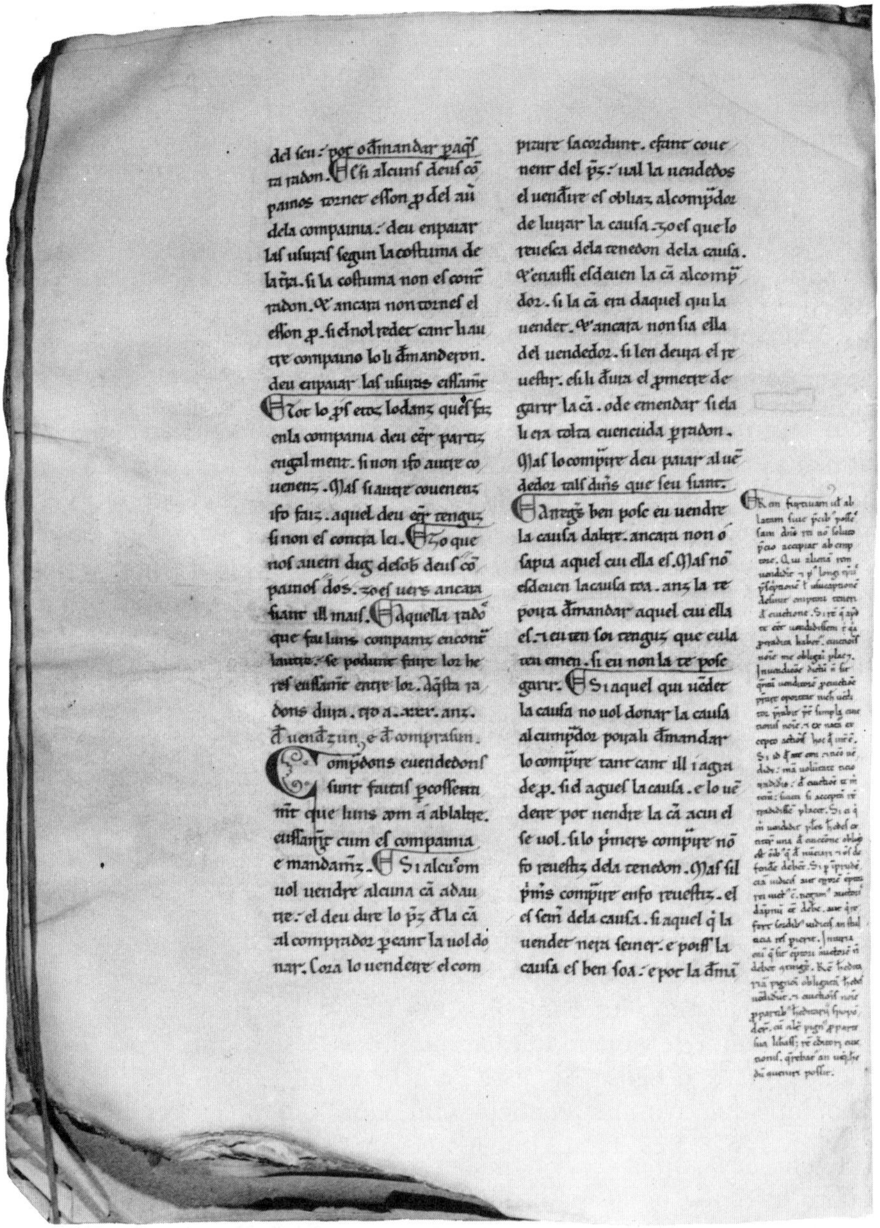

Somme sur le Code de Justinien en provençal (ms. 632 de la Sorbonne), f° 52v°.

tions au Code comportent l'intitulé du titre et l'incipit de la loi, les renvois au Digeste restent très généraux *(in digestis, ex jure digestorum).* Ce dernier trait, joint à l'absence de toute abrévation relative au même Digeste, constituerait un signe d'archaïsme marqué chez les Bolonais, pour qui citations précises comme abréviations sont d'usage courant dès le milieu du siècle[14]. Mais on est en droit d'objecter ici l'éventualité d'un maintien de cet archaïsme chez les Provençaux. Il convient donc de concentrer l'attention sur les renvois au Code, pour lesquels les éléments de comparaison ne manquent pas et autorisent sans doute plus de précision.

Les écrits français les plus anciens — ceux qui ont été rédigés avant le milieu du douzième siècle en tout cas — se bornaient à la mention du titre telle qu'elle figure aux sources. Il en va ainsi de la Somme aux Institutes *Justiniani est in hoc opere,* du traité *De natura actionum* — qui fournit toutefois l'incipit *in quadam decisione* — et du petit écrit *De causis criminalibus,* dont on peut encore admettre la rédaction dans les premières années cinquante.

L'évolution des modes relatives aux citations apparaît nettement dans les ouvrages du cycle formé par la *Trecensis* et la *Summa Codicis* de Rogerius. Dans les deux éditions qu'il donna de la première, maître Géraud renvoya à la *nova lex,* à la *lex Justiniani* ou à telle *constitutio* sans respecter la hiérarchie entre titre et loi. En revanche, lorsque, dans un troisième stade, représenté par le ms. de Troyes, Géraud — ou un autre auteur — inséra un chapitre VII. 31, avec le titre *De interesse,* en l'empruntant à la fameuse *distinctio* martinienne sur la matière, il savait alors citer, et le titre, et la loi ; or ce stade est à situer vers le milieu du siècle, et en tout cas avant la rédaction par Rogerius de sa Somme au Code, elle-même composée au plus tard vers 1165. Rogerius, de son côté, fait usage des techniques définitives de citation, où, à côté du titre, la loi est représentée, soit par son incipit, soit par son numéro d'ordre.

D'autres opuscules de nature juridique viennent confirmer cette évolution. Ainsi le traité *Qui de re pecuniaria,* probablement du milieu du siècle, et où le Digeste est déjà abrégé en forme de d barré, ne connaît du Code que les titres. Surtout, nous disposons de trois versions successives du *De actionum varietate* dont chacune offre un état des procédés différent des autres. La première, très ancienne — mais que nous tenons, malgré Conrat, pour plus française que lombarde — se borne à évoquer les *capitula legis.* La deuxième, qui figure au ms. Prague, Metrop. Kap. J. LXXIV et, sous forme d'appendice, à l'édition donnée en 1500 par Schott des *Exceptiones Petri,* et qu'il faut relier sans doute à l'abrégé au Décret dont il sera question plus loin, et donc placer dans les

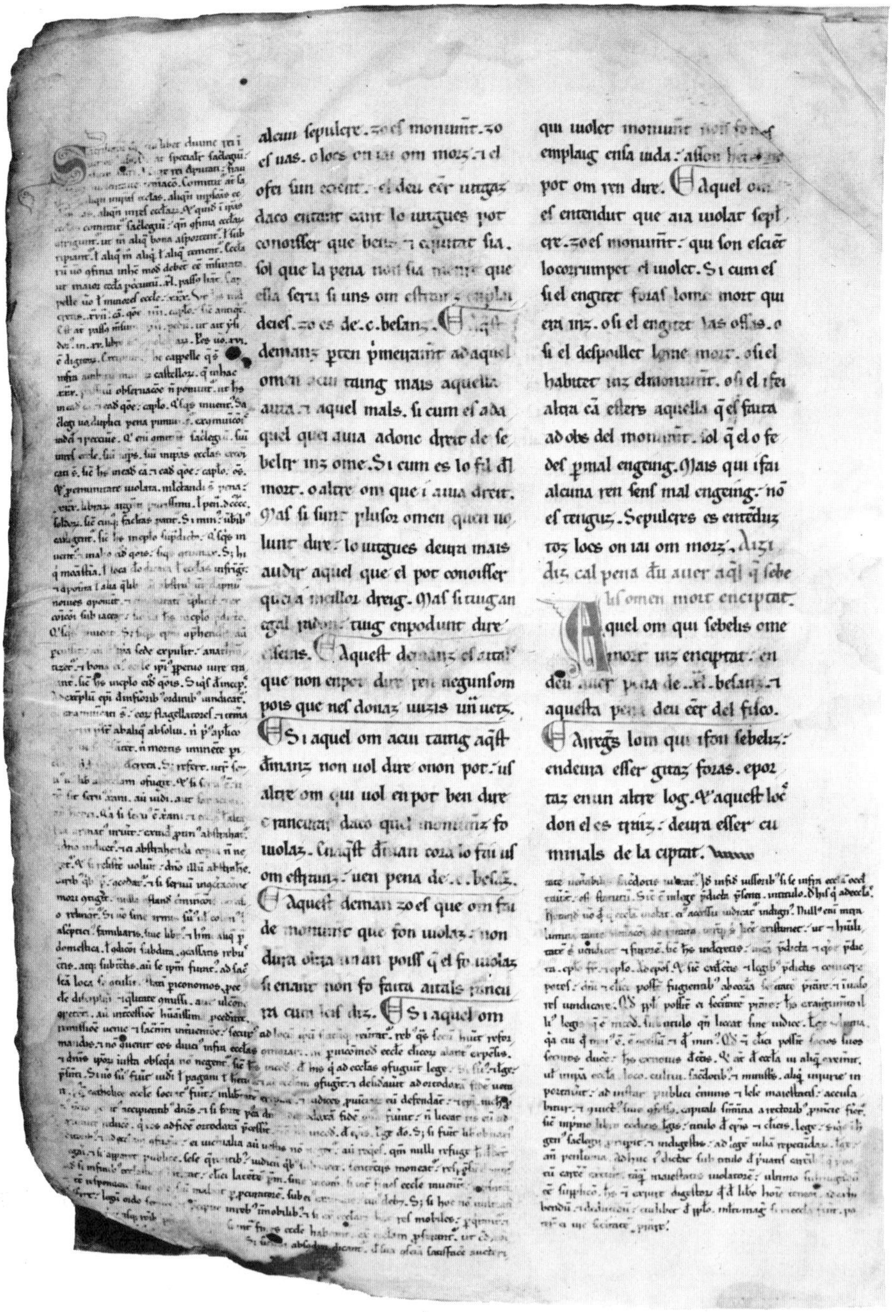

Somme sur le Code de Justinien en provençal (ms. 632 de la Sorbonne), f° 143 v°.

années cinquante, cite le Code par titre et par loi. La troisième, connue seulement par le ms. Bamberg Can. 17, où elle est intégrée à un *compendium* reprenant également le *De natura actionum* et le *De criminalibus causis,* n'est pas nécessairement postérieure à 1160, comme l'a écrit Mme Fowler-Magerl[15], mais se situe sans doute quelque part entre les années cinquante et la mort de Rogerius ; or on y relève — et Fitting l'avait bien vu[16] — un écart sensible entre les formes des renvois au Digeste (avec d barré) et aux Institutes, fort vagues, et la précision des allégations au Code, où, comme chez Rogerius, la loi est identifiée, soit par son incipit, soit par son numéro.

En définitive, notre glose paraît contemporaine de l'insertion du chapitre *De interesse* dans la *Trecensis,* ou à peine postérieure ; et elle est d'âge égal, ou légèrement antérieur, à celui où l'on peut placer la troisième version du *De actionum varietate :* ceci amène à situer la glose du ms. A, et donc le ms. lui-même, autour des années soixante.

Pour les citations relevant du droit canonique, celles qui renvoient au Décret *(in decretis)* n'apportent pas grand'chose. La coexistence de ce type d'allégations avec des emprunts aux compilations byzantines ne devient certes courante qu'aux environs de 1160/1170, avec le célèbre *Ulpianus de edendo*[17] ; mais il s'agit là d'un écrit probablement anglo-normand, et nous croirions volontiers que les Provençaux ont été très tôt capables de réaliser un tel amalgame, puisque l'abrégé au Décret *Quoniam egestas,* d'origine méridionale, entrecroise, dans la leçon du ms. précité de Prague, des gloses tirées du *Corpus juris civilis* sur le texte de l'*abbreviatio* avec des gloses tirées du Décret sur les *Exceptiones Petri*[18]. Numéroter convenablement *causa* et *quaestio* tout en fournissant l'incipit du *capitulum* devait être au surplus à la portée des écrivains méridionaux dès la fin des années cinquante.

Une coïncidence troublante mérite toutefois d'être relevée. Tandis que, comme on l'a vu, les références au Décret sont toutes empruntées à la C. 17 q. 4, cette même *quaestio* (c. 21 et 22), a exclusivement fourni leur matière aux chapitres 243 et 244, seuls issus de Gratien si l'on excepte un probable appendice, de la Collection en 294 chapitres : or cette collection canonique, transmise par le ms. Prague Univ. VIII.H.7 et étudiée par Friedrich von Schulte[19] a certainement été composée dans le Midi de la France et probablement, selon nous[20], sous le pontificat d'Hadrien IV. Si l'on veut voir là autre chose que l'effet du hasard, l'information apporte plus, il est vrai, à la confirmation de l'origine rhodano-provençale de cette collection qu'à la datation du ms. de la Sorbonne.

Au contraire, on ne saurait trouver le moindre rapport entre la glose en question et la *Ratio de lege romana,* c'est-à-dire la série de chapitres ajoutée à la législation vénitienne de 1195. Ces chapitres, naguère étudiés par B. Pitzorno, sont tirés pour partie du *Codi,* pour partie du Décret de Gratien ; nous ne croyons pas qu'ils soient de rédaction antérieure à notre glose, pas plus d'ailleurs que nous ne suivons l'hypothèse de Pitzorno[21] supposant l'existence d'un *Liber romanae legis* perdu, qui aurait été écrit en Toscane et serait la source du *Codi* : les arguments invoqués à l'appui de cette construction sont très faibles, et se retournent en général contre leur auteur, tel l'emploi de *potestas* pour *judex,* ou celui de *firmantia* pour désigner une caution, qui sont précisément conformes aux usages en honneur dans l'aire provençale.

Il faut donc chercher ailleurs le modèle utilisé par l'auteur de notre glose ; ce modèle n'est en effet nullement imaginaire, au moins en ce qui concerne les premières lignes. Celles-ci, et plus précisément les § 1-6, ne sont qu'un résumé[22] de l'enseignement de Rufin en matière de sacrilège : une vingtaine de lignes de la *Summa decretorum* ont été ici mises à profit[23]. Certes notre glose comporte un certain nombre de variantes ; il est remarquable qu'elles n'aient rien de commun avec celles qu'offrent les Sommes des deux émules de Rufin, Etienne de Tournai et Jean de Faënza.

La filiation rufinienne constitue une information doublement précieuse. D'abord, elle montre à quel point les milieux méridionaux se tenaient au courant des productions canoniques les plus récentes. Ensuite et surtout, elle procure à notre glose un nouvel élément de datation. La rédaction ne peut en être antérieure, d'une part, à la date à laquelle tombe l'œuvre de Rufin, qui a été divulguée entre 1157 et 1159. D'autre part, elle ne saurait être postérieure au début des années soixante, c'est-à-dire au moment où la Summa d'Etienne de Tournai commence à connaître une large diffusion.

Au-delà du § 6, la glose cesse de dépendre de Rufin pour aligner une série d'extraits principalement tirés du premier livre du Code. Vers la fin, elle offre toutefois un retour au droit canonique, sous une forme de prime abord curieuse : après avoir justifié le droit des clercs à la *securitas* par un recours au C.3.27.2, le glossateur s'adresse au lecteur par la formule *habes ex novis decretis,* suivie d'une longue proposition (*inc.* : *qui autem de ecclesia)* enchâssant une allégation au Code et une autre au Digeste, et réclame ensuite, en cas d'*injuria* commise à l'encontre des *sacerdotes et ministri,* une accusation à l'instar d'un *crimen publicum* et d'un cas de lèse-majesté, à travers des renvois au C.9.5.1 et au Dig. 43.29.3.

En général, la mention de *nova decreta,* qui ne présente rien d'exceptionnel à la fin du XIIe siècle, vise plutôt les décrétales. On la rencontre par exemple dans l'*ordo Videndum est quis sit ordo,* écrit entre 1185 et 1190 par un auteur français fortement dépendant de la *Summa Codicis* de Placentin[24] ; le texte traitant de la prohibition du *juramentum calumniae* pour les clercs, il fait sans doute allusion à une décrétale transmise notamment par la *Collectio Parisiensis* II[25]. Signalons au passage que, si les citations de décrétales sont relativement tardives dans la littérature des *ordines,* — on a ainsi observé qu'elles n'apparaissent qu'à partir de 1175 dans les œuvres anglo-normandes[26] —, il n'en va pas nécessairement de même pour d'autres types d'écrits juridiques qui pourraient se montrer plus précoces à cet égard : on en veut pour preuves la Somme française *Quoniam status,* qui donne le texte complet d'une décrétale d'Alexandre III à Boson, évêque de Châlons, mort en 1162[27], et, dans un registre différent, l'apparat de gloses martiniennes du ms. Montpellier Médecine H 315, dont W. Uruszczak a prouvé, et qu'il avait été copié à Reims aux environs immédiats de 1170, et qu'il est accompagné d'une décrétale d'Alexandre III datant du 2 janvier 1160[28]. D'ailleurs ce ms. utilise déjà le signe classique en forme de potence pour introduire un paragraphe ; il est donc à peu près sûrement plus récent que notre glose, qui émane d'un milieu aux traditions graphiques peut-être bien différentes des habitudes rémoises, mais sans doute moins longtemps éloigné de la technique bolonaise.

Ici les choses sont bien différentes. L'auteur de la glose a tout simplement commis une erreur dans la lecture du *dictum* p.c. 29, en y voyant une suite de ce *capitulum,* qui était en effet un «décret nouveau» dans l'œuvre de Gratien, car emprunté au concile du Latran de 1139. Comme veut bien le rappeler St. Kuttner, la faute était d'autant plus facile à laisser passer que les manuscrits du Décret ne séparaient les *dicta* des *capitula* que par un signe que l'on pouvait aisément oublier. Nous aimerions à croire également que le scribe a été influencé par la mention de *nova statuta* dans le commentaire de Rufin.

Finalement, les éléments de datation à tirer des allégations romanisantes de la glose — absence d'abréviation dans les mentions du Digeste, mais citations du Code en forme classique — convergent parfaitement avec ceux qu'offrent les emprunts à la doctrine canonique, obtenus à partir de Rufin, mais non d'Etienne de Tournai : la glose, et le manuscrit entier à sa suite, ont été rédigés dans les premières années soixante du douzième siècle.

En tout état de cause, ce ms. ne saurait être considéré comme l'archétype du *Codi.* Qu'il ait été copié sur un autre ms., cela résulte d'au moins deux indices. D'abord on y cherche en vain l'équivalent des chap. IV.37 à 39 — selon la numérotation de l'édition Fitting — de la traduction latine ; or cette lacune découle manifestement d'un homéotéleuton qui a entraîné le copiste à confondre la fin du chapitre 36 — sauf la dernière proposition, qui précisément manque au ms. de la Sorbonne — avec celle du chapitre 38. Ensuite les mss. latins dérivent d'un ms. provençal parfois plus proche de la *Summa Trecensis*, et donc vraisemblablement plus fidèle à l'archétype du *Codi*, que ne l'est le nôtre : ainsi s'explique le fait, qui avait tant étonné Fitting, que ce dernier ms. accorde trente ans pour exercer l'action *quanti minoris* à l'acquéreur de la chose viciée à partir de la péremption de l'action rédhibitoire, alors que la version latine, suivant en ceci l'enseignement de Géraud, limite plus exactement ce délai à une année utile.

Il est permis d'ailleurs de s'interroger sur la distance dans le temps qui sépare le ms. de la Sorbonne de plusieurs des mss. latins. R. Feenstra, décrivant le ms. de Lucques qu'il a découvert, tend à en faire le plus ancien de ceux-ci[29]. Mais P. Ourliac[30], tout en critiquant — à notre avis, à juste titre — les datations communément admises depuis Fitting, rapproche l'écriture du ms. d'Albi de chartes toulousaines ou rouergates qui s'échelonnent de 1167 à 1192 ; l'observation ne contredit nullement la datation de la traduction elle-même, qu'il faut placer, à notre avis, peu après le premier siège de Milan par Frédéric Barberousse, et donc aux environs de 1160, soit plus haut qu'on ne l'admet communément. Cette traduction est à attribuer à un *Ricardus* italien qui, comme le suggère avec sagacité R. Feenstra, ne se confond pas forcément avec ce *Ricardus Pisanus* auquel Pitzorno avait naguère cru devoir en décerner la paternité, et par conséquent les éléments de datation tirés de la vie de ce personnage ne sont d'aucune aide.

Soulignons en outre l'étendue de l'aire sur laquelle le *Codi* provençal a exercé son influence : indépendamment de la traduction précitée, cette influence est attestée en Béarn, en Castille, en France — à travers les mss. Bibl. Nat., fr. 1069, 1070 et 1933 — et dans le royaume latin de Jérusalem, puisque, comme l'ont démontré respectivement P. Rogé[31], J.A. Arias-Bonet, P. Ourliac et J. Prawer, ce sont des mss., non pas latins, mais provençaux — d'un type différent de celui que représentent les mss. connus, il est vrai, dans le cas de l'assise sur l'exhérédation de Baudoin III — qui constituent la source des textes en cause. La diffusion du *Codi* se cumule ainsi avec celle de la *Summa Trecensis*, assurée en Catalogne, en Rhénanie et dans les milieux anglo-normands, probable à Reims et en Carinthie[32], pour faire de l'école provençale — après, bien entendu, l'école bolonaise — l'un des foyers de la renaissance juridique au douzième siècle.

Mais, une fois ramené aux environs de 1160, le ms. de la Sorbonne présente surtout l'intérêt de confirmer avec éclat ce que l'on pouvait seulement soupçonner à partir de la double culture juridique dont fait état, à la même époque et dans la même aire géographique, Raymond des Arènes, le décrétiste *Cardinalis.* L'école provençale, à peine passé le milieu du siècle, sait manier, quoiqu'avec moins de dextérité, la littérature des canonistes comme elle sait se servir des sources romaines ; et cette science *in utroque jure* fait d'autant plus son originalité que ni Rogerius, ni Placentin ne lui ont apporté grand'chose, si l'on en croit leurs œuvres, dans le domaine du droit canonique.

Plus précoce que n'importe quel autre milieu savant, à l'Ouest ou au Nord des Alpes, au titre de la diffusion des connaissances liées à la redécouverte des compilations byzantines, cette même école, dont nous ignorons pourtant beaucoup, tant ses tenants ont conservé l'anonymat, bénéficie également d'une certaine avance sur les milieux de canonistes qui vont se former à Paris, en Rhénanie et chez les Anglo-Normands. Mais, privée qu'elle sera de maîtres après la mort de Raymond des Arènes, de Géraud et de Placentin, dépourvue qu'elle était vraisemblablement, dès ses origines, d'un nombre suffisant de manuscrits glosés, coupée au surplus du monde des théologiens et des artistes, si présent au contraire dans l'histoire du *studium* parisien, cette école est vite tombée dans un oubli d'autant plus profond que l'affinement des méthodes bolonaises ne pouvait que vouer au mépris des générations postérieures une Somme aussi incomplète que l'était le *Codi.* Le ms. de la Sorbonne n'en constitue pas moins une pièce maîtresse dans les constructions intellectuelles des pionniers de la science juridique.

notes

1. Cf. H. Denifle et Em. Chatelain, *Manuscrits de la bibliothèque de l'Université tirés des dépôts littéraires,* Paris, 1885, p. 21. La mention manuscrite du 23 mai 1884, portée sur la face interne de la couverture, ainsi que le renvoi à la *Chrestomathie* de Bartsch figurant au deuxième feuillet de garde, paraissent dus à la main de Chatelain.

2. *Une version provençale d'une Somme du Code de Justinien,* in Annales du Midi V (1893), pp. 34 et s.

3. *Etude sur le droit des Assises de Jérusalem : droit de confiscation et droit d'exhérédation,* in Rev. hist. de droit français et étranger 39 (1961), pp. 536 et s.

4. *Lo Codi, Eine Summa Codicis in provenzalischer Sprache aus dem XII. Jahrhundert. Die provenzalische Fassung der Handschrift A (Sorbonne 632),* Zurich, 1974. Selon l'éditeur, le chapitre IV.6 n'aurait pas d'équivalent dans les trois mss. latins édités ; en fait, et comme l'avait bien vu Fitting, ce chapitre est fait d'un § 1 répétant presque mot à mot le § 2 du chapitre précédent. Signalons une autre erreur : au livre III, le chap. 29 — comput de F. Derrer — ne recouvre pas le chap. 31 § 16 de l'éd. Fitting, mais bien le chap. 32, dépourvu de rubrique. Par voie de conséquence, la numérotation donnée par F. Derrer à tous les chapitres ultérieurs de ce livre se trouve inférieure de trois unités, et non de deux comme indiqué à la table et en notes, aux nombres portés dans l'éd. Fitting.

5. *Du nouveau sur lo Codi,* in *Tijdschrift voor Rechtsgeschiedenis* XLIII (1975), pp. 271 et s. (auj. dans *La science du droit dans le Midi de la France au Moyen âge,* Londres, 1984) ; Lo Codi, *source de la Somme au Code de Rogerius,* in Satura Roberto Feenstra... oblata, Fribourg, 1985 (sous presse).

6. Du moins dans une première version que la tradition manuscrite n'a pas conservée : *L'auteur et la patrie de la* Summa Trecensis, in Ius Commune XII (1985), pp. 1 et s. Le rôle du *Codi,* en tant que chaînon intermédiaire entre la Somme de Géraud et celle de Rogerius serait confirmé, s'il était besoin, par une glose reproduisant *verbatim* un passage du *Codi* et figurant avec le sigle *g* au ms. Berlin (Staatsbibl. West, lat. 274, f° 143 v°, mais avec le sigle *R* au ms. 408 de la même Bibliothèque, f° 119 v°) : cf. L. Mayali, *L'exclusion des enfants dotés en droit savant et en droit coutumier au Moyen âge,* th. Droit, Montpellier, 1985 (dact.), p. 98, n. 136.

7. Nous remercions notre collègue et ami de nous avoir communiqué une photographie de ce fragment, dont la provenance, probablement victorine, n'autorise aucune déduction précise.

8. *Lo Codi en Castellano,* Madrid, 1984, pp. 29 et s.

9. *Bibliographie des manuscrits littéraires en ancien provençal,* Paris, 1935 *(Société des publications romanes et françaises* XII*),* n° 249, p. 72.

10. P. Ourliac, *Sur deux feuillets du Codi,* in Mélanges Roger Aubenas (= *Recueil... de droit écrit* IX), Montpellier, 1974, p. 600 et n. 25.

11. Voir la consultation pour l'abbaye cistercienne de Valmagne publiée, d'après une copie tardive, par J.-P. Poly, *Les maîtres de Saint-Ruf. Pratique et enseignement du droit dans la France méridionale au XII*^e^ *siècle,* in Université de Bordeaux I... Centre d'études et recherches d'histoire institutionnelle et régionale 2 (1978), p. 203.

12. M. Conrat, *Geschichte der Quellen und Literatur des römischen Rechts im früheren*

Mittelalter, Leipzig, 1891, p. 621, n. 2 ; A. Padoa Schioppa, *Ricerche sull' appello nel diritto intermedio,* t. II, Milan, 1970, p. 76, n. 149.

13. Voir Br. Paradisi, *Diritto canonico e tendenze di scuola nei glossatori da Irnerio ad Accursio,* in Studi medioevali III.6 (1965), p. 4, n. 6 et p. 46. La glose elle-même a été publiée par G. Pescatore, *Die Glossen des Irnerius,* Greifswald, 1888, p. 59, n. 1.

14. Cf. G. Dolezalek, *Tractatus de diligentia et dolo et culpa et fortuito casu,* in Aspekte europäischer Rechtsgeschichte, Festgabe für Helmut Coing..., Francfort, 1982, p. 93.

15. L. Fowler-Magerl, *Ordo iudiciorum vel ordo iudiciarius,* Francfort, 1984 (*Ius Commune,* Sonderheft 19), p. 164.

16. *Juristische Schriften des früheren Mittelalters,* Halle, 1876 (rééd. Aalen, 1965), p. 59.

17. Cf. L. Fowler-Magerl, *op. cit.,* p. 68.

18. Voir sur cet abrégé St. Kuttner, *Repertorium der Kanonistik,* Cité du Vatican, 1937, pp. 263-264.

19. *Über drei in Prager Handschriften enthaltene Canones-Sammlungen,* in Sitzungsber. der kaiserl. Akad. der Wissenschaften, Phil.-hist. Kl. LVII (1867), pp. 195-196 pour ces chapitres.

20. *Sur la collection en 294 chapitres* (ms. Prague Univ. VIII.H.7), auj. dans *La science du droit* cit., n° XIII.

21. *Il «Liber romanae legis» della «Ratio de lege romana»,* in *Rivista italiana per le scienze giuridiche* 43 (1907), pp. 101-136. La «preuve» d'ancienneté du ms. utilisé par le législateur vénitien, que le même auteur, dans un article postérieur (*Il «Liber romanae legis» degli «Iudicia a probis iudicibus promulgata»,* même revue 44 (1908), pp. 269-292), croyait pouvoir tirer de leçons plus proches de la *Summa Trecensis* que des mss. latins du *Codi,* amène au contraire à supposer que ce ms. perdu était plus récent que ces derniers, puisqu'ils ne nous offrent qu'une version de la *Trecensis* de rédaction postérieure à celle du *Codi.*

22. Sur ce point — ainsi qu'à propos de l'erreur signalée plus loin dans la mention de soi-disant *nova decreta* — notre exposé dépend étroitement des observations à nous adressées par notre savant collègue et ami Stephan Kuttner, que nous remercions ici de son obligeance.

23. Ed. H. Singer, Paderborn, 1902, p. 373, 1. 4-19 et 24-26 ; p. 374, 1. 4-7.

24. Cf. L. Fowler-Magerl, *op. cit.,* pp. 94-95 (éd. p. 295).

25. Cf. Em. Seckel, *Distinctiones Glossatorum,* in Festschrift... Ferdinand von Martitz, Berlin, 1911 (réimpr. Graz, 1956), p. 396, n. 2.

26. Voir K.W. Nörr, *Päpstliche Dekretalen in den ordines juriciorum der frühen Legistik,* in Ius Commune 3 (1970), p. 2.

27. Cf. St. Kuttner, *Gratian and the Schools of Law (1140-1234),* Londres, 1983, *Retractationes,* pp. 28-29.

28. *Albéric et l'enseignement du droit romain à Reims au XIIe siècle,* in Confluence des droits savants et des pratiques juridiques. Actes du colloque de Montpellier..., Milan, 1979, pp. 43 et s.

29. *A propos d'un nouveau manuscrit de la version latine du Codi (ms. Lucques, Bibl.*

Feliniana 437), in Recueil... de droit écrit VI (1967) pp. 37 et s. = *Collectanea Stephan Kuttner* III (*Studia Gratiana* XIII), Bologne, 1967, pp. 57 et s., auj. dans *Fata iuris romani,* Leyde, 1974, pp. 150 et s.

30. P. Ourliac, *op. cit.,* pp. 598-599.

31. *Les anciens fors de Béarn. Etude sur l'histoire du droit béarnais au Moyen âge,* th. Droit Toulouse, 1907, pp. 307 et 405.

32. Cf. W. Stelzer, *Gelehrtes Recht in Österreich,* Vienne-Cologne-Gratz, 1982 (*Mitteilungen des Instituts für österreichische Geschichtsforschung* XXVI), pp. 192 et s. Quant à de nouvelles traces de l'influence de la *Trecensis* sur le milieu rémois, une étude de W. Uruszczak doit paraître incessamment au *Recueil... de droit écrit* XII (1985).

André Tuilier

LES ORIGINES DU COLLÈGE LOUIS-LE-GRAND ET DE SES BIBLIOTHÈQUES

III. LES BIBLIOTHÈQUES DU COLLÈGE

Dans les premiers temps de leur installation rue Saint-Jacques, les jésuites du Collège de Clermont ne voulaient pas avoir de bibliothèque somptueuse. Cette intention inconsciente ou inavouée répondait au désir de leur fondateur saint Ignace de Loyola, qui avait souhaité leur installation à Paris[1]. Dans l'esprit de pauvreté apostolique qui avait inspiré celui-ci, ils refusaient de donner à leur collège les signes de richesse et d'opulence qu'ils ne dédaigneront pas par la suite. En 1564 d'ailleurs, au moment de leur installation rue Saint-Jacques sous le gouvernement de Laynez qui avait succédé à saint Ignace comme général des jésuites[2], leur Compagnie n'avait pas encore trouvé son véritable régime[3]. Cependant les classes sociales sur lesquelles elle s'appuyait pour défendre la Contre-Réforme devaient bientôt lui donner son orientation spécifique.

LA PREMIÈRE BIBLIOTHÈQUE

De fait, comme on l'a dit précédemment[4], la Compagnie de Jésus recrutait principalement ses élèves dans l'aristocratie et la bourgeoisie enrichie qui constituaient l'armature sociale du parti catholique à l'époque des guerres de religion et cette élite entendait favoriser par des dons et des legs de toute sorte l'établissement de la rue Saint-Jacques. Ces dons et ces legs devaient permettre l'essor matériel du collège. Mais ils comprenaient nécessairement un grand nombre de manuscrits et de livres de luxe qui enrichirent

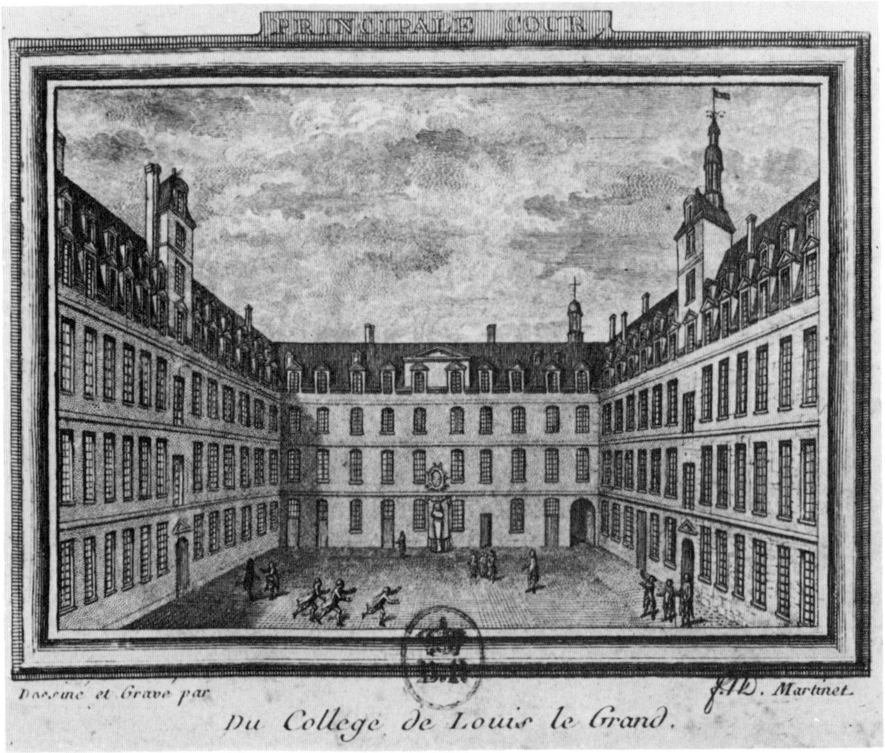

Principale cour du Collège Louis-le-Grand.
Dessiné et gravé par Martinet.

rapidement le fonds primitif de la bibliothèque du Collège de Clermont. Parmi les généreux donateurs qui constituèrent cette bibliothèque à l'origine, il faut citer le médecin Jérôme Varade, échevin de Paris, dont le fils jésuite aura la charge des pensionnaires du collège pendant la Ligue[5] et Pierre de Saint-André, président au Parlement. En 1573, celui-ci léguait au Collège de Clermont «12.000 livres de capital ou 500 livres de rentes» pour acheter les ouvrages nécessaires aux professeurs et aux élèves[6]. Il donnait en outre à l'institution de la rue Saint-Jacques sa riche bibliothèque qui contenait entre autres les livres qu'il avait acquis du célèbre humaniste Guillaume Budé (1468-1540)[7].

Enrichie par ces prestigieux donateurs, la bibliothèque du Collège de Clermont était déjà très importante au moment de l'entrée de Henri IV à Paris (22 mars 1594). Elle comprenait approximativement 18.000 à 20.000 volumes et ce nombre était considérable pour l'époque. Elle jouissait au reste d'une organisation qui était à la pointe du progrès. A l'instar des dominicains du XIIIe siècle qui avaient établi en leur temps des règlements pour la conservation des manuscrits et la gestion des bibliothèques[8], les jésuites s'étaient intéressés de bonne heure aux disciplines bibliothéconomiques, comme on dirait aujourd'hui. Dès la fin du XVIe siècle, leurs constitutions élaborent des règles précises en la matière et la Compagnie de Jésus se situe à ce sujet dans la tradition des grands ordres religieux, qui insérèrent le plus souvent ces disciplines dans leurs préoccupations communautaires. Enfin, pour compléter ces dons et ces legs, les jésuites prélevaient annuellement sur leurs ressources un revenu fixe pour acheter des livres. En 1593, avant l'entrée du Béarnais dans la capitale, celui-ci était fixé à 15 écus d'or pour le Collège de Clermont[9].

la dispersion de la bibliothèque

On conçoit dès lors que dans le contexte politique de l'époque qui opposait les jésuites aux partisans du roi légitime, la bibliothèque du Collège de Clermont devait exciter la convoitise et la jalousie des adversaires de la Compagnie de Jésus. Après la suppression de cette dernière et la fermeture du collège qui suivit l'attentat de Châtel (1594)[10], elle sera dispersée après avoir été pillée pour une part. Les manuscrits et les livres qui échappèrent aux rigueurs du temps seront vendus pour la somme dérisoire de 700 écus. Beaucoup d'entre eux furent acquis par Jacques-Auguste de Thou, qui était alors grand maître de la bibliothèque du roi[11]. Cette acquisition s'explique aisément, semble-t-il. A cette date, Henri IV avait effectivement décidé de transférer dans les locaux du Collège de Clermont abandonnés par les jésuites le fonds de la Bibliothèque royale que François 1er avait installée à Fontainebleau dans la première moitié du XVIe siècle.

Les livres acquis par de Thou devaient bénéficier d'un sort particulier. Mais, par l'intermédiaire de Colbert qui sut les acquérir en son temps, certains d'entre eux devinrent également à la fin du XVIIe siècle la propriété de la bibliothèque du roi.

En attendant, la Bibliothèque royale devait rester dans les locaux du Collège de Clermont jusqu'au début du XVIIe siècle. Elle s'était enrichie entretemps des livres et des manuscrits du cardinal Ridolfi, neveu du pape Léon X, qui avaient appartenu au maréchal Pierre Strozzi (+ 1558) et qui avaient été saisis à la mort de celui-ci par sa parente la reine Catherine de Médicis[12]. Celle-ci ayant disparu à son tour en 1589, Henri IV réussit à s'emparer des trésors bibliophiliques de la défunte et à les fondre dans la Bibliothèque du roi où ils se trouvent encore aujourd'hui. L'actif de Thou avait naturellement été l'instrument du Béarnais à cette occasion[13].

Le 1er septembre 1603, l'Edit de Rouen permettait aux jésuites de revenir en France où ils s'installèrent effectivement en 1604 à la faveur d'un rapprochement entre Henri IV et le pape Clément VIII en difficulté à cette époque avec l'Espagne de Philippe III[14]. Mais le retour de la Compagnie de Jésus dans le royaume était subordonné à des conditions qui empêchaient les jésuites d'enseigner à Paris. C'est seulement en 1618, on l'a dit, à la faveur de la Contre-

Réforme triomphante en France qu'ils pourront reprendre leur enseignement rue Saint-Jacques[15]. La Bibliothèque royale avait alors quitté le Collège de Clermont pour s'installer provisoirement au Couvent des Cordeliers. Après avoir été un moment rue de la Harpe, elle ne sera transférée au Palais Mazarin qu'en 1666[16].

LA RECONSTITUTION DE LA BIBLIOTHÈQUE

Dans ces conditions, la Bibliothèque générale du Collège de Clermont se reconstitue surtout à partir de 1618, c'est-à-dire à partir du moment où les locaux de la rue Saint-Jacques sont effectivement rendus à l'enseignement. Comme précédemment, les religieux consacrent une partie de leurs revenus à cette reconstitution indispensable. Cependant les classes dirigeantes qui avaient permis aux jésuites de rassembler d'admirables collections de livres avant leur exil devaient également favoriser leurs efforts à cet effet. Certes, les religieux ne purent obtenir la restitution des ouvrages qu'ils avaient perdus après l'attentat de Châtel. Mais de généreux donateurs, qui appartenaient naturellement à la noblesse et à la bourgeoisie catholiques acquises à la Contre-Réforme, se chargèrent de remplacer ces ouvrages par des collections aussi prestigieuses qui forcèrent l'admiration des contemporains. «Vers 1660, l'œuvre était en grande partie achevée, et en 1684 et 1685, on signalait sa perfection à l'attention de l'Europe[17].»

les principaux donateurs

Parmi ces généreux donateurs, il faut citer au départ deux éminents représentants du parti ligueur, le poète Philippe Desportes (1546-1606) et le cardinal François de Joyeuse (1562-1615), archevêque de Rouen. Le premier, qui avait été le favori et le lecteur assidu d'Henri III qu'il avait suivi en Pologne, avait adhéré à la Ligue catholique en 1587 avant de se rallier à Henri IV en 1594. Il s'était constitué une riche collection de livres qu'il avait voulu léguer aux jésuites[18]. Mais une bonne partie de cette collection sera dissipée par son fils naturel avant de parvenir rue Saint-Jacques et les religieux de Clermont ne posséderont

Reliure aux armes du Surintendant Fouquet, sur un ouvrage donné par lui au Collège de Clermont. Bibliothèque de la Sorbonne (le fouquet est un ancien nom de l'écureuil).

jamais intégralement la belle bibliothèque que le poète leur avait léguée avant de mourir. Quant au second, le cardinal François de Joyeuse, il appartenait à une famille d'ardents ligueurs[19] et il avait ordonné que ses livres soient partagés après son décès entre les jésuites de Paris et de Pontoise[20]. Ce legs, qui comprenait un grand nombre d'ouvrages provenant de l'humaniste troyen Pierre Pithou, devait constituer le premier fonds important de la bibliothèque reconstituée au début du XVIIe siècle.

Mais d'autres dons allaient rapidement enrichir cette dernière. En avril 1624, le lieutenant criminel Lallemant, dont les fils étaient jésuites[21], léguait au collège sa bibliothèque qui contenait plusieurs manuscrits précieux et, le 31 octobre de la même année, Antoine Feydeau (+ 1627), seigneur de Bois-le-Vicomte près de Claye et de Mitry et fermier général[22], donne à l'établissement 50 livres de rente pour accroître les collections de la rue Saint-Jacques. En outre, à une date qu'il est difficile de préciser, mais qui se situe dans la première moitié du XVIIe siècle, les libraires Cramoisy, auxquels Richelieu devait confier en 1640 la direction de l'Imprimerie royale, donnaient une partie de leur bibliothèque aux jésuites dont ils étaient les voisins et les amis rue Saint-Jacques[23]. C'est également à cette époque que les Pères purent acquérir en Lorraine, dans un pays totalement acquis à la Contre-Réforme, un fonds de livres et de manuscrits qu'ils firent venir à Paris. Enfin, le P. Sirmond, dont la science et l'érudition étaient incomparables, devait laisser au Collège de Clermont d'importantes collections de manuscrits et de médailles d'une valeur inestimable[24].

le surintendant Fouquet protecteur de la bibliothèque

Mais le plus grand bienfaiteur du collège avant le règne personnel de Louis XIV est incontestablement le surintendant Fouquet. Au temps de sa splendeur, c'est-à-dire avant la mort de Mazarin (1661), il donna aux jésuites «ses deux globes qui sont à la bibliothèque[25]» du collège et qui devaient être l'ornement de cette dernière. Le fait mérite d'être signalé. On sait qu'entre la Renaissance et le XVIIIe siècle, les bibliothèques ecclésiastiques ou autres avaient généralement des cabinets de curiosités qui rassemblaient à côté des livres et des manuscrits des objets précieux d'origine diverse. Les collections savantes du Collège de Clermont n'échappaient pas à la règle. Mais Fouquet devait faire plus encore pour la bibliothèque de la rue Saint-Jacques. En mai-juin 1659, à l'apogée de sa puissance, il attribuait 1.000 livres de rente, soit 22.000 livres de capital, à cette bibliothèque, qu'il avait embellie de ses deniers et dont il était considéré en quelque sorte comme le fondateur[26]. A vrai dire, ce titre n'était pas usurpé. Très lié au parti dévot qui avait relayé la Ligue au cours du XVIIe siècle[27], le surintendant était naturellement le protecteur et le bienfaiteur des jésuites. Il devait construire à ses frais une aile de la bibliothèque du Collège et contribuer pour une large part au capital de 70.000 livres que les religieux avaient recueilli auprès de divers particuliers[28] et qui devait notamment être employé aux bâtiments de cette dernière.

L'arrestation et le procès de Fouquet, qui restent un épisode caractéristique de la lutte entre le pouvoir royal et les dévots ultramontains[29], ne devaient pas ternir rue Saint-Jacques la mémoire du surintendant disgracié. La bibliothèque du collège conservait le portrait du ministre prévaricateur et les locaux construits par celui-ci représentaient au plafond la Renommée s'élançant dans les airs au milieu d'un groupe de Génies, et laissant tomber ces paroles : «L'illustre Fouquet a élevé cette bibliothèque et l'a dotée avec magnificence[30].» Il faut dire que c'est grâce aux libéralités du ministre déchu que l'ensemble se signalait à l'attention de l'Europe, comme on l'a dit précédemment. Les belles reliures aux armes de Fouquet — un écureuil en or — constituaient l'un des principaux ornements de cet ensemble. En 1661, au moment de la disgrâce du surintendant, la bibliothèque du Collège de Clermont comptait de 25.000 à 30.000 volumes[31] et ce chiffre était considérable pour l'époque. Elle atteindra près de 70.000 unités bibliographiques au XVIIIe siècle, quand les jésuites auront hérité du président Achille IV de Harlay (+ 1717), qui devait léguer à sa mort 22.000 livres au Collège Louis-le-Grand[32]. Au moment du départ des Pères (1762), cette bibliothèque était l'une des plus importantes de Paris et l'une des plus riches du royaume. Elle occupait deux grandes galeries qui formaient deux ailes en équerre au fond de l'ancienne cour de Langres : l'aile Fouquet qui était orientée d'est en ouest d'une part et l'aile Harlay qui s'allongeait du nord au sud d'autre part. L'ensemble dominait le jardin des jésuites qui constituait la seconde cour du collège.

le cadre de la bibliothèque

«Des colonnes, des armoires à compartiments surmontées de portraits, des globes, de magnifiques boiseries, des bustes, des tableaux décoratifs, des plafonds ornés de peintures monumentales, donnaient à cette cité des livres un aspect de richesse un peu théâtrale[33].» L'agencement intérieur des bâtiments était celui des grandes bibliothèques ecclésiastiques de l'époque. Les livres étaient rangés dans les armoires le long des murs. Pour sa part, l'aile Fouquet conservait à ses deux extrémités deux tableaux qui se faisaient face. Le premier d'entre eux que nous avons déjà cité représentait le surintendant «entre la Foi et la Justice[34]» par Le Brun et le second la mort d'Agamemnon par Giovanni Baptista Nicolo de Ferrare[35]. On pouvait donc apercevoir dès les premiers regards le protecteur du collège. C'est dire encore une fois que les jésuites n'avaient pas oublié par opportunisme leur bienfaiteur disgracié[36]. Quant à la galerie Harlay, elle était soutenue à l'intérieur par deux rangs de colonnes qui étaient séparées d'un côté par des fenêtres et de l'autre par des portraits éclairés par ces dernières. Ces portraits, au nombre de neuf, représentaient les jésuites qui avaient illustré à des titres divers l'établissement depuis sa fondation : les PP. Pierre-Jean Perpinian, Jean Maldonat, Emond Auger, Fronton du Duc, Jacques Salian, Jacques Sirmond, Louis de Cressolles, Denis Petau et Nicolas Caussin. Tous, ou presque tous, avaient servi cette bibliothèque à des titres divers[37].

Frontispice gravé des *Discours* et des *Poèmes* latins du
P. Gabriel Cossart, édités à Paris en 1723, Bibliothèque de la Sorbonne.

les bibliothécaires du collège

De fait, les jésuites, qui ont toujours accordé une grande importance aux études, confiaient généralement les fonctions de bibliothécaire du collège à des savants qui devaient laisser un nom dans l'érudition française[38]. En 1604, au moment où ils rentrent en France, ces fonctions devaient être exercées par le P. Fronton du Duc, dont le portrait occupait une place de choix dans la galerie Harlay. Parfait helléniste, Fronton du Duc (1559-1624) consacrera ses loisirs à l'édition des principaux écrivains ecclésiastiques de langue grecque, saint Basile, saint Grégoire de Nazianze, saint Jean Chrysostome et saint Cyrille d'Alexandrie. A sa mort, il sera remplacé par un autre érudit de premier rang, le P. Denis Petau (1583-1652). Savant helléniste comme son prédécesseur, celui-ci se rendra célèbre par ses travaux critiques qui sont encore utilisés aujourd'hui. Après sa disparition, la bibliothèque du collège devait être successivement confiée au P. Philippe Briet (1601-1668) et au P. Gabriel Cossart (1615-1674). Le premier, qui fut longtemps professeur de rhétorique — on dirait aujourd'hui de première — rue Saint-Jacques, nous a laissé un excellent *thesaurus* de la poésie latine[39]. Mais il était aussi un géographe accompli et il a écrit un *Théâtre géographique de l'Europe* publié à Paris en 1653. Quant au second, il devait éditer avec son confrère, le P. Philippe Labbé, les actes des conciles depuis les origines de l'Eglise[40]. On sait que cette œuvre monumentale, qui sera révisée au XVIIIe siècle par Jean-Dominique Mansi, fait encore autorité aujourd'hui.

C'est sous la direction du P. Cossart que la bibliothèque devait profiter des libéralités du surintendant Fouquet et qu'elle devait principalement acquérir les richesses qui feront sa renommée à la fin du XVIIe siècle et au XVIIIe siècle. Grâce à Fouquet, l'importance des fonds était telle qu'il fallait classer et répertorier les livres d'une manière systématique. On peut donc vraisemblablement faire confiance à Gustave Dupont-Ferrier lorsqu'il affirme que le P. Cossart entreprit cette opération entre 1659 et 1674[41]. Ces dates sont probables. En fait, elles corres-

Le P. Jacques Sirmond (1559-1651).
Gravé par C. Vermeulen.
Paris, Bibliothèque nationale, Cabinet des Estampes.

pondent aux étapes significatives de l'histoire de la bibliothèque. C'est effectivement en 1659, on l'a dit, que Fouquet, à l'apogée de sa gloire, devait spécialement manifester sa générosité aux jésuites et tout indique que le P. Cossart commença son travail à cette date. Cependant celui-ci n'était pas terminé en 1674, à la mort du savant bibliothécaire, puisque le catalogue systématique de la bibliothèque ne devait paraître qu'en 1678[42]. C'est pourquoi l'opération dut être entreprise par le P. Cossart à la fin de sa carrière.

le répertoire systématique de la bibliothèque

De toute manière, le répertoire systématique de la bibliothèque devait paraître à l'époque où le P. Jean Garnier (+ 1681) avait succédé au P. Gabriel Cossart dans les fonctions de bibliothécaire du collège et c'est à lui qu'il faut attribuer l'ouvrage. Celui-ci est un modèle du genre pour l'époque. Après une introduction historique, il présente l'inventaire complet des livres de la bibliothèque qu'il répartit en six classes : théologie, philosophie, histoire, droit, hérésies et les ouvrages réservés. Ce classement est significatif. En dehors des disciplines religieuses qui constituaient nécessairement une part importante du fonds, l'histoire — et tout spécialement l'histoire d'Espagne puisque les jésuites étaient originaires de ce pays et qu'ils avaient favorisé le parti espagnol au temps de la Ligue —, la cosmographie, l'astronomie, les mathématiques et les sciences physiques et naturelles étaient particulièrement bien représentées rue Saint-Jacques et la place tenue par ces disciplines dans le fonds des jésuites atteste l'étendue de leurs curiosités et la modernité de leur culture.

la correspondance de Jansénius

Essentiellement grâce au P. Sirmond que nous avons évoqué prédédemment, la bibliothèque possédait des manuscrits et des médailles qui intéressaient les domaines les plus divers. Piganiol de la Force rapporte qu'on pouvait voir parmi ces manuscrits «les originaux des lettres que Jansénius, Evêque d'Ypres, et quelques autres personnes ont écrites à M. Jean du Vergier de Hauranne, Abbé de Saint-Cyran. Ces Lettres originales furent trouvées et saisies chez cet Abbé, lorsqu'il fut arrêté. Elles ont été imprimées en 1654[43]».

Ces originaux appartiennent depuis le XVIIIe siècle au fonds des manuscrits latins de la Bibliothèque du Vatican, où ils figurent sous la cote *Vaticanus lat.* 7226, et il est hors de notre propos d'en écrire l'histoire. Mais il est intéressant de constater que les jésuites avaient acquis en leur temps la correspondance qu'un de leurs adversaires les plus implacables avait adressée à l'un de leurs ennemis les plus redoutables, avant l'incarcération de ce dernier à Vincennes sur l'ordre de Richelieu, le 14 mai 1638[44]. En fait, ces lettres étaient compromettantes pour leur auteur et pour leur destinataire et elles fournissaient aux Pères hostiles à Saint-Cyran des preuves susceptibles de justifier l'arrestation de celui-ci. Au reste, cette arrestation était fondée sur des motifs religieux qui avaient des implications politiques indéniables. Certes, à l'instar de Jansénius et des augustiniens de son temps, Saint-Cyran ne croyait pas, comme Richelieu et les jésuites, que l'attrition — c'est-à-dire la contrition imparfaite, essentiellement fondée sur la crainte du châtiment éternel — suffisait à justifier le pécheur repentant dans le sacrement de pénitence et le débat était d'ordre exclusivement théologique au départ. Mais sous des apparences anodines, il avait des conséquences graves au point de vue politique et social. De fait, si la contrition parfaite et le pur amour de Dieu peuvent être exigés d'une élite soucieuse d'ascèse et de perfection morale, il est impossible de l'imposer à l'ensemble des fidèles et le refus de l'attrition comme moyen de justification pouvait dès lors porter atteinte à la pratique religieuse qui était à l'époque la garantie de l'ordre public[45].

Comme homme d'Eglise et comme homme d'Etat, Richelieu était donc obligé de prendre position contre les thèses élitistes de Jansénius et de Saint-Cyran. Au demeurant, au moment de l'incarcération de ce dernier, Jansénius s'était élevé contre l'alliance du ministre de Louis XIII avec les protestants d'Allemagne dans la guerre de Trente Ans[46] et les lettres qu'il avait adressées à Saint-Cyran constituaient des pièces à conviction qui permettaient de justifier l'action répressive de Richelieu contre celui-ci. C'est pourquoi les jésuites étaient parvenus à s'en emparer après l'arrestation de Saint-Cyran. Il reste à savoir à quelle date elles étaient entrées dans la bibliothèque du Collège de Clermont. En tout cas, elles rappellent qu'il est difficile d'isoler la constitution de cette dernière du contexte politique et religieux de l'époque.

les lectures des élèves

La bibliothèque du Collège de Clermont contenait d'ailleurs des ouvrages de toute sorte. Les livres contraires à l'orthodoxie catholique et aux bonnes mœurs étaient relégués dans une réserve qui était située au milieu de la galerie Harlay que nous avons décrite précédemment[47]. Sur autorisation de leurs supérieurs, les Pères avaient naturellement accès à tous les ouvrages qu'ils désiraient lire ou consulter. Mais les lectures des élèves étaient sévèrement contrôlées par leurs professeurs et les autorités du collège, spécialement par le préfet des études qui a toujours joué sous la tutelle du recteur un rôle important dans les établissements de la Compagnie de Jésus. Au reste, les pensionnaires pouvaient avoir dans les pupitres de leur chambre une petite bibliothèque pour leurs besoins personnels. Mais cette bibliothèque était quotidiennement visitée par des surveillants et périodiquement par le Préfet des études du collège. Elle comprenait surtout des manuels et des ouvrages scolaires dont la liste était arrêtée annuellement par les Pères[48]. Enfin, il existait également une bibliothèque des pensionnaires *(Convictorum bibliotheca),* qui complétait les bibliothèques individuelles des élèves[49]. Le fait mérite d'être signalé. Il montre que la grande bibliothèque n'était guère fréquentée par ces derniers.

la bibliothèque centre de recherche

En fait, la grande bibliothèque était un instrument de recherche, qui servait principalement aux professeurs et aux savants jésuites qui l'utilisaient pour leurs travaux. La Compagnie de Jésus, on l'a souligné[50], a

Le P. Denis Petau (1583-1652).
Gravé par E. Desrochers.
Paris, Bibliothèque nationale, Cabinet des Estampes.

toujours accordé une grande importance à la formation intellectuelle et aux études de ses membres. C'est pourquoi la bibliothèque du collège était, après la chapelle, l'objet de la sollicitude particulière des Pères, qui la considéraient comme un centre de recherche pour les plus savants d'entre eux. Les jésuites qui s'étaient rendus célèbres par leurs travaux et qui étaient déchargés de leur enseignement à cet égard étaient attachés à cette bibliothèque comme *scriptores* ou *scriptores librorum*[51]. Le terme atteste en lui-même les compétences particulières des religieux qui le portaient. Il s'appliquait à des membres de la Compagnie qui s'adonnaient à des études personnelles en lisant et en annotant les livres du collège. Il est encore utilisé aujourd'hui dans certaines bibliothèques ecclésiastiques[52] où il désigne les bibliothécaires qui sont chargés du catalogage et de l'exploitation des fonds savants de l'établissement.

«La durée des fonctions du *scriptor* était aussi variable que le moment de leur début[53].» C'est dire qu'il n'y avait pas d'âge pour accéder à ces fonctions. Cependant «c'est peut-être parmi les *scriptores* que se trouvent les personnalités les plus éminentes du collège[54]». Beaucoup d'entre eux avaient enseigné rue Saint-Jacques avant d'avoir le titre envié qu'ils portaient. Mais certains bibliothécaires du collège ont également été *scriptores* à un moment ou à un autre. Ce devait être notamment le cas pour Fronton du Duc et Denis Petau que nous avons cités précédemment[55]. De toute manière, s'ils n'étaient pas bibliothécaires en titre, les *scriptores* travaillaient en étroite liaison avec le responsable de la bibliothèque qui constituait avec eux une équipe de recherche, comme on dirait aujourd'hui. C'est ainsi que les PP. Labbé et Cossart, déjà nommés[56], publièrent ensemble les actes des conciles ecclésiastiques. Le premier était *scriptor* et le second bibliothécaire du collège, quand cette publication fut réalisée.

Au reste, il était parfois difficile de distinguer les deux fonctions, celle de *scriptor* d'une part et celle de bibliothécaire d'autre part. On passait souvent de l'une à l'autre, comme le révèlent les exemples de

Fronton du Duc et de Denis Petau, et les *scriptores* pouvaient être également les collaborateurs directs des bibliothécaires dans certains cas. La pratique mérite d'être soulignée pour comprendre la structure et les activités de la bibliothèque du Collège de Clermont et des bibliothèques jésuites en général.

la tradition des bibliothèques antiques et médiévales

La Compagnie de Jésus prolongeait à cet égard la tradition culturelle antique et médiévale. Dans l'Antiquité et au Moyen Age, les grandes bibliothèques avaient effectivement des ateliers de copie *(scriptoria)* où les textes étaient transcrits avant d'être mis à la disposition des usagers[57]. Mais cette transcription n'était pas une simple opération matérielle, comme on pourrait le croire. Elle exigeait du copiste compétent des qualités intellectuelles qui étaient d'autant plus appréciées qu'avant la découverte de l'imprimerie, la lecture et l'écriture étaient le privilège d'une élite restreinte[58]. Il fallait repérer dans d'autres *scriptoria* les textes à transcrire, les collationner sur d'autres sources et rechercher parmi ces dernières celles qui étaient estimées les meilleures à tous égards. Les copistes ou *scriptores* exécutaient donc un travail qui exigeait les initiatives les plus variées. Ils étaient souvent de vrais savants capables de reconnaître la valeur d'un texte et de le transcrire tel quel ou de le corriger si nécessaire. Ces corrections n'étaient pas toujours fondées au point de vue historique ou critique. Mais elles n'en attestaient pas moins la qualité du travail de celui qui transcrivait les textes. Il suffit d'évoquer à cet égard les bibliothèques officielles de l'époque alexandrine[59] et les bibliothèques monastiques de la Renaissance carolingienne[60] pour comprendre le rôle que ces institutions ou leurs copistes — bibliothécaires ou *scriptores* — ont joué dans l'histoire de la civilisation. Sans elles, la plupart des chefs-d'œuvre de l'Antiquité classique seraient tombés dans l'oubli[61]. Mais il est sûr que l'influence et le rayonnement de ces bibliothèques et de leurs *scriptoria* sont essentiellement dus aux activités éditoriales qui leur étaient propres. Tant il est vrai que la conservation des livres est inséparable de leur diffusion.

C'est ce que les jésuites devaient comprendre à leur tour en reprenant pour la bibliothèque du Collège de Clermont la tradition humanistique et scientifique qui les avait précédés et qui avait joué un rôle essentiel dans l'histoire de la civilisation.

Quand on compare la bibliothèque du Collège de Clermont à celles de l'Antiquité et du Moyen Age, on est effectivement frappé des affinités qu'elle présente avec ces dernières. Certes au XVIIe siècle, en dépit de la diffusion générale du livre imprimé, la tradition des ateliers de copie du Moyen Age était encore proche et les savants jésuites retrouvaient sans difficulté les habitudes de leurs prédécesseurs. Beaucoup de bibliothèques ecclésiastiques de la Contre-Réforme présentent d'ailleurs des caractéristiques du même ordre. Mais, plus que toute autre institution religieuse de l'époque, la Compagnie de Jésus sut donner une impulsion nouvelle à la tradition savante qui avait marqué les communautés ecclésiastiques anciennes et médiévales à cet égard. On le comprendra mieux encore quand on aura rappelé que les *scriptores* et les bibliothécaires du Collège de Clermont au XVIIe siècle furent en même temps des éditeurs de textes, comme Fronton du Duc, Labbé et Cossart, ou des commentateurs, comme Denis Petau. C'est que la bibliothèque était pour les jésuites une institution scientifique au sens plénier du terme. Elle servait au développement des études et l'essor de ces dernières favorisait en retour l'accroissement des fonds eux-mêmes. L'exemple est significatif et il faut regretter qu'il n'ait pas été mieux suivi depuis.

CONCLUSION

A vrai dire, cette bibliothèque servait presque exclusivement à la communauté religieuse de la rue Saint-Jacques et aux jésuites qui pouvaient bénéficier de ses ressources. Les élèves n'y avaient pas accès directement, on l'a dit précédemment. C'est pourquoi, si elle était un instrument de travail incomparable, elle n'était pas pleinement associée pour sa part aux activités pédagogiques proprement dites. Cette lacune est

Les fêtes organisées au Collège Louis-le-Grand à l'occasion de la naissance du duc de Bourgogne (août 1682).
Paris, Bibliothèque nationale, Cabinet des Estampes.

caractéristique. Elle atteste à sa manière les freins que la Contre-Réforme a toujours apportés à la diffusion du livre et qui ont laissé des traces profondes dans l'esprit public et dans les mentalités françaises[62]. En France, comme dans les pays méditerranéens qui ont subi les mêmes influences, l'information documentaire reste mal insérée dans la pédagogie universitaire, même si on en comprend dans une certaine mesure les nécessités pour la recherche. Cependant, les deux missions des bibliothèques d'études, la mission pédagogique d'une part et la mission d'information scientifique d'autre part, sont indissolublement liées dans la pratique. Le réseau documentaire français est effectivement mal équipé pour la recherche parce que ses exigences sont encore mal comprises dans les structures scolaires et universitaires.

Très précisément, le chercheur aura souvent du mal à se familiariser avec la pratique documentaire, s'il n'a pas assimilé de bonne heure cette pratique dans sa formation initiale. Avec ses lumières et ses ombres, l'exemple de la bibliothèque du Collège de Clermont devrait être médité à cet égard. Si la communauté de la rue Saint-Jacques a su faire de cette bibliothèque un admirable instrument de travail, c'est précisément parce que les membres de la Compagnie de Jésus avaient acquis au cours de leur longue formation religieuse la pratique du livre et qu'ils comprenaient de cette manière l'importance d'une bibliothèque d'études pour la vie intellectuelle, pour la recherche et pour l'exercice du magistère lui-même. En définitive, ce qui était à une époque l'apanage d'une élite sacerdotale peut-il devenir aujourd'hui le lot commun des étudiants et des chercheurs au bénéfice de la communauté scientifique et universitaire toute entière ? C'est la question qu'il faut poser en conclusion de cette étude sur les bibliothèques du Collège Louis-le-Grand entre le XVIe et le XVIIIe siècle[63]. Elle est d'autant plus intéressante qu'une part importante de la bibliothèque générale de l'établissement appartient aujourd'hui, on le sait, à la Bibliothèque de la Sorbonne.

notes

1. Voir à ce sujet Tuilier A., «Les origines du Collège Louis-le-Grand et de ses bibliothèques» I, *Mélanges de la Bibliothèque de la Sorbonne* 4 (1983), p. 33-76.

2. L'espagnol Jacques Laynez (1512-1565), qui avait été l'un des premiers compagnons de saint Ignace à Paris, devait succéder à celui-ci en 1558.

3. C'est seulement sous le gouvernement de Claude d'Acquaviva, qui fut général des jésuites de 1581 à 1615, que la Compagnie acquit son véritable régime. Le P. Acquaviva affermit la position de l'ordre dans la chrétienté et c'est sous son généralat que devait être publié le *Ratio studiorum.*

4. Voir à ce sujet Tuilier, A., *art. cit.* II, *Mélanges de la Bibliothèque de la Sorbonne* 5 (1984), p. 19-45.

5. Sur le P. Ambroise Varade, qui fut principal des pensionnaires du collège à la fin du XVIe siècle, voir Dupont-Ferrier G., *La vie quotidienne d'un collège parisien pendant plus de trois cent cinquante ans. Du Collège de Clermont au Lycée Louis-le-Grand (1563-1920).* III, Paris 1925, p. 18, n° 78. Le rôle de ce jésuite pendant la Ligue, avant l'entrée de Henri IV à Paris, devait être important. Voir Fouqueray H., *Histoire de la Compagnie de Jésus en France des origines à la suppression (1528-1762).* II. *La Ligue et le bannissement (1575-1604),* Paris 1913, *passim.*

6. Dupont-Ferrier, G., *op. cit.* I, p. 123.

7. *Ibid.,* p. 124.

8. Cf. les instructions très précises à cet égard du 5e maître général des Frères Prêcheurs (1254-1263), Humbert de Romans, *Instructiones de officiis ordinis.* XIII. *De officio librarii.* III (cf. Humberti de Romanis, *Opera de vita regulari,* éd. J.-J. Berthier. II, Romae 1889, p. 263-266).

9. Cf. Dupont-Ferrier, G., *op. cit.* I, p. 123.

10. Cf. Tuilier, A., *art. cit.* II, p. 34.

11. Dupont-Ferrier, G., *ibid.*

12. C'est en 1550 que le maréchal Piero Strozzi (1500-1558), d'origine italienne, avait acheté la très riche bibliothèque du cardinal Ridolfi. Cf. Omont, H., *Inventaire sommaire des manuscrits grecs de la Bibliothèque nationale* I, Paris 1886, p. XXX.

13. L'humaniste érudit Jacques-Auguste de Thou (1553-1617) devait être «maître de la Librairie royale» de 1593 à 1617.

14. L'édit de Rouen devait être enregistré au Parlement de Paris le 2 janvier 1604.

15. Cf. Tuilier, A., *art. cit.* II, p. 35.

16. C'est-à-dire à l'emplacement qu'elle occupe aujourd'hui en qualité de Bibliothèque nationale.

17. Dupont-Ferrier, G., *op. cit.* I, p. 123. On consultera cet auteur, p. 124 sq., pour un certain nombre de donateurs cités ci-après.

18. Cf. Limacher, P., *Inventaire des livres du XVIe siècle de la Bibliothèque de la Sorbonne.* I. *Sciences, science politique, médecine,* Paris 1984, *passim.*

19. Son frère aîné, le duc Anne de Joyeuse (1561-1587), qui avait été le favori de Henri III, avait dirigé les armées catholiques pendant le règne de celui-ci. Quant à son frère cadet, le duc Henri de Joyeuse (1567-1608), il était entré chez les capucins après son veuvage. Mais il en était sorti pour prendre la tête des armées de la Ligue après la mort de son autre frère Scipion de Joyeuse (1592).

20. Pontoise appartenait avant la Révolution au diocèse de Rouen, dont le cardinal de Joyeuse était l'archevêque.

21. Trois des fils du lieutenant criminel, Charles, Jérôme et Pierre Lallemant, devaient effectivement entrer dans la Compagnie de Jésus. Pour les deux premiers, consulter Sommervogel, C., *Bibliothèque de la Compagnie de Jésus.* Nlle éd., *Bibliographie* IV, Bruxelles-Paris 1893, col. 1385-1387 et col. 1400-1402 et *Dictionnaire de spiritualité* IX, Paris 1976, col. 119-122.

22. Le château de Bois-le-Vicomte devait être donné en 1628 par Marie de Médicis à Richelieu pour remercier celui-ci de la prise de La Rochelle. Cf. *Richelieu et le monde de l'esprit,* Paris 1985, p. 385.

23. Sur la fondation de l'Imprimerie royale par Richelieu en 1640, consulter Grinevald P.-M., «Richelieu et l'Imprimerie royale» dans *Richelieu et le monde de l'esprit,* p. 237-248.

24. Cf. Dupont-Ferrier, G., *op. cit.,* I, p. 124.

25. *Ibid.* III, p. 208, n° 129.

26. A.N. Série S. 6259, 22. Cf. *Systema Bibliothecae Collegii Parisiensis Societatis Jesu,* Parisis 1688, p. 5 et Dupont-Ferrier, G., *op. cit,* I, p. 124.

27. Très lié au parti dévot, il faut le dire, en dépit de ses mœurs dissolues et de son immense fortune dont les origines étaient contestables.

28. Parmi ces particuliers divers, il faut citer le propre fils du surintendant, l'abbé Fouquet.

29. Ce procès intervenait au moment précis où Molière dénonçait dans *Tartuffe* la puissance occulte des dévots (1664).

30. Dupont-Ferrier, G., *op. cit.,* I, p. 125. Cf. Masson, A., *Le décor des bibliothèques du Moyen Age à la Révolution,* Genève 1972, p. 109.

31. En 1682, elle aura plus de 32.000 volumes (cf. *Systema Bibliothecae Collegii Parisiensis Societatis Jesu,* p. 5) et, au début du XVIIIe siècle, 47.000 volumes, si l'on en croit Piganiol de La

Force, J.-A., *Description historique de la ville de Paris et de ses environs.* Nlle éd. V, Paris 1765, p. 422.

32. *Ibid.,* p. 423. Cf. Dupont-Ferrier, G., *op. cit.* III, p. 215, n° 207 ter.

33. Dupont-Ferrier, G., *op. cit.* I, p. 125.

34. Cf. Masson, A., *op. cit.,* p. 109.

35. Cf. Piganiol de La Force, A., *op. cit.* V, p. 423-424, Dupont-Ferrier, G., *op. cit.* I, p. 125 et Masson, A., *ibid.*

36. Après le procès de Fouquet, la présence de la Justice à cet endroit avait même un caractère provocateur.

37. Pour la biographie et la bibliographie de ces jésuites célèbres, on se reportera notamment à Sommervogel, C., *Bibliothèque de la Compagnie de Jésus.* Nlle éd., Bruxelles-Paris 1890-1932, 11 vols.

38. Pour la biographie des bibliothécaires du Collège de Clermont, puis du Collège Louis-le-Grand, voir Dupont-Ferrier, G., *op. cit.* III, p. 30-31 et Sommervogel, C., *op. cit.*

39. *Novus elegantiarum poeticarum thesaurus,* Parisiis 1644, VIII-682 p.

40. Labbé, Ph. et Cossart, G., *Sacrosancta concilia,* ad regiam editionem exacta, Lutetiae Parisiorum 1671-1672, 15 tomes en 18 vols.

41. Dupont-Ferrier, G., *op. cit.* III, p. 30, n° 167.

42. Ce catalogue n'est autre que l'ouvrage intitulé *Systema Bibliothecae Collegii Parisiensis Societatis Jesu* qu'on a cité précédemment.

43. Piganiol de La Force, J.-A., *op. cit.* V, p. 453. C'est effectivement en 1654 que paraît à Louvain, à l'initiative du P. François Pinthereau de la Compagnie de Jésus, un choix de lettres de Jansénius adressées à Saint-Cyran et à plusieurs autres ecclésiastiques. Mais dans son *Histoire du Jansénisme de son origine jusqu'en 1644.* Rev. et publ. par Domenech, Paris, 1861, p. 59, le jésuite René Rapin affirme que ce choix avait été imprimé en secret à Caen l'année précédente. Cette affirmation est vraisemblable. Mais elle ne permet pas de savoir précisément à quelle époque les lettres de Jansénius sont parvenues entre les mains des jésuites. Cf. Orcibal, J., *Les origines du jansénisme.* I. *La correspondance de Jansénius,* Louvain-Paris, 1947, p. IX-XIII. Ce qui est sûr, c'est que les Pères de la Compagnie de Jésus se firent remettre ces pièces par le magistrat chargé de l'enquête contre Saint-Cyran, Martin de Laubardemont, ou par la famille de celui-ci. *Ibid.*

44. Pour les problèmes posés par les rapports entre Richelieu et Saint-Cyran et l'incarcération de celui-ci, on consultera notamment Orcibal, J., *Les origines du jansénisme.* II-III. *Jean Duvergier de Hauranne abbé de Saint-Cyran et son temps (1581-1638),* Louvain-Paris 1947-1948. 2 vols.

45. Sur les conséquences politiques et sociales de la position de Saint-Cyran à cet égard, consulter Tuilier, A., «Richelieu théologien et la Sorbonne» dans *Richelieu et le monde de l'esprit,* Paris 1985, p. 277-292, spécialement p. 289-291.

46. Au moment où Richelieu déclarait la guerre à l'Espagne et à la Maison d'Autriche (1635), Jansénius avait effectivement publié un pamphlet contre le cardinal ministre, le *Mars gallicus.*

47. Voir p. 29.

48. Dupont-Ferrier, G., *op. cit.* I, p. 122.

49. *Ibid.,* p. 122-123.

50. Voir plus haut p. 31.

51. *Ibid.,* p. 59-62 et 126-128.

52. Notamment dans les bibliothèques pontificales (Bibliothèque apostolique du Vatican ou Bibliothèque Ambrosienne).

53. *Ibid.,* p. 60-61.

54. *Ibid.,* p. 126.

55. Voir p. 31.

56. Voir p. 31-33.

57. Pour les bibliothèques de l'Antiquité et du Moyen Age, qui étaient en même temps des ateliers de copie et d'édition de textes, voir Milkau, F., *Handbuch der Bibliothekswissenschaft.* 2. verm. und verb. Aufl. hrsg. von G. Leyh. III. *Geschichte der Bibliotheken.* 1, Wiesbaden 1955, p. 1-248.

58. Elle restera même le privilège d'une élite restreinte plusieurs siècles après cette découverte.

59. Cf. Milkau, F., *op. cit.* 2. verm. und verb. Aufl. hrsg. von G. Leyh. III, 1, p. 23-45.

60. *Ibid.,* III, 1, p. 163-182.

61. C'est précisément à l'époque alexandrine et à l'époque carolingienne que la constitution des bibliothèques — officielles (alexandrine, pergaménienne ou autres) d'une part et monastiques d'autre part (Fleury-sur-Loire, Corbie, etc...) — permit la conservation et l'édition des textes classiques ou autres.

62. Cf. Tuilier, A., «La crise des bibliothèques universitaires françaises. Diagnostic et remèdes», *Mélanges de la Bibliothèque de la Sorbonne* 5, p. 137-158.

63. Sur la bibliothèque du Collège Louis-le-Grand, on consultera naturellement Franklin, A., *Les anciennes bibliothèques de Paris. Eglises, monastères, collèges etc...* II, Paris 1870, p. 245-265, qui donne beaucoup de références utiles sur le sujet et Delattre, P., *Les établissements des jésuites en France depuis quatre siècles.* III, Paris 1955, col. 1211-1215.

L'Académie impériale des Beaux Arts de Saint-Petersbourg en 1789. A droite se trouve l'Ecole des Cadets. Dessin de Joseph Hearn. Bibliothèque publique de Léningrad. Cabinet des Estampes.

Jacques Chouillet

Un projet de réforme de l'Université au dix-huitième siècle : le *Plan d'une Université* de Denis Diderot pour l'Impératrice de Russie (1775)

Furent-ils amis ? Furent-ils ennemis ? Telle est la question qu'on pourrait se poser en examinant le dossier des rapports personnels qui furent ceux de Denis Diderot et de l'impératrice de toutes les Russies. Ils furent en principe excellents jusqu'au séjour de Diderot à Pétersbourg, du 8 octobre 1773 au 5 mars 1774. Comment pouvait-il en être autrement ? Catherine II avait acheté la bibliothèque de Diderot le 16 mars 1765, au prix de 15.000 livres, «à cette seule condition que M. Diderot, pour son usage, en sera le dépositaire jusqu'à ce qu'il plaise à Sa Majesté de la faire demander». En foi de quoi il devait recevoir, chaque année, une somme de 1.000 livres représentant ses appointements de bibliothécaire. Le séjour à Pétersbourg a-t-il ou non altéré cette reconnaissance et cette admiration qu'il voulait éternelles ? Et l'idée que Sa Majesté impériale se faisait du glorieux philosophe ne s'est-elle pas quelque peu ternie au cours de ces cent quarante-neuf jours de fréquentation quasi quotidienne ? C'est ce qu'il est permis de supposer. Du côté de Catherine II, on note ce jugement peu flatteur : «Je m'entretins longtemps et souvent avec lui, mais avec plus de curiosité que de profit. Si je l'avais cru, tout aurait été bouleversé dans mon empire : législation, administration, politique, finances, j'aurais tout renversé pour y substituer d'impraticables théories...» (*Mémoires* du comte de Ségur, III, pp. 34-35). Du côté de Diderot, on trouve ce fragment d'une lettre qu'il écrivit à Mme Necker le 6 septembre 1774, lorsqu'il eut enfin compris que l'expérience du despotisme russe est sans commune mesure avec l'idée abstraite que les philosophes se font du despotisme en général : «Je vous confierai *tout bas* que nos philosophes, qui paraissent avoir le mieux connu le despotisme, ne l'ont vu que par le goulot d'une bouteille. Quelle différence du tigre peint par Oudry et du tigre dans la forêt !» (XI, 1043)*.

Il ne faut pas parler de rupture. Le terme de «désenchantement» réciproque conviendrait mieux. Il revient aux historiens des idées de dire les raisons profondes de ce malentendu. Elles ne sont que trop visibles. Mais ce qui n'est pas moins visible, c'est que Catherine après le départ de Diderot n'a pas renoncé aux bons offices de son philosophe, et que le dit philosophe ne s'est pas senti le courage, ni même le droit de lui refuser les services qu'elle lui demandait. En particulier elle écrivit à Grimm le 10 mars 1775 dans les termes suivants : «Mais écoutez un peu, messieurs les philosophes, qui ne faites point secte, vous seriez des gens charmants, adorables, si vous aviez la charité de dresser un plan d'étude pour les jeunes gens, depuis l'a.b.c. jusqu'à l'université inclusivement [...]. On me dit qu'il faut trois sortes d'écoles [...]. Je suis fort en peine d'avoir une idée d'université, de sa régie de gymnases et de sa régie d'écoles [...]. En attendant que vous acquiesciez ou n'acquiesciez pas à ma prière, je sais ce que je vais faire : je m'en vais feuilleter l'*Encyclopédie* [...]» (XI, 1091-1092). Le ton, faussement naïf, était comminatoire. Diderot ne s'y trompa point. Il se mit à l'œuvre tout de suite, trop vite peut-être. La lettre à Grimm du 13 décembre 1776 nous le montre déçu d'avoir été bousculé pour peu de chose : «Si j'avais su, quand je l'écrivais, qu'on n'en était pas pressé, je crois qu'il aurait été un peu mieux fait» (XI, 1183). Enfin en juin 1777, Diderot apprend avec joie que le plan n'a pas déplu à sa bienfaitrice : «Mon papier sur la fondation d'une grande école publique ne lui a donc pas déplu ? Elle y a donc trouvé quelques bonnes vues ? C'est un succès fort au-dessus de mes espérances. Un petit philosophe qui rencontre dans son grenier une ou deux idées qui lui sont communes avec une grande souveraine, doit être bien fier ; et je le suis» (XII, 782-783). Ce qui s'est sans doute passé, c'est que Grimm, qui avait lui aussi préparé un Plan d'études, a obtenu que Catherine lût son texte avant celui de Diderot. Injustement traité, Diderot a dû attendre plus d'un an pour qu'on voulût bien lui donner un avis favorable. D'où le ton pincé de sa réplique.

A-t-il réellement répondu à l'attente de l'Impératrice ? Il y a lieu de se demander si le philosophe n'a agi que par complaisance, comme la situation le lui imposait, ou bien s'il a proposé un projet cohérent de réforme universitaire qui soit l'expression d'une philosophie de l'éducation qui lui soit propre. La réponse se trouve dans un manuscrit autographe déposé à la Bibliothèque nationale, et intitulé «Plan d'une université ou d'une éducation publique dans toutes les sciences», texte important qui comprend 85 folios et qui embrasse le cycle complet des études formant ce que nous appelons aujourd'hui le Second degré et l'Enseignement supérieur. Cette réponse se trouve aussi dans l'ensemble des textes que Diderot a consacrés aux problèmes de l'éducation. Ils sont nombreux, cohérents et révélateurs d'une continuité de doctrine bien compréhensible de la part du responsable de l'*Encyclopédie.*

Plutôt que de programme, il vaudrait mieux parler d'orientation éducative. Quatre groupes de textes permettent de la définir : les lettres où il est question de l'éducation d'Angélique, le *Neveu de Rameau*, la *Réfutation d'Helvétius*, le *Plan d'une Université.* Pour Marie-Angélique Diderot, née le 2 septembre 1753, et mariée à Abel-François Caroillon, dit de Vandeul, le 9 septembre 1772, on trouve des confidences dans les lettres à Sophie Volland, qu'il faut compléter par un passage du *Neveu de Rameau*, où il est dit qu'Angélique a huit ans. Un mot résume l'ensemble du dossier : utilité. Si l'on met de côté les années d'attendrissement, les rares remarques paternelles sur le caractère de sa fille («elle raisonne tout ce qu'elle fait», «c'est l'entêtement en personne» — V, 701, 790), on dispose d'un texte-clé, qui nous est fourni par le *Neveu de Rameau* : pas trop de musique, lui apprendre à «raisonner juste», lui enseigner «de la grammaire, de la fable, de l'histoire, de la géographie, un peu de dessin et beaucoup de morale» (X, 328-329). Cette impression est confirmée par les lettres des années 1768-1769. Angélique a quinze ans. Son père lui parle maintenant à cœur ouvert. D'abord d'éducation sexuelle : «Je l'ai trouvée si avancée, que dimanche passé, chargé par sa mère de la promener, je pris mon parti et lui révélai tout ce qui tient à l'état de femme, débutant par cette question : Savez-vous quelle est la différence des deux sexes ? [...] Je ne lui laissai rien ignorer de tout ce qui pouvait se dire décemment ; et là-dessus elle remarqua qu'instruite à présent, une faute commise la rendrait bien plus coupable» (Lettre du 22 novembre 1768 ; VII, 824-825). Premier triomphe de l'utile. Vient ensuite une conversation sur l'âme. Nous sommes au cœur de l'été 1769. Diderot est resté à Paris et déjà commence à poindre l'idée de ce que sera le *Rêve de d'Alembert*. Une réplique d'Angélique, relatée dans la lettre du 8 août, le plonge dans l'admiration : «O le beau chemin que cette enfant-là a fait toute seule ! Je m'avisai il y a quelques jours de lui demander ce que c'était que l'âme : L'âme, me répondit-elle ; mais on fait de l'âme quand on fait de la chair» (VIII, 878). Le propos se retrouve à peine modifié dans l'*Entretien avec d'Alembert* qui précède le *Rêve* proprement dit. Puis tandis que le *Rêve* se poursuit et s'achève, les entretiens du père et de la fille vont leur train. Cette fois le sujet est la supériorité de la vertu : «J'ai tâché de lui faire entendre que la nature avait tellement arrangé les choses que tous les vices étaient châtiés, et toutes les vertus doublement récompensées, par la douceur de les pratiquer et par l'amour général qu'elles inspiraient. Le texte était assez beau pour nous occuper agréablement et longtemps. J'espère, mon amie, que cet enfant sera bon, car j'ai vu les larmes de son père exciter les siennes» (A Mme de Maux ?, septembre 1769 ?, VIII, 897).

C'est ici qu'interviennent les réactions provoquées par la lecture de l'ouvrage d'Helvétius intitulé *De l'homme, de ses facultés intellectuelles et de son éducation*, publié en 1773, deux ans après la mort de l'auteur. Dès cette date, Diderot avouait à Mme d'Epinay, dans sa lettre du 18 août 1773, «avoir barbouillé toutes les marges du dernier ouvrage d'Helvétius» (X, 1068). L'avantage de cette lecture est d'avoir replacé Diderot en face de ses déterminations essentielles. Helvétius définit l'homme comme le produit d'un certain nombre de nécessités extérieures, autrement dit comme un corps *inerte*, que l'éducation aurait pour mission de façonner jusqu'à ce qu'il parvienne au stade final d'une personne douée d'*énergie*. Cela n'est pas possible, cela n'est pas vrai. Dès les premières pages le scandale éclate, au sujet de l'affirmation d'Helvétius (Iere section, chapitre 8) : «Le génie est un produit de hasards [...] Rousseau, ainsi qu'une infinité d'hommes illustres, peut donc être regardé comme un des chefs-d'œuvre du hasard». Réponse de Diderot : «... je demande si cela peut avoir d'autre sens que le suivant : c'était un baril de poudre à canon ou d'or fulminant, qui serait peut-être resté sans explosion, sans l'étincelle qui partit de Dijon et qui l'enflamma» (XI, 476). C'est donc l'énergie propre au phénomène Rousseau qui a provoqué l'explosion.

L'étincelle n'a été que l'occasion. Comme Diderot l'a dit ailleurs «Le génie est de tous les temps...». Cette idée est reprise dans la *Réfutation* : «Combien d'hommes sont morts, et combien d'autres mourront sans avoir montré ce qu'ils étaient. Je les comparerais volontiers à de superbes tableaux cachés dans une galerie obscure, où le soleil n'entrerait jamais, et où ils sont destinés à périr sans avoir été vus ni admirés» *(Ibid)*. La phrase est belle. Cette idée de trésors cachés en chacun de nous et qui n'attendent qu'une lumière et un visiteur pour être découverts, ne donne-t-elle pas un sens tout nouveau au mot : éducation ? «E-duquer», c'est conduire quelqu'un vers l'extérieur, c'est-à-dire lui donner l'occasion de mettre à la lumière du jour les richesses dont il est détenteur sans le savoir.

Mais il faut le reconnaître, cette idée d'un héritage ou d'un trésor inestimable dont nous serions porteurs, si elle rend émouvante l'action de l'éducateur, diminue dans une grande mesure son apport personnel, et même jusqu'à un certain point, sa part de responsabilité. Nous sommes des détecteurs, des découvreurs, c'est vrai. Mais cette richesse qui est chez les autres, ce n'est pas nous qui la leur donnons, et nous ne saurions en aucune manière la fabriquer. Si quelqu'un n'a rien, nous ne pouvons suppléer à ses carences et combler les vides. Cette vision de l'énergie latente, qui promettait d'être si stimulante et si rassurante, se combine dans la *Réfutation* avec une théorie de l'hérédité qui aboutit à jeter un jour sceptique sur l'efficacité de l'éducation et des éducateurs. Tout est déterminé. L'organisation prélude à l'apprentissage. Tant mieux pour les uns, tant pis pour les autres. Donnez la même éducation à cinq enfants différents, et vous aurez cinq résultats pédagogiques différents, ce qui prouve qu'il y a «... du génie à l'institution» (XI, 469), mais ce qui pourrait bien ranger le zèle pédagogique dans la catégorie du «service inutile».

Deuxième constatation : le génie est rare, car «... il est dans l'ordre éternel que l'homme de génie soit toujours infiniment rare, et que l'homme d'esprit et de sens ne soit jamais commun» (XI, 480). De même, rares sont les âmes fortes car «la nature ne fait presque que des êtres communs» (586). Naïveté donc, que l'espoir de modeler les esprits de manière à leur faire produire l'excellence. Toute éducation n'est pas inutile. C'est l'honneur des états de pouvoir se dire qu'ils ont fait l'impossible pour sortir les enfants de l'ignorance. Mais c'est désespérer les enfants que de leur proposer des modèles auxquels ils ne pourront jamais atteindre : «Tout s'est fait en nous, parce que nous sommes nous, toujours nous, et pas une minute les mêmes» (566). Diderot, plus optimiste qu'Helvétius parce qu'il croit à la permanence d'une énergie cachée dans le cœur de l'homme, est également plus pessimiste dans la mesure où il prend position contre l'hypothèse de l'universelle plasticité de l'esprit humain. Au total, chacun de nous est détenteur d'une certaine dose d'énergie, mais elle est, non seulement cachée, ou endormie, chez beaucoup d'entre nous, mais encore souvent prisonnière — prisonnière essentiellement de l'hérédité, prisonnière aussi de cette histoire qui ne fait qu'un avec nous et qui est nous : «Tout s'est fait en nous, parce que nous sommes toujours nous...». C'est ce que Jean-François Rameau, dans son jargon naïf, mais imagé, appelle «l'astre», ce que Jacques appelle «le grand rouleau», sans voir évidemment que cette nécessité est en nous, et fait corps avec nous-mêmes.

Tristesse ? Echec ? Ou simplement remise à plus tard d'un plan éducatif auquel Diderot n'a jamais complètement renoncé ? Nous opterions volontiers pour la dernière proposition. Il se pourrait selon lui que les impossibilités qui sont actuellement le lot de la plus grande partie des enseignés puissent être levées à la faveur d'une tyrannie tutélaire ou d'une monarchie humanitaire qui libèreraient l'homme de ses contraintes par des mesures d'autorité. Je ne dis pas que cette idée soit le stade terminal de la pensée pédagogique de Diderot, mais c'est une tentation qui l'a effleuré plusieurs fois, et particulièrement à l'époque où il rédigea pour Catherine II le *Plan d'une Université.*

Deux grandes idées se dégagent du préambule. Elles s'inscrivent exactement dans la continuité du *Discours préliminaire* de l'*Encyclopédie* et du programme de diffusion des Lumières tracé par Diderot dans l'article *Encyclopédie.* Première idée : «Instruire une nation, c'est la civiliser. Y éteindre les connaissances, c'est la ramener à l'état primitif de barbarie» (XI, 745). Le message est donc clair : le premier pas vers la libération de l'homme, c'est l'instruction. La condition nécessaire de la liberté, c'est la connaissance. Mais voici la deuxième idée, inséparable de la première :

«Une université est une école dont la porte est ouverte *indistinctement* à tous les enfants d'une nation, et où les maîtres stipendiés par l'Etat les initient à la connaissance élémentaire de toutes les sciences.

Je dis *indistinctement*, parce qu'il serait aussi cruel qu'absurde de condamner à l'ignorance les conditions subalternes de la société...» (749).

Le propos est fort. Il est catégorique. On peut évidemment jouer sur les mots et dire que le «plan d'une université» demandé par Catherine comprend l'ensemble des études secondaires et supérieures, et donc il est naturel que le philosophe Diderot ait trouvé logique d'y inclure tous les enfants de la nation, ce qui est déjà de sa part assez courageux. Mais il faut constater que la phrase de Diderot ne comporte aucune formule d'exclusion pour ce qui concerne la suite des études : «Une université est une école dont la porte est ouverte *indistinctement* à tous les enfants d'une nation». Il ne dit pas : jusqu'à l'âge d'entrer en Faculté, ou jusqu'à l'obtention d'un diplôme de fin d'études arrêté au niveau moyen. Et enfin il n'est question nulle part d'une vérification des aptitudes à l'entrée dans les différents cursus : «... est ouverte *indistinctement*». On peut discuter à perte de vue sur le bien-fondé pédagogique de cette déclaration de principe. Il est évident que tous les enfants ne sont pas également aptes à tous les cycles de formation. Diderot s'est exprimé là-dessus dans la *Réfutation d'Helvétius*, justement contre l'hypothèse d'une prétendue égalité des esprits. Quand il prononce le mot «indistinctement», il veut dire que l'université n'a pas à tenir compte de l'inégalité des conditions sociales. Rejeter les plus déshérités, c'est précisément «condamner à l'ignorance les conditions subalternes». Lui, fils de coutelier, parle en connaissance de cause, par expérience personnelle, on s'en doute, mais aussi par réflexion : «Le nombre des chaumières et des autres édifices particuliers étant à celui des palais dans le rapport de dix mille à un, il y a dix mille à parier contre un que le génie, les talents et la vertu sortiront plutôt d'une chaumière que d'un palais» (750). Mais pour que cette protection puisse jouer réellement, il faut bien qu'elle soit assumée par le seul pouvoir qui soit au-dessus des partis et au-dessus des classes : l'Etat, qui paye les maîtres pour initier les enfants «à la connaissance élémentaire de toutes les sciences».

Le plan proprement dit reprend la division traditionnelle en quatre grandes facultés : arts, médecine, jurisprudence, théologie. En réalité, seule la faculté des arts est investie d'une mission éducative envers tous les enfants, qu'elle prend, semble-t-il, dès qu'ils sont en mesure de lire, d'écrire et de raisonner. Elle comprend trois cours (cursus), dont la particularité est d'être menés simultanément pendant toute la durée des études. Le premier cours est consacré aux sciences et aux lettres. Il comprend huit classes successives : 1. Mathématique, 2. Physique élémentaire, 3. Géométrie dans l'espace et astronomie, 4. Histoire naturelle et physique expérimentale, 5. Chimie et anatomie, 6. Logique et grammaire générale, 7. Langues modernes, 8. Langues anciennes et rhétorique. Le deuxième cours obligatoire comprend, morale, métaphysique, religion, science économique, économie de gestion. Le troisième cours est réservé au dessin et à l'architecture : lui aussi est «parallèle aux deux précédents et continué pendant toute leur durée» (770).

Par quel bout prendre ce monstre ? Il faut d'abord partir de l'intention initiale de Diderot, qui est une intention critique vis-à-vis de l'enseignement de son temps. Comme Descartes au début du *Discours de la méthode*, Diderot commence par révoquer en doute les méthodes pratiquées dans les écoles. Tout est passé au crible. D'abord et surtout la Faculté des Arts : «Le seul avantage qu'on n'avait point en vue et qu'on remporte de nos écoles, c'est l'habitude de s'appliquer constamment à des choses frivoles, mais difficiles» (753). Le droit n'est pas épargné non plus : «Notre faculté de droit est misérable. On n'y lit pas un mot du droit français [...] — De quoi s'occupe-t-on donc ? — On s'occupe du droit romain dans toutes ses branches...» (754). De la Faculté de Théologie, il est dit simplement ceci : «Elle est en elle-même une excellente école d'incrédulité» (755). Exception est faite pour la médecine : «Notre faculté de médecine est la meilleure des quatre. Il y a peu de choses à rectifier» (756).

Quel est donc ce vice majeur qui condamne l'enseignement universitaire à la stérilité, particulièrement en art et en droit ? La réponse de Diderot est nette. Elle scandalisera plusieurs personnes. Mais je ne suis que l'interprète d'un auteur : «C'est dans les mêmes écoles qu'on étudie encore aujourd'hui, sous le nom de belles-lettres deux langues mortes qui ne sont utiles qu'à un très petit nombre de citoyens ; c'est là qu'on les étudie pendant six à sept ans, sans les apprendre» (752). C'est la raison pour laquelle, comme on l'a vu, Diderot a cantonné l'étude du grec et du latin dans la 8e classe du premier cours d'études, c'est-à-dire la classe de terminale. Volumineux dossier que celui des langues anciennes ! Diderot ne craint pas de l'ouvrir et de lui consacrer une bonne vingtaine de folios de son manuscrit. Il est frappant de voir l'humaniste Diderot, ancien élève des jésuites, entreprendre le procès de la forme de culture qu'il a le plus aimée et à laquelle il doit le plus. Son réquisitoire manie le pour et le contre avec habileté, sans se départir du principe auquel le pédagogue Diderot soumet toutes choses : l'utilité du plus grand nombre.

Il reconnaît dès les premières lignes, et de manière assez émouvante, le bienfait que l'on peut retirer des lettres. «La gloire littéraire est le fondement de toutes les autres. Les grandes actions tombent dans l'oubli [...] sans un historien fidèle qui les raconte». De là il passe à des considérations d'ordre politique qui ne pouvaient pas laisser Catherine indifférente. Les grands règnes, les «siècles d'or» n'existent que par le talent des écrivains qui en ont parlé, et d'ailleurs Auguste a eu la sagesse de s'entourer des meilleurs : Horace, Virgile. «Le passé n'existe que par eux. Leur silence replonge l'univers dans le néant» (787).

Voilà pour le côté positif. Mais l'aspect négatif va bientôt l'emporter. D'abord pour des raisons morales. Je résume la pensée de Diderot à l'aide de la formule qu'il a lui-même employée : «Les beaux-arts ne font pas les bonnes mœurs ; ils n'en sont que le vernis» (787). On vante le siècle d'Auguste parce que l'œuvre du premier empereur romain est immense : il a rétabli l'ordre, la paix civile, l'activité économique dans tous les domaines. Là-dessus des hommes de lettres qui ont chanté sa louange n'ont pas eu trop de mal à trouver de bons arguments. Mais le tableau s'inverse quand on passe au demi-siècle suivant : les mœurs se sont dégradées, Rome est gouvernée par des affranchis, elle est asservie par des tyrans sanguinaires, Tibère, Néron, Caligula. Certes les grands écrivains ne lui ont pas manqué : elle a eu Tacite, Suétone, Sénèque. Mais leur génie n'a rien pu faire contre cette décadence : ils n'ont pu qu'en prendre conscience et la refléter dans leurs œuvres. D'où cette conclusion de Diderot : «Les beaux-arts ne font pas les bonnes mœurs».

L'autre argument est d'ordre pédagogique : c'est que le génie ne s'apprend pas. Or il faut du génie pour être orateur, poète, philosophe, grand artiste. Généraliser l'étude des lettres et l'étendre à tous les ordres d'enseignement comme c'était le cas dans les collèges de jésuites ou d'oratoriens, comme c'était le cas dans l'Université, c'est exposer les enfants à une déperdition d'énergie qui ne peut même pas être compensée par l'utilité. On dit que la science des mots sert à former la mémoire et par conséquent le jugement. Diderot répond «qu'on peut exercer et étendre la mémoire des enfants aussi facilement et plus utilement avec d'autres connaissances que des mots grecs et latins» (788). Au contraire, si le génie ne s'apprend pas, on peut exercer la mémoire et l'intelligence de tous les enfants sans distinction par l'initiation aux sciences exactes, par l'apprentissage de leur propre langue, en laissant aux maîtres le soin de s'entraîner aux langues anciennes. C'est par ce biais ultime que Diderot espère réconcilier ses options scientifiques et ses nostalgies d'humaniste. Donc une année, la dernière, pour les élèves les plus doués, sera réservée au grec et au latin, ainsi qu'à la rhétorique, après quoi on pourra passer aux grandes spécialisations : médecine, jurisprudence, théologie.

Quel est le contenu de cet enseignement de grande diffusion scientifique que Diderot réserve aux élèves de la Faculté des Arts ? Disons d'abord qu'il n'exclut pas les possibilités de renvoi pour insuffisance. En bref si un enfant de treize ans n'est pas capable d'intégrer les notions fondamentales d'arithmétique et de géométrie, c'est qu'il «n'est bon à rien. Il faut le renvoyer» (771). Diderot va jusqu'à croire qu'il est plus facile d'apprendre les nombres que d'apprendre les lettres : «Je crois qu'il est plus aisé d'apprendre l'arithmétique et la géométrie élémentaires qu'à lire» *(ibid.).* Il n'hésite pas à introduire dans le programme de première année (12-13 ans) «la science des combinaisons, ou le calcul élémentaire des probabilités» parce qu'il trouve que «cette partie de l'enseignement est d'un usage immense dans la vie» (774) : dans les jeux de hasard, en législation, dans le traitement de la petite vérole, dans les rentes viagères. «Toute notre vie est un jeu de hasard. Tâchons d'avoir la chance pour nous» (775). C'est donc la règle de l'utile qui prévaut, comme elle prévaut dans la composition du programme de deuxième année : mécanique, hydraulique. La troisième année intéressera surtout les navigateurs : géographie générale, astronomie appliquée. Diderot passe rapidement : il pense que ce sera l'affaire de quelques mois. Au contraire le programme de quatrième année est immense, mais là encore il faut avoir égard à l'utilité : «Rien de plus utile et de plus intéressant que l'histoire naturelle. Point de science plus faite pour les enfants» (779). Quant à la cinquième classe, c'est la dernière qui soit consacrée aux sciences dites exactes, avec la chimie et l'anatomie, la chimie qui «analyse, compose, décompose», l'étude du corps humain qui est «la plus belle des machines». Les trois dernières années sont celles des sciences dites «humaines» : logique, linguistique, langues vivantes, langues anciennes.

Mais cet exposé vaut surtout par l'abondance et par l'excellence des textes qu'il propose comme lectures de base. C'est ici que l'encyclopédiste se manifeste sous son meilleur côté, car il connaît très bien tous les ouvrages qu'il cite et ce sont le plus souvent les meilleurs. En mathématiques, Rivard, Clairaut (peut-être un peu trop fort, dit-il) ; Huyghens et Moivre pour le calcul des probabilités ; en mécanique, Newton, d'Alembert, Pascal ; en astronomie, Lalande ; en histoire naturelle, Buffon, Linné, Tournefort ; en chimie, Rouelle ; en biologie, Haller ; la *Logique* de Port-Royal et les *Tropes* de Du Marsais ; en langues classiques, une immense bibliothèque, et de même en rhétorique. On est frappé par la disproportion entre le nombre des sciences enseignées et le peu de temps qui se trouve consacré à chacune d'elles : l'année de logique et de linguistique comprend douze ouvrages fondamentaux dont le *Discours de la méthode* de Descartes et *La Recherche de la Vérité* du P. Malebranche. La huitième année propose quarante-quatre ouvrages grecs ou latins à une classe de grands commençants, sans parler des dix ouvrages de rhétorique qui viendront compléter l'enseignement. Diderot, tel Gargantua dans la fameuse lettre du géant à son fils Pantagruel, n'a voulu dire non à rien. Toute chose connaissable est digne d'être connue. L'inévitable risque de cette boulimie, c'est la dispersion et la superficialité, du moins pour des élèves qui ne sont ni des petits Pascal, ni des petits Newton. A cela s'ajoute l'absence complète de progressivité : à l'intérieur de chacun des compartiments annuels, on envisage en bloc et sans préparation le tout de chaque science, puis on l'abandonne pour passer à la science suivante. La seule progression, réelle celle-là, et judicieuse, réside dans l'ordre des différentes sciences entre elles : du plus simple au plus complexe, du plus abstrait au plus concret, à peu près dans l'ordre adopté au siècle suivant par Auguste Comte pour son *Cours de philosophie positive.*

Je passe sur l'organisation des autres cours de la Faculté des Arts qui doivent durer du début jusqu'à la fin des études. Je salue au passage avec admiration et respect l'intention manifestée par Diderot de faire donner un enseignement de la philosophie à tous les enfants de la nation indistinctement et pendant toute la durée de leurs études. Je constate le soin extrême qu'il apporte à l'intitulé et à la description des sept chaires de médecine et des huit chaires de jurisprudence pour les deux Facultés de médecine et de droit. Je constate encore le peu d'intérêt qu'il manifeste envers les études de théologie. Le contraire eût été étonnant, bien qu'il ait suivi les cours de la Faculté de Théologie de la Sorbonne et qu'il ait été jusqu'au bout de sa licence de théologie. S'il n'a pas été plus loin dans cette voie, c'est que «ce n'était pas écrit là-haut». Je constate enfin que son plan prévoit la création de grandes écoles : sciences politiques, école militaire, école de marine, école d'agriculture et de commerce, école des beaux-arts. Etant donné que le *Plan d'une Université* n'était pas publié en 1789, il faut une fois de plus remarquer la puissance des courants collectifs qui produisent des effets analogues chez des individus ou groupes d'individus s'ignorant les uns les autres.

Le plan s'achève par un chapitre consacré à la «police générale d'une université» et à la «police particulière d'un collège». Il faut le lire sous deux éclairages combinés. Le premier c'est l'idée que Diderot se fait du rôle joué par le législateur dans la formation des individus. L'Etat a pour mission de «donner des mœurs», donc d'éduquer le peuple, ce qui suppose de sa part une intervention active, une prise de responsabilité pouvant aller jusqu'à la contrainte. Ce faisant, il renforce l'énergie des individus au lieu de l'amollir : «Donner des mœurs à un peuple, c'est augmenter son énergie pour le bien et le mal ; c'est l'encourager, s'il est permis de parler ainsi, aux grands crimes et aux grandes vertus. Il ne se fait aucune action forte chez un peuple faible» (A Sophie Volland, octobre 1766 ; IV, 896). L'autre éclairage, c'est celui de la Russie tzariste des années 1770, dont on imagine facilement les orientations centralisatrices. Ces deux causes réunies font que Diderot a mis sur pied une organisation fortement hiérarchisée, qui comprend, sous le contrôle de la souveraine qui est le grand Maître de l'Université, un ministre de l'Education nationale «distingué, expérimenté et sage», sous lui des «principaux», responsables des différents «collèges», sous le principal un «préfet» chargé de la surveillance, un économe, et un chapelain, enfin pour chaque classe, un professeur et un répétiteur ou «maître de quartier». Il faut remarquer l'absence complète d'autonomie et de fantaisie qui préside à ce régime. Le projet de Diderot est formel : «Qu'il ne se fasse aucune innovation ni dans l'ordre des études ni dans les règlements, sans la sanction expresse de la souveraine» (843). Quelqu'un est toujours *sous* quelqu'un : «Dans la classe, l'étudiant est sous le professeur. Hors de la classe, en récréation générale, en plein air, il est sous le préfet. Hors de la classe, en étude, il est sous le maître de quartier». Pas de hasard, pas de fantaisie, mais une règle du jeu précise, qui peut être ressentie comme une contrainte ou comme une protection. J'en dirai autant du fantasme de la cloche, reine de la ronde des heures, et symbole de la fuite du temps dont Horace nous rappelle qu'elle est «irréparable». Là encore on peut réagir de deux manières, en exécrant ou en magnifiant ce système qui tient du couvent, ou de la caserne selon les époques ou les régimes :

«Un philosophe ancien disait : Je commande à toute la Grèce ; car je commande à Aspasie, qui commande à Périclès qui commande à toute la Grèce. Il y a dans toute maison commune un subalterne qui commande à une Aspasie qui commande despotiquement à tous ; et cette Aspasie, c'est la cloche. La cloche commande aux supérieurs, aux maîtres. aux préfets, aux répétiteurs, aux étudiants, aux domestiques, à tous.
La cloche sonne, et des domestiques *ad hoc* répètent, le matin, son ordre suprême à toutes les portes, frappant jusqu'à ce qu'on lui ait répondu» (845).

Mais une surprise attend le lecteur. Dans un certain nombre de copies manuscrites, une lettre à Grimm, transformée en note, figure à la fin du *Plan* sous forme d'additif. Elle porte sur la question de savoir si, comme l'affirme Diderot, dans le *Plan*, «la belle page est plus difficile à écrire que la belle action à faire» (787). En apparence, et pour la forme, elle se rattache au genre bien connu de la *disputatio*, où l'on développe une grande idée, plus ou moins paradoxale, en répondant point par point aux objections de l'adversaire. C'est ce genre littéraire auquel se rattache la longue série des lettres de Diderot à Falconet sur le thème de la postérité. Mais ici, deux choses surprennent. D'abord la thèse énoncée et soutenue par Diderot ressemble au fameux discours de J.J. Rousseau sur le progrès des Sciences et des Arts : «Il y a des âmes fortes et courageuses parmi les barbares peut-être plus que parmi les peuples policés ; on y fait de belles actions et il s'écoulera des siècles avant qu'on y sache écrire une belle page» (858). La vertu, objet d'une possession immédiate ; la vertu plus ancienne que la culture ; voilà deux thèmes que l'on retrouve du début à la fin du Premier Discours : «O vertu, science sublime des âmes simples, faut-il donc tant de peines et d'appareil pour te connaître ? Tes principes ne sont-ils pas gravés dans tous les cœurs ?» (Ed. Ledoux et Tenré, I, p. 45). L'idée se trouvait déjà dans la littérature ancienne et Diderot cite avec à propos un passage des *Odes* d'Horace qui tendrait à prouver que l'apparent paradoxe pourrait bien n'être qu'un lieu commun. Tout de même la proximité des deux textes incite une fois de plus à penser que les raisons d'animosité entre Diderot et Rousseau sont plus personnelles que philosophiques.

L'autre surprise, c'est que la lettre remet en question l'ensemble du projet éducatif de Diderot. Bien entendu, il faut un enseignement littéraire. Les belles-lettres (et ici Diderot et Rousseau se retrouvent en opposition) ont joué et continueront à jouer un rôle civilisateur : «Il faut qu'il y ait des orateurs, des poètes, des philosophes, de grands artistes» (788). Mais Diderot ajoute aussitôt : «... enfants du génie, bien plus que de l'enseignement, le nombre n'en doit et n'en peut être que fort petit» *(ibid).* Une fois encore pessimisme et optimisme se tempèrent l'un l'autre et s'équilibrent. Cependant le rapport est inversé. Le pessimisme de Diderot, qui fait suite à la *Réfutation d'Helvétius,* porte sur l'encombrante inefficacité de l'appareil éducatif quand il n'est pas soutenu par une vocation évidente. En revanche on retrouve son optimisme fondamental dès qu'il est question de célébrer l'énergie de nature, antérieure et supérieure à toute institution, et ses phrases se haussent au mode lyrique qui était celui de l'*Eloge de Richardson :*

«Au moment où j'écris, je ne doute point qu'il ne se fasse cent actions fortes sur la surface de la terre, il s'en fait même dans le fond des forêts habitées par l'homme sauvage ; en aucun lieu du monde, il ne s'écrit peut-être pas une page sublime, sans en excepter nos capitales, le centre des beaux-arts» (859).

Un aspect de son style le distingue de celui qu'emploie J.J. Rousseau dans ses *Discours :* Diderot a recours beaucoup plus au présent qu'au passé pour parler de l'énergie. Même ses imparfaits ne sont pas des imparfaits d'exclusion destinés à décrire un Eden à tout jamais perdu. Le passé peut toujours se répéter. Il n'y a pas d'instant fatal à partir duquel on puisse dire : il est trop tard, tout est perdu. Témoin de ce type de phrase qui est un modèle diderotien, mais non rousseauiste : «Le patriotisme qui bouillonnait au fond de l'âme d'un Grec et d'un Romain bouillonne de la même manière au fond de toute âme patriotique...» *(ibid.).* Donc l'histoire peut à tout moment recommencer : «Que demain la ville de Paris soit en flammes, ou par accident ou par une hostilité, et mille âmes fortes se décèleront [...] Toute l'énergie de la bonté naturelle se dévoilera en cent manières différentes» (860). Une autre remarque que suscitent ces réflexions : les «bonnes» actions, telles que les peint Diderot ne sont pas, en général, des actes de vertu individuelle. Les adjectifs qui reviennent le plus souvent sont : «fortes et courageuses», «héroïques», «rigoureux», «raide», «grande», «patriotique», «effrayantes». Et les exemples historiques ? Caton, Régulus, mais aussi le peuple des anonymes qui ont défendu la patrie, secouru les malheureux. La «vertu» telle que l'entend Diderot est celle de Montesquieu : c'est le courage civique. Elle n'a que peu de rapports avec les petites vertus d'entretien qui permettent tout au plus d'avoir la paix chez soi. L'énergie, force toujours présente, «bouillonne» en chacun de nous. Elle n'attend qu'une occasion pour se manifester. Elle ne se déploie que dans la grandeur et pour de grandes causes.

Au bout de cette double lecture, on ne peut se défendre d'une certaine impression de vertige. Comment Diderot peut-il avoir consacré tant de soin à la mise en place d'un système d'éducation pour le remettre en question dans une lettre d'accompagnement où la culture n'est plus considérée comme la valeur primordiale et comme le seul moyen possible d'arracher l'homme à sa servitude ? Mon opinion est la suivante : il y a chez Diderot deux postulations, je ne dis pas contradictoires, mais complémentaires. Première postulation, de type libertaire : la véritable figure de l'homme doit être cherchée dans les formes de société antérieures ou extérieures à la civilisation, la Grèce homérique, ou la Polynésie, comme on voudra. D'où le *Supplément au Voyage de Bougainville*, qui exalte la liberté sexuelle et la société sans classes. De cette figure primitive, il reste toujours quelque chose de présent dans l'homme, et encore plus chez la femme, surtout lorsque de grandes secousses, de grands cataclysmes arrachent les individus à la léthargie qui est le lot des sociétés organisées. C'est dans les formes de vie les plus proches de la nature qu'on a le plus de chances de rencontrer des individus forts et courageux, des actes réellement vertueux, un patriotisme vrai.

Mais il y a la deuxième postulation, de type hiérarchique. Elle se fonde sur le concept d'organisation. Les abeilles peuvent vivre agglutinées en essaim, mais séparées les unes des autres, et susceptibles de se séparer les unes des autres. Il est de fait que cette forme associative de la vie collective si elle est enviable pour les individus, n'est pas toujours réalisée, ni même réalisable. On ne vit pas en Russie comme à Tahiti. Et d'autre part il n'est pas vrai qu'elle garantisse les individus contre la servitude, contre la misère, contre la barbarie. En d'autres termes la société hiérarchique n'est peut-être pas la meilleure des sociétés possibles, mais elle a le grand avantage d'exister. C'est ici que la philosophie d'abord, et l'éducation ensuite reprennent leur fonction. Former des hommes, non seulement pour les arracher à la servitude, mais aussi pour civiliser l'Etat dont ils auront un jour la responsabilité. Chacun est juge de la question de savoir s'il vaut mieux être le Tahitien du *Supplément au Voyage de Bougainville* ou le cadet russe d'une Université repensée par sa Majesté Impériale, même réformée par Diderot. On pourrait trouver souhaitable un régime intermédiaire, où l'esprit d'initiative, la créativité, l'autonomie réussiraient à s'intégrer dans un cadre institutionnel chargé de les protéger aussi bien contre les agressions extérieures que contre les tentations et les abus de toute sortes. Du moins faut-il convenir qu'il y a dans les projets de Diderot un aspect qui force la sympathie et l'admiration : c'est sa définition de l'Université comme service public ouvert indistinctement à tous les enfants de la Nation.

* Les références des textes de Diderot sont empruntées à l'édition des *Oeuvres Complètes* par R. Lewinter, Le Club français du Livre, 1769-1773, 15 vol.

Jean-Pierre Calvignac

NAISSANCE D'UNE INSTITUTION NAPOLÉONIENNE : CONSEIL ET CONSEILLERS DE L'UNIVERSITÉ IMPÉRIALE

Conseil de l'Université : ce terme est aujourd'hui familier (du moins, peut-on l'espérer) à tous ceux dont l'existence, pour quelques années d'études ou pour une longue carrière, se trouve liée à l'enseignement supérieur et à la recherche. Il apparut, on le sait, sous le Premier Empire, pour ensuite connaître des éclipses. Mais combien différentes sont les réalités par lui recouvertes, à l'époque napoléonienne et dans les temps «post-soixante-huitards» ! Aussi différentes, en fait, que les acceptions du seul mot d'«université» durant ces deux périodes. La France actuelle, faut-il le rappeler ? compte soixante-quinze établissements portant ce titre.

Une souveraine géante pour un règne sans partage

En revanche, pour l'Université impériale, telle que l'institue la loi du 10 mai 1806, le singulier apparaît de rigueur ; il s'agit en effet, précise l'article premier de ce texte, d'«un corps chargé exclusivement de l'enseignement et de l'éducation publics dans tout l'Empire». De ce corps, le décret du 17 mars 1808 fixe les statuts, affirmant tout d'abord le principe du monopole (articles premier à 3) : ainsi, le régime s'assure-t-il le contrôle de la formation de tous ses sujets, dès lors qu'ils accéderont au plus élémentaire degré de l'enseignement ; l'Université, divisée en académies (article 4), comprendra aussi bien les «petites écoles» que les facultés ressuscitées (article 5) ; le «Blocus universitaire» est en place, pour près d'un demi-siècle. A tous les niveaux, l'enseignement aura pour base (article 38) : «1° l'obéissance aux statuts du corps enseignant, qui ont pour objet l'uniformité de l'instruction, et qui tendent à former, pour l'Etat, des citoyens attachés à leur religion, à leur prince, à leur patrie et à leur famille.»

Voilà donc, avec une merveilleuse clarté, définis les buts de la nouvelle institution : nulle trace n'apparaît d'un culte désintéressé du savoir — ce qui eût étonné, du reste ; l'Université doit avant tout contribuer à la pérennité de l'Empire, par la production d'hommes qui auront appris à l'aimer et à le servir.

Ces données rappelées, on comprend que Napoléon ait cru devoir soumettre l'Université, investie d'un rôle aussi considérable, à une surveillance constante au plus haut niveau ; surveillance qu'un seul homme, fût-il appelé le Grand-Maître, ne pouvait assurer. Dans cette nécessité réside l'origine du Conseil de l'Université.

Une assemblée aux lourdes attributions

Curieusement peu étudié à ce jour, en tant que tel, par les historiens, le Conseil de l'Université voit sa composition et ses attributions définies au titre IX du décret du 17 mars 1808. Le nombre de ses membres est fixé à trente (article 69), dont dix conseillers à vie — ou conseillers titulaires — et vingt conseillers ordinaires nommés pour un an, un secrétaire général devant être choisi parmi ceux-ci (articles 70 et 73) ; le Conseil, qui s'assemblera «au moins deux fois par semaine» (article 74), sera divisé en cinq sections, respectivement chargées «de l'état et du perfectionnement des études», «de l'administration et de la police des écoles», «de leur comptabilité», «du contentieux» et «des affaires du sceau de l'Université» (article 75).

Ainsi se trouve résumée la diversité des tâches qui attendent les conseillers. Bien entendu, le pouvoir de l'assemblée restera inférieur à celui du Grand-Maître : ainsi, le Conseil ne pourra-t-il que *discuter* «tous les projets de règlemens (sic) et de statuts» concernant «les écoles de divers degrés» (article 76) ; par contre, il *jugera* «toutes les questions relatives à la police, à la comptabilité et à l'administration générale des facultés, des lycées et des collèges». De plus, il arrêtera le budget de ces établissements... «sur le rapport du trésorier de l'Université» (article 77) : précision qui, pour le lecteur tant soit peu initié à la science administrative, en dit long sur le caractère formel de l'autorité des conseillers en ce dernier domaine. Par ailleurs, le Conseil «jugera les plaintes des supérieurs et les réclamations des inférieurs» (article 78), et pourra seul prononcer contre un membre de l'Université (article 79) les plus lourdes peines disciplinaires prévues à l'article 47 : «la réforme ou la retraite donnée avant le temps de l'éméritat, avec un traitement moindre que la pension des émérites» ; mais aussi, «la radiation du tableau de l'Université», sanction d'autant plus grave qu'elle fermera à l'exclu les portes de toute autre administration publique (article 48) : ainsi, le cas échéant, le Conseil aura-t-il à apprécier si telle personne sera ou non digne de servir l'Empire — et non pas seulement l'une de ses institutions !

Grande au plan disciplinaire, la responsabilité du Conseil apparaît plus qu'appréciable en matière intellectuelle : celui-ci, aux termes de l'article 80, «admettra ou rejettera les ouvrages qui auront été ou devront être mis entre les mains des élèves ou placés dans les bibliothèques des lycées et des collèges : il examinera les ouvrages nouveaux qui seront proposés pour l'enseignement des mêmes écoles». Ainsi, à la censure déjà instituée par le régime, une deuxième sélection se trouve-t-elle superposée, visant à «protéger» les jeunes esprits.

En fait, dans ce domaine, le travail des conseillers concernera surtout l'avenir, car pour l'heure, les «bibliothèques des lycées et des collèges» se réduisent à fort peu de chose depuis qu'en 1803, les fonds prérévolutionnaires attribués un instant aux défuntes écoles centrales sont allés former l'embryon des bibliothèques municipales...

D'autre part, le Conseil jugera «les affaires contentieuses, relatives à l'administration générale des académies et de leurs écoles, et celles qui concerneront les membres de l'Université en particulier, par rapport à leurs fonctions» ; c'est par le Grand-Maître que seront exécutées les décisions, un recours demeurant possible devant le Conseil d'Etat (article 82) : seule limitation prévue par le texte à la souveraineté du Conseil de l'Université. Il est vrai qu'accessoirement, une commission émanant de ce dernier pourra être admise au Conseil d'Etat «pour solliciter la réforme des règlemens (sic) et les décisions interprétatives de la loi» (article 84).

Le Palais du Corps législatif, par ailleurs siège de l'Université de France.

Enfin, dans le cas précis de l'académie de Paris[1], le Conseil de l'Université remplira (article 89) le rôle par ailleurs assigné aux conseils académiques (articles 85 à 87). Les procès-verbaux et rapports de ces derniers lui seront communiqués par le Grand-Maître, pour qu'il remédie «aux abus dénoncés» et qu'il juge «les délits et contraventions» (article 88).

On le voit : de telles attributions ne peuvent être que celles d'hommes ayant la pleine confiance du régime, surtout dans le cas des dix conseillers promis à une fonction viagère.

Comme si les tâches déjà prescrites ne suffisaient pas, un arrêté donné par le Grand-Maître le 13 janvier 1809[2] fera de l'un des conseillers titulaires le vice-recteur de la faculté de médecine de Paris (l'enseignement médical étant comme on le sait, avec le juridique, le seul réellement pris en considération, au-delà du baccalauréat, par le très utilitaire esprit napoléonien). Cet heureux élu «assistera aux thèses, visera et délivrera les diplômes» (article 2), «paraphera le registre des inscriptions» (article 3) et exercera toutes les fonctions rectorales dévolues, pour la capitale, au Grand-Maître (article 4).

Le décret impérial du 15 novembre 1811 viendra confirmer, et préciser sur quelques points, les attributions du Conseil. De plus, il le chargera de présenter un projet indiquant «les professions auxquelles il conviendra d'imposer l'obligation de prendre des grades dans les diverses facultés» (article 187), ainsi que de préparer un «décret pour régulariser l'instruction des officiers de santé» (article 188). Car il est temps d'en finir une fois pour toute avec l'anarchie professionnelle dont l'opinion s'est émue depuis la Révolution.

L'importance que l'Empire semble accorder aux conseillers de l'Université ne saurait manquer de se traduire de maintes façons. Dans la hiérarchie universitaire, membres à vie et membres ordinaires occuperont respectivement les quatrième et cinquième rangs, sur un total de dix-neuf prévus à l'article 29 du décret du 17 mars ; les conseillers viagers seront, avec le Grand-Maître, le Chancelier et le Trésorier, les seuls titulaires de l'Université. Ils pourront, de ce fait, arborer la double palme brodée en or — les conseillers ordinaires devant se contenter du titre d'officiers et d'une décoration argentée (articles 32 à 34).

En fait d'argent (mais est-ce le lieu d'évoquer pareil sujet, s'agissant d'hommes essentiellement motivés par «la fidélité à l'Empereur» ?), l'article 138 fixe à dix mille francs le traitement annuel des conseillers à vie, et à six mille celui de leurs collègues nommés pour douze mois. Chancelier et Trésorier auront chacun quinze mille francs. Quant au secrétaire général du Conseil, une rémunération égale à celle des membres titulaires lui évitera de regretter les quelques écritures exigées par sa fonction ! Pour tous, précisera un arrêté du 7 novembre 1808[3], le traitement commencera à courir du jour où aura été prêté le serment règlementaire. Mieux que de vaines conjectures sur l'équivalence actuelle du franc Germinal, une précision permettra de situer nos fonctionnaires sur l'«échelle» des traitements, et d'apprécier par là même la place que leur attribue l'Etat : un garde-magasin des bureaux de l'Université, nommé par arrêté du 9 novembre 1808[4], aura mille francs d'appointements annuels ; un garçon de bureau, lui, ne touchera pas plus de neuf cents francs[5] ; et des rémunérations plus modiques encore seront monnaie courante parmi les fonctionnaires d'enseignement... Notons pourtant que déjà, comparées à d'autres occupations, les plus hautes fonctions publiques — au sens strict du terme — semblent défavorisées : en 1806, nous y reviendrons, Louis de Bonald s'est vu proposer trente-six mille francs par an pour diriger le *Journal de l'Empire.*

Une fois défini ce que sera le Conseil — et ce que seront les conseillers — de l'Université, à quelles personnalités Napoléon va-t-il faire appel pour donner vie à l'institution ?

Le choix des hommes : une rude tâche

Aux termes du décret du 17 mars (article 70), six des conseillers à vie — catégorie à laquelle se limitera notre étude — doivent être choisis parmi les inspecteurs de l'Université, et quatre parmi les recteurs des académies (article 71) ; dix années d'ancienneté dans la dite Université seront exigées d'eux, dont cinq dans l'un ou l'autre des grades précités (article 72). Les conseillers ordinaires, eux, «seront pris parmi les inspecteurs, les doyens et professeurs des facultés, et les proviseurs des lycées» (article 70). Bien évidemment, l'institution universitaire est encore loin de sa dixième année, et plusieurs des titres mentionnés viennent d'apparaître ; aussi, le choix de la première «fournée» se fera-t-il, dans une large mesure, indépendamment des critères prévus.

La Bibliothèque de la Sorbonne conserve des copies de plusieurs documents fort instructifs. Tout d'abord, un rapport adressé le 27 mars 1808[6] à l'Empereur par Fontanes, Grand-Maître de l'Université depuis le 17, en même temps qu'un projet de décret destiné à mettre en route la nouvelle administration : dans cette missive, le futur comte d'Empire expose longuement ses vues, et avance déjà, concernant le Conseil, quelques noms destinés à revenir souvent sous sa plume... Autres textes du plus haut intérêt : quatre listes de personnes proposées à Napoléon pour les sièges de conseillers à vie. Une de ces listes, probablement la plus ancienne, émane de Fourcroy, Directeur général de l'Instruction publique[7], une autre a pour auteur le Ministre de l'Intérieur, Crétet[8], et

LOUIS DE FONTANES

les deux plus récentes sont l'œuvre de Fontanes lui-même[9]. En fait, par leur contenu, les quatre documents se ressemblent fort, et témoignent pour le moins d'une influence commune. Les propositions du Grand-Maître, motivées en regard de chaque nom, semblent les plus significatives. En tout cas, le rapport du 27 mars permet de le supposer, Fontanes propose uniquement des individus aptes à former une assemblée «qui repoussera toujours l'esprit de système et les doctrines dangereuses» ; sous le contrôle de tels hommes, l'Université renouera avec les valeurs — dirions-nous aujourd'hui — qui stimulaient dans leur tâche feu les congrégations enseignantes : la «considération», jointe à «une source encore plus pure, je veux dire, celle de la religion». Le Grand-Maître ne se montre rien moins qu'ambigu : «il faut avant tout chercher au fond des cœurs les anciennes maximes et les rétablir». Dès lors, comment s'étonner des candidatures appuyées par un dignitaire qui, lui-même, a vécu dans la clandestinité, ou à l'étranger, les plus ardentes années de la Révolution — sauf à se signaler, en matière politique, par une brève collaboration au royaliste *Mémorial* ?

Si Fontanes, s'adressant à l'Empereur, n'est guère avare d'explications, le Souverain ne se montrera en revanche, pas plus ici qu'en d'autres matières, homme à justifier ses choix. Force est d'accueillir telles quelles les nominations de Bausset, Bonald, Cuvier, Delamalle, Desrenaudes, Emery, Guéroult, Jussieu, Legendre et Nougarède aux postes de conseillers à vie... ou, plus exactement, de conseillers-maîtres : car avant d'obtenir le brevet les établissant de manière définitive dans leurs fonctions, ils devront faire leurs preuves cinq années durant. Dans son projet, Fontanes estimait suffisant un délai de deux ans.

Pourquoi Napoléon a-t-il désigné, parmi une cinquantaine de candidats, ces dix-là plutôt que d'autres ? Seul, le passé de chacun des promus peut nous faire entrevoir les considérations ayant guidé pareil choix[10].

Deux nominations surprenantes

On peut considérer comme un véritable événement la désignation de Louis de Bonald. Né en 1754 au château du Monna, non loin de Milhau (aujourd'hui : Millau), ce vicomte a d'abord bien accueilli la Révolution, devenant en 1790 président de l'administration centrale de l'Aveyron ; mais dès l'année suivante, la tournure prise par les événements l'incite à rejoindre l'armée de Condé. Il se retrouve ensuite à Heidelberg, puis à Constance. Loin de s'en tenir à un refus passif de la République, il démontre sur une base rationnelle, dans sa *Théorie du pouvoir politique* (publiée dès 1796), la nécessité pour la France d'un retour à la

Vicomte DE BONALD

tradition monarchique ; avec une clarté remarquable, l'auteur y développe ses vues sur les multiples institutions du pays. Le livre fera de Bonald, avec Joseph de Maistre, le maître à penser de l'école contre-révolutionnaire. Le Directoire s'émeut : les quelques ballots du livre parvenus à Paris sont saisis et brûlés. L'exilé lui-même regagne la France après le 18 Brumaire. C'est en Fructidor an X — septembre 1802 — que, radié de la liste des émigrés, il redevient un Français à part entière. Fontanes le prendra bientôt en amitié... Ici débute une longue série de manœuvres visant à rallier au Premier Consul, puis à l'Empereur, un écrivain dont l'adhésion active au régime entraînerait sans nul doute celle d'une large fraction de l'opinion, un homme au talent dangereux, mais certain, et que l'Empire aurait tout bénéfice, pour ainsi dire, à apprivoiser.

S'aidant des papiers de Bonald, Frédéric Masson, grand historien de la France impériale, a publié en 1910, sous le titre *Napoléon et M. de Bonald*[11], un excellent article retraçant l'histoire de ces tentatives. Par l'intermédiaire de Desmarets, Bonaparte offre tout d'abord de faire réimprimer à ses frais la *Théorie du pouvoir...* Miracle ! Semblable mécénat dissimule un gigantesque «mais» : de cette réimpression, devra être exclu le passage relatif au Comte de Provence. Qui, dès lors, empêchera le lecteur superficiel de voir dans le Premier Consul (en attendant la fondation par celui-ci d'une authentique monarchie héréditaire !) ce souverain réclamé par Bonald ? Le refus de l'Aveyronnais est sans appel.

Deuxième épisode : en l'an XII (1804), Bonaparte envisage une réforme du droit maritime, selon lui tombé dans la «barbarie» depuis que l'Angleterre gouverne les flots ; pour rédiger le texte qui s'impose, pourquoi ne pas faire appel au «solitaire du Monna», dont l'esprit méthodique semble dénoter l'étoffe d'un grand législateur ?

Mais l'ancien émigré, de nouveau, se récuse, malgré les efforts de Fontanes. Deux ans plus tard, c'est par l'entremise du royaliste Molé que la place de censeur du *Journal de l'Empire* est offerte à Bonald. L'auteur de la *Théorie...* peut bien avoir collaboré à ce quotidien, quand il s'appelait le *Journal des Débats* : la promesse de mille écus mensuels laisse indifférent cet aristocrate, réduit depuis son retour d'exil à une chiche existence.

La quatrième tentative — la nomination du Rouergat au Conseil de l'Université — débouche enfin sur le succès. Le secret de Fontanes ? Agir, cette fois, sans consultation préalable de l'intéressé. Il suffisait d'y penser.

La lettre écrite le 28 mars[12] à Napoléon par le Grand-Maître laisse peu de doute sur l'insistance avec laquelle ce dernier a dû suggérer à Crétet de mentionner Bonald sur sa propre liste de candidats. Avec quelle insistance le chef de l'administration scolaire ne plaide-t-il pas la cause, si l'on ose dire, de son «protégé» ! Le plus remarquable est que Fontanes, sans doute, se trouve motivé par d'indiscutables sentiments amicaux à l'égard de l'écrivain, lequel aurait grand tort de ne pas profiter d'une bonne place... tout en achevant de se «dédouaner» politiquement.

«Il n'est point d'homme plus monarchique dans le sens actuel» : pareille affirmation qui laisse rêveur reviendra au moins trois fois sous la plume du Grand-Maître ; et deux fois, cette précision : «ce choix pourra faire crier un très petit nombre de ceux qu'on appelle *philosophes,* mais il sera applaudi des hommes d'état et des mères de famille». Le candidat malgré lui risque-t-il de rester réticent ? «Je réponds de la sagesse et de la pureté de ses intentions, que la distance où il vit du monde a pu faire quelquefois mal interpréter.» Qu'en termes diplomatiques ces choses-là sont dites !

Tant d'efforts convaincront l'Empereur, mais un décret ne suffira pas à convaincre l'ermite d'abandonner son causse natal pour le palais du Corps législatif, siège «provisoire» du Conseil...

Ni Fourcroy, ni Crétet, ni Fontanes, n'ont eu l'idée de proposer comme conseiller celui qui sera pourtant le doyen d'âge de l'assemblée. Faut-il plutôt dire que nul n'a osé ?

Le choix de l'abbé Jacques-André Emery (né à Gex en 1732) paraît bien relever d'une toute personnelle initiative napoléonienne, que rien ne laissait prévoir. Emery est ce que nous appellerions aujourd'hui un vieux lutteur... Cet ancien élève du séminaire de Saint-Sulpice, entré en 1756 dans la Compagnie des prêtres de Saint-Sulpice, et finalement devenu supérieur général de sa congrégation, possède par ailleurs le grade de docteur en théologie — discipline qu'il a enseignée à Orléans, avant de professer le droit à Lyon. A son nom, s'attache enfin une œuvre impressionnante, depuis l'*Esprit de Leibnitz...* jusqu'aux *Moyens de ramener l'unité catholique dans l'Eglise,* ainsi qu'une tentative d'essaimage sulpicien dans le Nouveau Monde.

Malgré sa modération, Emery a connu les geôles révolutionnaires, amenant à résipiscence plusieurs de ses codétenus ; il échappe de justesse au couperet, car — on attribuera ce mot à Fouquier-Tinville — «il empêche les autres de crier»... Juigné, archevêque émigré de Paris, le nomme grand vicaire de son diocèse ; Emery doit s'effacer après le 18 Fructidor. Il reparaît sous le Consulat, mais son opposition provisoire au Concordat lui vaut d'être de nouveau emprisonné. Cédant rapidement, il reprend

M. Emery.
Portrait miniature peint en 1811 par le Comte de Toustain du Manoir.

son rang dans le clergé, et s'efforce presque aussitôt de rétablir le séminaire de Saint-Sulpice, malgré le peu d'enthousiasme de Bonaparte.

Que le régime porte maintenant Emery à de hautes fonctions d'Etat, voilà qui ne semblait guère s'imposer. Mais, sans nul doute, force a été de prendre en considération l'exceptionnelle autorité, tout à la fois intellectuelle, morale et spirituelle, de l'un des rares dignitaires du clergé n'ayant jamais émigré — et n'ayant pas pour autant bénéficié des faveurs de la Convention ! Et puisque, après tout, la théologie compte parmi les matières que l'Université doit enseigner, n'était-il pas juste que, dans la plus haute instance de celle-ci, cette discipline se trouvât représentée par l'un de ses maîtres incontestés — par un homme, aussi, dont l'intelligence et l'énergie pourraient rendre, une fois «domestiquées», de grands services à l'Empire ?

Le cas, somme toute, ressemble à celui de Bonald. Finalement, toute la question est de savoir si, pour l'un comme pour l'autre, pareille «domestication» se révélera possible... et durable.

D'autres hommes qui ne regrettent guère la Révolution

A l'encontre de celui d'Emery, le nom de Louis-François de Bausset (souvent écrit : Beausset) figurait sur les quatre listes. Né en 1748 à Pondichéry, cet ecclésiastique était évêque d'Alais (aujourd'hui : Alès) lorsqu'il participa aux Assemblées de Notables. Absent par contre des Etats-Généraux, il ne devait point celer son hostilité à la Constitution civile du Clergé, prenant dès 1792 le chemin de l'émigration. Son retour à Paris, quelques mois plus tard, lui vaut un emprisonnement auquel le 9 Thermidor met fin... avant une issue facile à imaginer. Le rescapé se retire alors au château de Villemoisson, proche de Longjumeau, où il se consacre aux lettres avant de se voir nommé par l'Empire chanoine du chapitre de Saint-Denis (1806) ; profitant des loisirs que lui laisse cette fonction, il écrit, à l'aide des manuscrits à lui donnés par Emery, une *Vie de Fénelon* dont le premier volume paraît, précisément, en 1808 : le succès est immédiat, le nom de Bausset devient célèbre. «Je ne connais point de choix plus honorable et plus populaire[13]», a noté Fontanes en proposant au choix impérial l'auteur de la *Vie de Fénelon,* estimée par le Grand-Maître «l'un des meilleurs ouvrages qui aient paru depuis longtems (sic)».

Ainsi, voilà bien défini un type d'homme jugé digne de surveiller en haut lieu l'éducation (et les éducateurs) de la jeunesse française. Il s'agit tout d'abord, comme dans le cas précédent, d'un ecclésiastique, susceptible de remettre en honneur la «source pure de la religion» — mais pas de n'importe quelle religion ! Ensuite, d'un sujet n'ayant manifesté (en l'occurrence, comme prêtre insermenté) aucune sympathie pour la Révolution, mais ne s'étant pas opposé aux régimes connus par la France depuis 1799 ; enfin, d'un auteur ayant prouvé d'indéniables qualités d'esprit, au-delà de l'engouement que suscite un ouvrage biographique paru cette année même. Trait que, dans le domaine de l'Instruction publique, Napoléon ne saurait négliger, quel que soit par ailleurs son mépris du savoir dénué de portée pratique.

Avocat et jurisconsulte, Gaspard-Gilbert Delamalle, né à Paris en 1752, sera, avec Nougarède, le seul des dix promus à avoir jusqu'ici mené une carrière liée à la connaissance du droit. Fait curieux, quand on sait par ailleurs la prédilection que l'Empereur semble avoir toujours eue pour les juristes... Seul, Fontanes a proposé notre homme, dans sa seconde liste, mais avec une économie de mots — «l'avocat le plus célèbre du Barreau de Paris[14]» — qui en dit long, ici aussi, sur la gloire incontestée du personnage. Delamalle, entré au Parlement de Paris en 1774, s'est en effet distingué dans les dernières années de l'Ancien Régime en plaidant plusieurs affaires retentissantes, défendant notamment Mme Mirabeau contre son mari. Face à la Révolution, l'avocat n'a pas tardé à montrer des sentiments plus que frais ; emprisonné en 1793, il doit son salut à la réaction thermidorienne. Le 18 Brumaire va lui ouvrir une nouvelle période heureuse : un an avant d'accéder au Conseil de l'Université, le voilà déjà membre du Conseil de l'Enseignement de l'Ecole de Droit de la capitale.

Deux éléments essentiels semblent donc avoir attiré sur Delamalle la faveur napoléonienne. Primo : son passé, c'est le moins que l'on puisse en dire, ne le signale pas comme un révolutionnaire ardent. Secundo : sa compétence dans son domaine lui vaut un éclat indiscuté. Deux traits déjà observés par ailleurs, et que nous reverrons.

Martial Borye Desrenaudes, né à Tulle en 1755, a été présenté par Fontanes (et par lui seul, dans sa seconde liste, comme pour Delamalle) comme un «homme plein d'esprit et d'instruction», et qui fut «autrefois attaché à M. de Talleyrand[15]». Voilà qui, surtout pour la deuxième remarque, suffirait presque à définir Desrenaudes. De bonne heure, en effet, ce prêtre fut grand-vicaire de l'évêque d'Autun, lequel le prit en amitié ; dès lors, pendant quelque vingt ans, l'ancien sous-diacre de Tulle ne quittera plus l'ombre du futur duc de Bénévent. A la messe que ce dernier célèbre pour la Fédération, en 1790, Desrenaudes remplit les fonctions de sous-diacre. Puis il prend une part active aux travaux législatifs de Talleyrand, rédigeant même, peut-être, le rapport sur l'Instruction publique que son maître présente à la Constituante. 1791 : Talleyrand devient diplomate à Londres, puis doit partir en exil ; les temps deviennent incertains... Et Desrenaudes ne fait guère plus parler de lui jusqu'en 1795, année où il réclame, à la barre de la Convention, le rappel de l'émigré. La récompense ne tardera pas : revenu, Talleyrand l'emploie au ministère des Relations extérieures. Après le 18 brumaire, Desrenaudes entre au Tribunat ; son opposition à la création de tribunaux spéciaux, au projet sur la dette viagère et à plusieurs articles du Code civil, ne l'empêcheront pas d'obtenir la garde des archives du Conseil d'Etat — fonction qui est toujours la sienne au début de 1808.

Cette fois, le conseiller nommé a donc bénéficié, d'une part, de l'amitié et de l'influence, peut-être encore actives à ce moment, d'un autre homme que Fontanes, d'autre part, d'une attitude effacée durant les années les plus périlleuses de la Révolution ; enfin, d'une certaine expérience dans l'Instruction publique, remontant il est vrai à 1791.

Le savoir ignorant de la politique

Pierre-Claude-Bernard Guéroult bénéficie en 1808 de la double image d'un érudit et d'un excellent pédagogue. Né en 1744 à Rouen, celui que l'on appelle couramment Guéroult aîné enseignait, avant la Révolution, le latin au collège d'Harcourt, tout en travaillant à des traductions remarquées de Cicéron et de Pline l'Ancien.

Embrassant les principes de 1789, il se distingue, sous la Constituante, en présentant un magistral plan d'éducation et d'enseignement national. Loin de perturber sa carrière, la période conventionnelle lui vaut de recevoir, en tant qu'homme de lettres, une gratification de trois mille francs. Quand le Directoire crée les Ecoles centrales, notre latiniste devient fonctionnaire de l'Instruction publique, jouant toujours un rôle plus «technique» que réellement politique. Il n'en continue pas moins de produire quelques ouvrages appelés au succès ; c'est vers 1798 que paraît sa *Nouvelle méthode pour étudier la langue latine...*, un manuel qui restera longtemps classique. Il s'essaie en outre à l'histoire, publiant dès 1802 un *Dictionnaire abrégé de la France monarchique, ou la France telle qu'elle était en janvier 1789 :* le livre, parfaitement neutre de ton, présente sur 451 pages in-8°, sans le moindre jugement de valeur, les diverses institutions d'Ancien Régime ; un document d'apparence très «moderne», pour tout dire, après un XVIIIe siècle où histoire et morale demeuraient souvent liées. 1802 marque aussi la naissance des lycées, et Guéroult deviendra bientôt proviseur de l'établissement parisien voué à Charlemagne. Il occupe toujours ce poste quand Fontanes le porte sur la deuxième de ses listes.

Le Grand-Maître peut bien avoir seul proposé à Napoléon le traducteur de Marcus Tullius : il n'y avait vraiment aucune raison pour qu'un tel pédagogue, un tel latiniste, ne contribuât point à la surveillance de l'Université, surtout si l'on songe à la part faite aux humanités classiques dans les programmes des lycées, et à l'importance que le décret du 17 mars 1808[16] accorde au baccalauréat des facultés des lettres, aucun autre baccalauréat ne pouvant être obtenu sans l'acquisition préalable de celui-ci.

Guéroult ne semble pas homme à se compromettre pour la défense d'une idée ou d'un régime ; il ne paraît pas davantage capable de trahison active — dès lors que ce régime lui laisse les occupations constituant sa véritable raison d'être. L'Empire, en l'occurrence, n'en demande pas plus.

Assez différent est le cas de Georges Cuvier. Issu d'une famille protestante, le grand naturaliste, on le sait, n'est pas né Français : en 1769, sa ville de Montbéliard appartenait au Duc de Wurtemberg. C'est à Stuttgart qu'il a étudié le droit administratif, tout en cultivant une passion pour l'histoire naturelle. En 1788, la gêne matérielle le conduit en Normandie, où il devient précepteur de la famille d'Héricy : il profite de ses loisirs et de la mer proche pour continuer ses travaux scientifiques, perfectionnant la classification animale de Linné. Six ans plus tard, il quitte les bords de la Manche pour Paris : là débute vraiment sa carrière de savant, grâce à l'appui de Geoffroy Saint-Hilaire, de Lacépède, de Lamarck, de Jussieu — mais aussi et surtout, grâce à la valeur personnelle qu'il ne tarde pas à prouver. Il entre à la Commission des Arts, puis professe à l'Ecole centrale du Panthéon ; il sera bientôt suppléant du chirurgien Mertrud à la chaire d'anatomie comparée du Museum, chaire dont il se trouvera titulaire après la mort de Mertrud (1802), étant devenu entre-temps secrétaire de l'Institut et successeur de Daubenton au Collège de France. Enfin, le Consulat fait de lui un inspecteur général de l'Instruction publique.

En bref, la biographie de Cuvier ne présente nulle trace d'une activité réellement politique, dans quelque sens que ce soit. Certes, le début de sa notoriété a coïncidé avec la période révolutionnaire — pour l'essentiel, du reste, la période postérieure au 9 Thermidor. Mais à n'en pas douter, sa carrière doit presque tout à une autorité scientifique progressivement acquise : en 1808, Cuvier compte parmi les hommes de savoir dont nul ne songe à contester la valeur ; il figure sur les quatre listes soumises à Napoléon, et le laconisme de Fontanes à son propos — «son nom le recommande assez et me dispense d'en dire davantage[17]» — contraste singulièrement avec la véritable plaidoierie jugée nécessaire dans le cas de Bonald.

Le choix de l'Empereur s'est donc porté ici sur une figure politiquement

Georges Cuvier sous le Consulat.

neutre, et recueillant avec d'autant plus de facilité le respect unanime de l'opinion : respect plus durable, sans doute, que l'intérêt soulevé par le livre d'un Bausset... En outre, faut-il attribuer au hasard le fait que, parmi bien d'autres savants en renom, le souverain ait désigné un protestant ? Ne doit-on pas plutôt voir là le souci de rassurer les réformés de l'Empire, qui auraient pu s'alarmer d'une assemblée où le clergé catholique doit occuper une place appréciable ? Enfin, peut-être Napoléon n'a-t-il pas négligé le rôle que pourrait jouer, dans la consolidation de l'unité impériale, la présence à un poste élevé d'un enfant d'une cité rattachée à la France à une date encore récente.

Avec Antoine-Laurent de Jussieu, le Conseil accueille un autre maître de l'histoire naturelle. Né en 1748, ce Lyonnais d'origine doit beaucoup à son oncle Bernard, lui-même botaniste et zoologiste en renom[18]. Le jeune Laurent lui succéda dès 1770 comme professeur au Jardin du Roi. Trois ans plus tard, un mémoire exposant les principes d'une nouvelle classification naturelle lui ouvrit les portes de l'Académie des Sciences, et en 1774, il écrivit un ouvrage fondamental, les *Genera plantarum...*, établissant des principes qu'il allait utiliser pour replanter le Jardin du Roi : une œuvre considérable, achevée seulement en 1789.

Les débuts de la Révolution le voient jouer un rôle important dans l'administration parisienne, dirigeant les hôpitaux de la capitale, puis produisant un mémoire qui permettra l'efficace réorganisation de ces derniers. En 1793, la Convention le charge de choisir dans les bibliothèques des défuntes communautés religieuses les livres scientifiques qui devront garnir les établissements publics... Ces tâches ne l'empêcheront ni de poursuivre ses travaux botaniques, ni d'enseigner au Museum, dont il est pratiquement le fondateur.

Lorsque Fontanes le présente à Napoléon comme jouissant «parmi les savans (sic) d'une gloire héréditaire dans sa famille[19]», Antoine-Laurent — également proposé par Fourcroy et Crétet — possède en effet un renom scientifique au moins égal à celui de son ami Cuvier ; et, pas plus que le créateur de la paléontologie, il ne possède de véritables antécédents politiques. Ici non plus, l'opinion ne saurait contester pareil choix.

Adrien-Marie Legendre, mathématicien natif de Toulouse (1752), apparaît avec le recul du temps comme le parangon d'une modestie que l'historien, hélas ! n'est guère à même d'apprécier à sa juste valeur... Encore que dans le cas présent, cette humilité ne soit pas allée jusqu'au refus des honneurs offerts par le régime impérial. En effet, Legendre (précisent ses biographes) s'est opposé à ce que, s'il devait être parlé de lui après sa mort, il fût parlé d'autre chose que de ses travaux. Force est de noter simplement que l'homme montra une intelligence précoce, puis effectua des recherches remarquables (portant surtout sur la mesure des angles) qui lui valurent d'entrer à l'Académie des Sciences dès 1783, en attendant d'être membre du Bureau des Longitudes. En 1794, l'année même où les sanguinaires débordements de la Terreur vont rendre inévitable la réaction thermidorienne, de quoi notre savant se préoccupe-t-il avant tout ? De la publication de ses *Eléments de géométrie,* un ouvrage promis à maintes rééditions. Sous l'Empire, le discret toulousain compte depuis longtemps parmi les célébrités de la Science — même si, dans l'opinion commune des gens instruits, il ne vient pas au tout premier rang : témoin, la note, assez peu flatteuse en somme, rédigée par Fontanes en regard de son nom : «Je ne propose pas à Votre Majesté nos plus grands géomètres, MM. Lagrange, Laplace et Monge ; ils sont sénateurs, et les fonctions de conseillers de l'Université ne peuvent plus leur convenir[20].» Legendre n'est donc pas tenu pour l'un des «plus grands» géomètres. Mais ne convient-il pas que les mathématiques, domaine où la France s'illustre, soit représentée au Conseil comme les autres sciences ? Et, faute de mieux...

Cela n'empêche pas l'auteur des *Eléments de géométrie* d'appartenir à l'Institut, et d'être également examinateur à l'Ecole polytechnique.

De la toge à l'épée : un cas d'espèce

André-Jean-Simon Nougarède sera le second juriste du groupe et, par ailleurs, le seul conseiller à avoir un passé militaire. Né en 1765 à Montpellier (mais dans une famille originaire, comme celle de Bonald, du Rouergue voisin), ce magistrat a d'abord été conseiller à la Cour des Aides et Finances de la capitale du Languedoc oriental. La Révolution lui fait troquer la toge pour l'épée : il entre dans le Génie, et en sortira lieutenant. Aux yeux de Napoléon, voilà certainement une façon de traverser la décennie 1790 au moins aussi appréciable que celle consistant à fuir ou à se cacher ! Avoir été soldat de la République, ce n'est pas, essentiellement, avoir servi la Révolution : c'est avoir été soldat.

Dès le Consulat, Nougarède revient à sa vocation première : le régime l'introduit, comme auditeur, au Conseil d'Etat. En 1804, le voilà député de son Hérault natal au Corps législatif — avant d'accéder à la questure et de figurer à la Commission de Législation civile et criminelle de cette assemblée. A ce moment, il a déjà publié, outre une traduction de Cicéron, des traités juridiques qui ont fait date.

Néanmoins, Fontanes seul a proposé Nougarède au choix impérial. Or, nous avons déjà pu le remarquer, il existe en gros deux catégories parmi les candidats dont le Grand-Maître plaide la cause : ceux qu'une célébrité quasi-universelle dispense d'une présentation dépassant quelques mots et ceux pour qui des commentaires plus longs apparaissent indispensables, Fontanes devant pour ainsi dire se porter personnellement garant de leur valeur. Nougarède appartient à cette seconde espèce : «J'ai des rapports fréquens (sic) avec lui depuis quatre ans. Je ne connais point d'homme plus éclairé, plus sage, plus conciliant et plus laborieux[21].» Et, comme pour faire bonne mesure, Fontanes rappelle à l'Empereur que ce distingué juriste «est gendre de M. le Ministre des Cultes[22].»

Amitiés, liens familiaux : deux arguments qu'il ne semble pas honteux d'utiliser... Et, nous le verrons, le cas présent n'est pas unique.

Un portrait du conseiller «type»

L'anachronisme psychologique représente un écueil dont l'historien, à tout prix, doit se garder : concernant le choix des conseillers impériaux, il paraîtra toujours hasardeux d'attribuer à Napoléon, *a posteriori,* des critères auxquels l'ancien élève de l'école de Brienne a très bien pu ne jamais songer. Pourtant, de ce que nous savons, la tentation n'est-elle pas grande de dégager un «portrait-robot» (suivant le langage actuel) du conseiller-maître «moyen» ?

En 1808, notre homme apparaît âgé d'environ cinquante-six ans : à l'époque de la prise de la Bastille, il était déjà un individu mûr, ayant eu le temps de prouver dans son domaine sa valeur professionnelle. Il n'a pas nécessairement été inquiété entre 1791 et 1799 ; mais, s'il peut avoir servi la République avant le 18 brumaire, il ne l'a fait en aucun cas dans un sens vraiment politique, remplissant des fonctions que nous appellerions aujourd'hui «scientifiques» ou «techniques» — ou, très accessoirement, des fonctions militaires : bref, il a montré des talents éventuellement réutilisables par n'importe quel régime. S'il est peu probable que ce personnage ait jamais connu l'état ecclésiastique (trois chances sur dix, proportion qui implique néanmoins une surreprésentation du clergé au Conseil), il est presque totalement exclu qu'il appartienne de façon notoire à une autre religion que le catholicisme (une probabilité sur dix). Par ailleurs, et sans préjudice d'un anoblissement par l'Empire, il semble assez peu vraisemblable que son sang le rattache à l'ancienne aristocratie.

Quant à la matière dans laquelle notre homme s'est surtout fait connaître, l'hésitation demeure : il a pu se distinguer (ici et là, trois chances sur dix) dans les sciences — histoire naturelle, mathématiques — aussi bien que dans les lettres, au sens large. De manière moins probable, son nom peut briller dans le droit (deux probabilités sur dix) ou dans la théologie (une probabilité sur dix) ; enfin, très marginalement, le nouveau promu peut échapper à un classement sûr : faut-il ranger l'œuvre d'un Bonald dans les «arts», les travaux «littéraires» *lato sensu ?* Ou bien parmi les réflexions «juridiques» ? (A présent, nous hésiterions plutôt entre «sciences humaines» et «sciences sociales»).

Un regard sur quelques éliminés

Mais, pour achever de définir le portrait idéal du conseiller-maître agréé par l'Empereur, quelques mots semblent nécessaires sur les candidats éliminés. Eliminés, c'est peut-être beaucoup dire : car certains se retrouveront conseillers ordinaires, l'un d'eux obtenant même une brillante compensation.

Antoine-Vincent Arnault s'est trouvé proposé sur les quatre listes. Cependant, Fontanes évoque son nom en des termes traduisant à merveille la sympathie pour le moins mitigée que lui inspire le personnage, dont le sépare une jalousie bien connue : «Ses longs services dans les bureaux de l'Education publique veulent que je le présente le premier, et toutes les convenances justifient ce premier choix[23].»

En somme : Arnault bénéficie d'un passé administratif qui rend presque inévitable une promotion prolongeant sa carrière de façon logique. Sans quoi...

Pourtant, rien, au départ, ne semblait prédisposer l'homme à ce genre de carrière. Né en 1766, il a d'abord écrit des tragédies — *Marius à Minturnes, Lucrèce* — qui ne se sont pas révélées inoubliables : il a dû, pour subsister, devenir secrétaire de la Comtesse de Provence, puis, au début de la Révolution, travailler dans la fabrication des assignats... En 1792, écœuré par les exploits des septembriseurs, il passe en Angleterre ; un retour prématuré le conduit en prison. Jugé, il doit son salut à l'intervention d'amis dont certains auront quant à eux moins de chance : Fabre d'Eglantine, Rolland, Tallien. Il revient alors à l'art dramatique, avant que la Providence ne lui apparaisse sous les espèces d'une présentation à Bonaparte : d'abord nommé gouverneur des Iles ioniennes, il sera bientôt chef de la division du Théâtre et de l'Instruction publique au Ministère de l'Intérieur, entrera à l'Institut et appartiendra à la Légion d'Honneur.

Somme toute, Arnault n'était pas indigne d'un siège viager au Conseil, et il n'est pas interdit d'imaginer les antipathies sournoises qui l'en ont privé... Du reste, l'ancien dramaturge n'aura guère à le regretter : nommé secrétaire général de l'assemblée, il se maintiendra durablement dans une fonction au moins aussi rémunératrice que celle qu'il a quittée ; car pour lui (et pour lui seulement !), le Grand-Maître devra donner dès le 7 novembre 1808 un arrêté lui permettant de recevoir, «outre le traitement de dix mille francs, un supplément de six mille francs» ; en effet, «Sa Majesté a bien voulu manifester l'intention de dédommager M. Arnault (...) de la place de chef de division à l'Instruction publique qu'il remplissait depuis plusieurs années (...)[24]». Le statut des fonctionnaires n'étant pas ce qu'il deviendra plus tard, force est de tenir compte des cas particuliers !

C'est en revanche sans grande surprise que l'on découvre, parmi les candidatures rejetées, celle de Louis-Bernard Guyton-Morveau (né en 1737 à Dijon). Certes, ses qualités d'avocat et de fin juriste, sa féconde passion pour la physique et la chimie, donnaient à ce membre de l'Institut une prestance intellectuelle plus que suffisante. De plus, n'a-t-il pas contribué aux victoires extérieures de la France en améliorant les procédés de fabrication des poudres — et surtout, en dotant l'armée des aérostats qui devaient jouer un si grand rôle dans la bataille de Fleurus ?

Mais Guyton-Morveau n'a pas uniquement servi la nation : il a servi activement la République, sous sa forme qui se voulait la plus pure et la plus dure. Conventionnel, régicide acharné, il a également fait partie, dès 1793, du Comité de Salut public. Sans nul doute, il doit à ses utiles capacités de savant et de législateur d'avoir poursuivi après le 9 Thermidor une honorable carrière : il s'occupe en effet de finances, de navigation intérieure, contribue à fonder l'Ecole polytechnique. Dès l'an VIII, le voilà administrateur de la Monnaie ; et c'est dans cette fonction «technique» que Napoléon, en 1808, estime sage de le laisser. Faire participer un serviteur dévoué de la Terreur (malgré le nombre de savants dont il fit épargner les jours) au contrôle de la formation intellectuelle de l'élite future, n'était-ce pas là imprudence à éviter ? L'Empereur l'a évitée, en tout cas. Guyton-Morveau a contribué à doter le pays d'une monnaie qui restera inébranlable durant plus d'un siècle, servant de modèle à bien des états étrangers : pour l'histoire, n'est-ce point là une gloire suffisante ?

En fin de compte, la seule chose étonnante aura été de voir cet homme proposé par Crétet et par Fourcroy (mais non par Fontanes !). L'un et l'autre pensaient-ils que son auréole de savant suffirait à éclipser son passé révolutionnaire ? Ou songeaient-ils à installer au Conseil une sorte d'anti-Bonald, ce qui eût donné l'image d'une assemblée représentant de manière à peu près équitable toutes les opinions françaises ?

Dans cette dernière hypothèse, et sans prétendre apporter une réponse à l'éternelle question de savoir si l'Empire a poursuivi ou arrêté l'œuvre commencée en 1789, force est de noter que les choix de l'Aigle en matière universitaire témoignent d'une hostilité moindre envers la Contre-Révolution qu'envers la Révolution.

Il faudrait enfin évoquer tous les autres personnages n'ayant pas été jugés dignes d'entrer au Conseil, de façon définitive tout au moins.

On comprend aisément le rejet de Joseph Joubert (né en 1754), quand on sait le peu d'affection que l'Empereur porte aux Pères de la Doctrine chrétienne — congrégation à laquelle appartenait jadis ce brillant moraliste, par ailleurs frère du Procureur impérial au Tribunal de première Instance de Paris... et ami personnel de Fontanes, fort insistant à son propos : «Je le connais depuis vingt-quatre ans, c'est mon plus intime ami, le compagnon de ma vie entière. Son esprit, son âme et ses lumières sont de la plus haute élévation».

Mais en choisissant les conseillers de l'Université, Napoléon aura prouvé qu'il ne se satisfaisait point des seuls liens d'amitié ou de famille. L'obscur Nompère de Champagny, proviseur du lycée de Lyon, saura — malgré l'appui du Grand-Maître — qu'il ne suffit pas d'avoir pour frère le Ministre des Relations extérieures, même si ce dernier se trouve pour quelque temps encore au sommet de sa carrière.

En revanche, pourquoi l'illustre minéralogiste René-Just Haüy[25], considéré par Fontanes et par bien d'autres comme un «patriarche de la Science»[26], n'a-t-il pas bénéficié en l'occurrence de la faveur impériale ? Pourquoi Jean-Noël Hallé, médecin personnel de l'Empereur, mais aussi membre de l'Institut, célèbre pour de multiples travaux, ne siègera-t-il pas parmi les dix ? Il figurait pourtant sur trois des quatre listes... Ainsi l'Université, au sein de laquelle une place honorable doit être accordée à la médecine, ne comptera-elle parmi ses conseillers titulaires aucun représentant de l'art de soigner.

Questions sur l'importance réelle du Conseil...

Un tel paradoxe amène à conclure par une grande question : d'après la manière dont Napoléon a choisi les membres à vie du Conseil, peut-on croire que le régime attache vraiment à cet organisme toute l'importance que le décret du 17 mars 1808 semble lui donner ? Des savants illustres, passionnés par leurs travaux plus que par les querelles politiques, ont été nommés ; cependant, la France des années 1800 ne manque pas (et c'est heureux !) d'autres hommes répondant à une semblable définition. Plus généralement, nombreux paraissent être, dans le pays, les esprits cultivés ne demandant qu'à oublier dans les certitudes impériales les tourmentes et les tourments de naguère. Beaucoup de personnes, en dehors de celles retenues, auraient pu siéger, même de façon perpétuelle, au Conseil de l'Université — pareille fonction n'impliquant aucune «qualification» véritable. Une remarque valable, dira-t-on, pour bien des institutions ? Voire. Mais comment ne pas remarquer l'étrange «dosage» opéré dans la composition de l'assemblée ? Trois hommes vont représenter les sciences, alors qu'un seul pourra se prévaloir d'un grand renom dans la culture classique ; l'Empire, comme dit, n'estime véritablement utiles ni les lettres, ni les sciences : mais paradoxalement, il fait des humanités la base des études menant aux divers baccalauréats. Alors, pourquoi n'y aura-t-il qu'un latiniste parmi les conseillers-maîtres ? De même, nous l'avons déjà observé : nul héritier d'Hippocrate ne figure parmi les membres durables. Il est vrai que l'un de ceux-ci sera par ailleurs vice-recteur de la faculté de médecine : l'arrêté du 13 janvier 1809 confiera ce rôle... au naturaliste Cuvier.

Un dernier trait aidera encore à définir l'importance réelle de la fonction de conseiller, telle que la conçoit le pouvoir. Le réticent Louis de Bonald, une fois nommé, ne viendra effectivement au Conseil qu'après avoir reçu de Fontanes une lettre en date du 5 février 1809, et porteuse de ces lignes révélatrices : «Je vous donne ma parole qu'il suffit de *paraître* et qu'il n'est nullement question de *rester*. M. de Bausset, l'ancien évêque d'Alais, assiste à deux ou trois séances par an. Il se réfugie à la campagne pendant dix ou onze mois, et personne ne le trouve mauvais[27].»

Dès lors, le châtelain du Monna agira de même... en dépit des deux séances hebdomadaires prévues par les textes. Dans une certaine mesure, les sièges de conseillers semblent bien être des postes honorifiques, prévus pour garantir à Napoléon la fidélité de tous les Français ayant de longue date une certaine admiration pour les personnages désormais installés à ces places.

Toutefois, là ne se borne pas l'utilité du Conseil : il est, en vérité, un élément de sûreté destiné à intervenir à l'occasion — et ne constitue en aucune façon une institution nécessaire en permanence au fonctionnement de l'Université elle-même. On est obligé de voir dans celle-ci, à l'exclusion de tout jugement de valeur, une machine bien construite, et propre, par ses seules qualités, à fonctionner la plupart du temps sans l'intervention de ses instances suprêmes. Telle que l'Empire l'a créée, ne règnera-t-elle pas jusqu'en 1896, se révélant bien plus durable que le régime qui voulait en faire l'un de ses appuis ?

notes

1. L'académie de Paris, dotée par le statut du 18 octobre 1808 d'un ressort particulièrement étendu, comprendra, outre la Seine, la Seine-et-Marne et la Seine-et-Oise, l'Aube, l'Eure-et-Loir, la Marne et l'Yonne.
2. Archives nationales, F 17-441, n° 9 B.
3. Ibid., n° 5.
4. Ibid., n° 9 A.
5. Ibid.
6. Bibliothèque de la Sorbonne, Ms 1660, Ff 74-80.
7. Ibid., Ff 55-56.
8. Ibid., Ff 57-58.
9. Ibid., Ff 81-83 et 85-87.
10. Principale source utilisée : *Nouvelle biographie générale depuis les temps les plus reculés jusqu'à nos jours...* / sous la dir. de M. le Dr Hoeffer. Paris : Didot, 1857-1866. 46 vol. ; 22 cm. Sur Jacques-André Emery, consulter aussi LEFLON (Jean). *Monsieur Emery.* Paris : Bonne Presse, 1945-1946, 2 vols ; 20 cm.
11. MASSON (Frédéric). *Petites histoires.* Paris : Ollendorf, 1910. T. 1, pp. 182-203.
12. Bibliothèque de la Sorbonne, Ms 1660, Ff 27-28.
13. Ibid., f° 82.
14. Ibid., f° 86.
15. Ibid., f° 87.
16. Articles 22, 26 et 27.
17. Bibliothèque de la Sorbonne, Ms 1660, f° 82.
18. Signalons en particulier que Bernard de Jussieu introduisit en France le cèdre du Liban.
19. Bibliothèque de la Sorbonne, Ms 1660, Ff 86-87.
20. Ibid., f° 87.
21. Ibid., Ff 81-82.
22. Ibid.
23. Ibid., f° 81.
24. Archives nationales, F 17-441, n° 6.
25. Il est le frère de Valentin Haüy, fondateur de l'Institution des jeunes Aveugles.
26. Bibliothèque de la Sorbonne, Ms 1660, f° 86.
27. MASSON (Frédéric). *op. cit.,* p. 200.

GUILLEVIC

La Mer

[Fragment]

Pourquoi pas moi,
La mer,

Pourquoi pas moi
Là-haut ?

*

Est-ce que je suis faite
Pour le goémon ?

Est-ce qu'il est fait
Lui, pour moi ?

*

Sûr
Que je rumine.

Qu'est-ce que j'ai d'autre
A faire ?

*

Se jeter dans la mer,
Disent les gens.

Mais moi, dans quoi
Puis-je me jeter ?

*

Le soleil
Est un œil
Sur moi,

Et moi je n'ai
Que ma surface

Et mes essais
De mouvement.

*

On parle de moi

Et moi
Je ne sais parler
Que de moi, la mer.

*

Appelez-moi océan
Pour que ça me change.

*

Pour vous,
Je ne suis qu'une voix,

Mais vous n'entendez
Que celle que j'ai
Pour le dehors.

*

On me caricature
Avec la vache de brume.

C'est tout
Ce qu'ils ont trouvé
Pour m'imiter.

*

Je veux considérer
Que le soleil levant
Est mon fruit.

C'est indiscutable :
Je suis la mer.

Il faut quelquefois
Me le rappeler.

*

Qui se ressemble s'assemble,
Dit-on.

Mais moi
Avec quoi ?
Avec qui ?

*

Ce besoin
De se répéter,
Vague après vague.

*

Après tout,
Les ailes du goéland
Ce sont les miennes.

*

Cette eau
Qui s'en va en vapeur
Qui me revient en pluie,

Ne m'apporte
Souvenir de rien.

*

Parfois dans les tempêtes
On dirait

Que c'est à moi-même
Que je m'en prends.

J'ouvre le regard des hommes
Sur l'infini.

Mais moi, c'est leur regard sur moi
Qui m'y jette.

*

Je suis obligée
De me laisser colorer
Par le ciel inconstant.

*

Ce n'est pas
Que j'aie tellement peur.

Depuis tout ce temps !

*

La crevette
En sait peut-être davantage
Sur moi.

*

Bien sûr
Que je ne suis pas indifférente
A l'égard de mes baleines,

Pas plus à mes algues,
A mon plancton,
A mes palourdes.

Nous tenons ensemble.

*

Les horizontales,
Ça me connaît,

Mais, en fait, ce ne sont jamais
Que des portions de la sphère terrestre.

*

Et si je me dressais
Une fois, tout à coup
A la verticale

Tendant vers l'espace
Tendant vers tous

Mes bas-fonds avec qui
Moi-même je vis peu.

Le vent essaie bien
De me bercer,

Mais il n'en résulte
Que quelques rides
A la surface.

*

Les rochers
M'aident parfois

A sentir ma fraîcheur.

*

En moi,
Ça grouille beaucoup,
Certes,

Mais c'est peu de chose.

Ce qui m'est le plus présent
C'est mon volume,
C'est ma pesanteur.

*

Pourquoi les arbres
Peuvent-ils demeurer
A la verticale —

Et moi non ?

*

Un jour, aussi bien,
Je me réveillerai soleil.

Malgré tout
Ce qu'on croit voir
De moi, sur moi, en moi,

L'immobilité
Est mon principe.

*

Quand ma surface
Est fatiguée de la lumière,

Elle se laisse couler
Dans ma profondeur.

*

Exilée en moi-même —
Et quel pouvoir ?

*

Si j'essayais
De roucouler ?

Si j'essayais
De remonter les fleuves ?

Si j'essayais
De nager dans l'air ?

*

Je veux considérer
Que le soleil levant
Est mon fruit.

*

Lorsque je ne suis pas bien
C'est que je ne suis pas
Dans ce qui est mon avenir.

*

Pas étonnant
Que ce soit en moi

Que naissent les crabes
Avec leurs pinces
A couper des doigts.

*

Si le vent
Etait plus puissant.

Si la lune
Etait plus puissante.

*

J'ai envie parfois
Que tout remue,
Se bouscule en moi
Depuis les profondeurs.

J'ai envie parfois
Que tout se fige en moi
Jusqu'aux vagues
De la surface.

*

Pourquoi
N'entrerais-je pas
En dissidence
Avec moi-même ?

Illustrations de Marie-Luc Grall

Marie-Luc Grall

une lecture du poème : «La Mer» de Guillevic

Plus de vingt ans après la publication de *Carnac,* Guillevic écrit à nouveau sur la mer. Le poème publié ici est le début d'un long poème d'une soixantaine de pages intitulé *La Mer.* Il est difficile de ne pas mettre les deux poèmes en parallèle. Certaines similitudes sautent aux yeux dès la première lecture : même longueur des deux poèmes, même personnification de la mer. Nous retrouvons aussi dans ce nouveau poème des éléments déjà présents dans *Carnac* tels que les rochers, le goémon, le soleil, le vent, etc... Dans *Carnac* comme dans *La Mer,* l'image de la mer est liée au thème fondamental de l'existence et de la relation du poète avec le monde. Il est intéressant de partir d'un rapprochement entre les deux œuvres pour aborder *La Mer* dans cette perspective. Sans aller trop loin dans la comparaison, il est incontestable qu'une œuvre traitant du même sujet après tant d'années éclaire d'un nouvel aspect la vision du poète. La persistance du thème confirme déjà l'importance de la métaphore dans l'œuvre de Guillevic. Et surtout, *La Mer* permet de percevoir une évolution de la pensée du poète telle qu'elle est illustrée à travers sa poésie.

Dans *Carnac,* un interlocuteur s'adresse à la mer. Le poème est écrit en grande partie à la deuxième personne, ce qui implique que nous avons affaire à deux figures au moins : celui qui interpelle, et la mer à qui il parle. S'adressant à elle comme il s'adresse dans d'autres poèmes aux objets, ces choses extérieures à nous, mais que nous ne pouvons appréhender qu'à travers une expérience subjective — ne nous renvoient-ils pas alors partiellement notre propre image ? — le poète interroge la mer, la critique, la flatte, tente de l'attendrir, se fâche contre elle, crie, murmure...

Dans la poésie, l'objet, en plus de sa qualité d'objet, a valeur de métaphore. Mais dans *Carnac,* Guillevic va plus loin : il personnifie la mer, lui prêtant toutes sortes de sentiments humains. Si la révélation du poète au monde est, dans la poésie de Guillevic, avant tout sensuelle, dans *Carnac* on peut parler d'une relation affective et même érotique du poète avec la mer. Il veut l'avoir, la posséder.

Tout le poème repose sur cette relation du poète avec la mer, mais vue uniquement du point de vue du poète. La mer elle-même ne parle jamais en son nom propre.

Le désir de l'Autre qu'exprime celui qui dit «tu» éclate avec une violence telle, qu'elle révèle un besoin essentiel. Par tous les moyens que le langage lui offre, le poète essaie de convaincre la mer d'être là. Plutôt que poème d'un face à face, *Carnac* est en ce sens le poème d'une recherche de ce face à face.

La mer est dans *Carnac* l'incarnation de l'Autre. Elle est aussi traditionnellement le symbole de l'origine, et la mer à Carnac (le lieu) tout particulièrement, qui évoque d'une part les alignements mégalithiques dont le sens remonte à la préhistoire, et pour Guillevic d'autre part, le lieu de sa naissance, de son origine personnelle donc.

Mer-origine, elle est l'interlocuteur idéal pour une interrogation existentielle, pour une mise en question de son être :

Mer au bord du néant,
Qui se mêle au néant,

La mer dans *Carnac* possède des caractéristiques qui attirent et effraient en même temps le poète. Elle est l'image d'un Autre aux contours incertains. Il s'y identifie partiellement tout en craignant de lui ressembler. Si elle est miroir — et elle est miroir en ce sens qu'elle est projection du sujet dans l'objet — comment peut-il ne pas être angoissé par l'image de ce néant qu'il y perçoit ?

Il lui en veut de trop ressembler à ses peurs. Il la souhaite différente de lui, capable de lui faire face. En effet, ce n'est que dans la présence de deux éléments et dans leur opposition qu'il peut trouver l'équilibre cherché. La fusion ou l'harmonie au lieu d'un face à face entraînerait l'abolition d'un rapport à l'autre. Or, c'est dans le rapport, sorte de va-et-vient antithétique, que le moi peut se situer.

Dans *Carnac,* la présence d'un «toi» doit permettre au moi de se poser comme tel, et l'assurer de son identité. C'est pour cela que l'Autre est nécessaire au moi. L'image du dualisme est une image-clef dans *Carnac.*

Mais la mer se dérobe. Le poème se termine par une constatation désespérée :

Toi, ce creux
Et définitif.

Moi qui rêvais
De faire équilibre.

Le poète tentait de conjurer le vide dans une relation avec l'Autre, mais la mer se révèle «creux», vide elle-même. Le désir violent d'une relation avec celle qui réunit les deux symboles de l'origine d'une part, et de l'insaisissable d'autre part (en tant qu'eau), s'est révélé vain.

La mer demeure pourtant, dans son monde à elle et avec ses contradictions. Dans *La Mer,* le poète l'aborde à nouveau, mais différemment. Dans *Carnac,* il questionnait de l'extérieur cette existence si proche du néant et en même temps génitrice. Maintenant, c'est la mer elle-même qui parle.

La Mer est un poème à la première personne. Par rapport à *Carnac,* il y a donc changement de perspective : alors que le «tu» impliquait la présence d'un interlocuteur et d'une deuxième personne à qui le message s'adressait, le «je» dans *La Mer* n'implique qu'une seule personne. Le poème a la forme d'un monologue intérieur. Le poète choisit non plus de parler de la mer, mais de la laisser s'exprimer elle-même. La distance entre le sujet qui écrit et l'objet décrit s'estompe en quelque sorte. La mer n'est plus imaginée du dehors, elle est maintenant vue de l'intérieur. La différence de perspective entre le dehors et le dedans est toujours significative chez Guillevic : elle illustre les relations du moi avec le monde.

A première vue, le rapport à l'Autre semble avoir disparu.

On peut pourtant penser que la mer, dans ce dernier poème, est cette accusée appréhendée par le poète dans *Carnac. La Mer* commence comme un plaidoyer : réponses à des critiques qui semblent avoir déjà été formulées avant le début du poème. La mer se justifie. Les questions des premières stances ressemblent à des réponses sous forme de rhétorique à des critiques clairement exprimées dans *Carnac.* On peut lire par exemple dans ce poème :

Ruminant, toi,
Rabâchant, rabâchant,

auxquels répondent directement ces vers de *La Mer :*

Sûr
Que je rumine.

Qu'est-ce que j'ai d'autre
À faire ?

Cependant, il est clair que la mer ne répond ici à personne (même si une fois, une seule, elle s'adresse aux hommes en leur disant «vous»). Elle se parle à elle-même. Et si elle se justifie, ce n'est qu'à ses propres yeux.

Ce n'est pas non plus du tout la mer furieuse de *Carnac* qui s'exprime ici. Le lecteur découvre un personnage qui reconnaît ses doutes et ses faiblesses avec sincérité.

Elle avoue, mais en se voyant comme victime. Plus pitoyable encore que l'interlocuteur qui, dans *Carnac,* peut au moins la regarder, l'interroger, se perdre en elle, la mer, elle, est seule :

Se jeter dans la mer,
Disent les gens.

Mais moi, dans quoi
Puis-je me jeter ?

Le thème de la solitude et — ce qui équivaut à la même chose chez Guillevic — du caractère unique de la mer revient souvent dans le poème. Il est lié à la peur, à l'incertitude. La solitude est vécue comme une absence.

Cette mer qui reconnaît ses faiblesses est humaine dans le sens où l'on dit d'un sentiment qui manque de noblesse : «C'est humain», mais aussi par ses soucis, ses angoisses et ses contradictions.

Elle utilise pour parler d'elle-même un langage simple, avec des tournures populaires par exemple, ou une syntaxe empruntée à la langue parlée, ce qui lui donne un air bon enfant, installée dans son monde, avec ses occupations quotidiennes :

Qui se ressemble s'assemble,
Dit-on.

Mais moi
Avec quoi ?
Avec qui ?

ou bien :

Ils ont beau dire,

Pour soi-même
On n'est pas immense.

Mais ces mots de tous les jours expriment le doute. Il serait intéressant d'analyser comment le poète, en combinant un langage familier avec l'expression d'interrogations fondamentales, crée une sorte de décalage du sens. Celui-ci est pris entre deux alternatives.

La mer a besoin de se rassurer elle-même constamment. Elle se répète comme si elle voulait se convaincre de sa propre existence. Ce mouvement qui rappelle le balancement des vagues était dans *Carnac* interprété par l'interlocuteur comme un manque de volonté de la mer, un caprice même : elle avait l'air de ne pas savoir ce qu'elle voulait, elle se donnait et se refusait en même temps. Il se révèle ici être un moyen de dire son existence, d'exprimer son moi : dans l'imagination du poète, l'image de la mer incarne encore un moi fuyant, ce qui confirme à quel point cette image, profondément ancrée en lui répond à quelque chose d'essentiel.

Si on considère le poème dans son entier, il apparaît que, du début à la fin, il y a une évolution du personnage «la mer». On ne peut parler ni d'intrigue, ni d'action dramatique, mais plutôt d'une prise de conscience. Le poème se déroule sur le rythme d'une pensée en action, d'une réflexion avec un aboutissement.

Sur le plan de la forme, de courtes stances se succèdent, sur des sujets apparemment très divers, comme ces visions fugitives qui défilent dans un esprit inquiet, agité. Plus loin dans le poème, ces impressions alternent avec des périodes de réflexions plus suivies. Le poème suit les méandres d'une pensée en mouvement, parfois abandonnée à une rêverie apparemment vagabonde, d'autres fois concentrée sur une idée précise. Si les stances traitent de sujets divers dans leur succession, ces sujets reviennent à plusieurs reprises tout au long du poème. Le soleil par exemple est évoqué explicitement sept fois.

Cette construction donne au poème un mouvement rythmé comme les vagues. L'idée de répétition dont parle la mer s'en trouve accentuée :

> *Que je me répète,*
> *C'est évident.*

Chaque évocation semble apporter un élément nouveau au sujet traité, mais l'image reste imprécise, continue à échapper à une définition arrêtée. Ces éléments, par leur répétition, se présentent comme des images obsessionnelles.

Les propos de la mer sur elle-même et ses évocations de son univers n'ont pas un but descriptif : elle n'a pas de traits pittoresques particuliers, et elle n'est même plus localisée géographiquement comme dans *Carnac.* Le titre déjà le dit : *La Mer* est une image universelle. Elle illustre une conscience.

En faisant parler la mer, le poète s'interroge, au moyen des mots et des images, sur l'existence vue à travers une expérience intérieure. La mer, pour Guillevic, semble se prêter tout particulièrement à cette méditation.

Dans *Carnac,* le dehors renvoie une image : le poète regarde la mer. Il ne parle de lui-même que dans son rapport avec la mer, il la veut présente en dehors de lui. Cet appel au monde extérieur est un appel à l'Autre, qui apparaît comme un besoin du poète dans sa quête du moi. Il cherche un contrepoids à sa propre pesanteur. Il s'agit de deux mondes, de deux côtés, de deux faces. Dans *La Mer,* le regard s'est déplacé, est devenu unilatéral.

La mer, dans ce dernier poème, n'a pas, comme l'interlocuteur de *Carnac,* la possibilité de se tourner vers un «toi» privilégié : dès le début elle exprime son regret de ne pas avoir d'interlocuteur possible :

On parle de moi.

Et moi
Je ne sais parler
Que de moi, la mer.

Elle évoque pourtant le goémon, la pluie, le ciel, le soleil, etc., autant d'éléments qui font partie du monde extérieur. Quel est alors leur rôle ?

L'autre continue à être désiré comme une référence pour le moi. La mer voudrait bien aussi dans ce dernier poème que l'Autre soit.

Au cours du poème elle reconnaît son désir, mais, et c'est en cela que réside la différence, cette fois comme une faiblesse :

C'est ma faiblesse
Que de trop me complaire

Au spectacle de tout
Ce qui n'est pas en moi

Et me distrait de moi.

et comme un rêve illusoire qu'elle juge avec lucidité, mais auquel elle ne peut toutefois s'empêcher de succomber de temps à autre avec nostalgie :

J'ai beau me redire :
«Ne reste pas toujours à regarder le ciel

Dont tu fais les nuages
Et qui reste étranger,
Voué à qui sait quoi.

Occupe-toi plutôt
Des profondeurs qui sont les tiennes».

Je dois bien constater ce besoin qui me point
De ce qui n'est pas moi
Que je rêve de caresser.

Notons que ce désir est un désir sensuel, qui ressemble au souhait du poète dans *Carnac :* besoin de toucher, d'embrasser.

Mais la mer, ici, ne croit plus trouver son identité propre dans sa relation avec l'Autre. Il est vrai que *Carnac* se terminait par un constat d'échec : l'Autre s'étant révélé absence.

Dans *La Mer,* l'Autre se retrouve à l'arrière plan.

Le monde extérieur n'est d'aucun appui à la mer. Elle ne le considère plus que comme un divertissement qui ne peut ni compenser son inquiétude, ni résoudre le problème qui l'obsède. Au contraire, ce monde la détourne de ce qu'elle cherche.

Quand elle évoque le vent par exemple, ou la lune, ou le ciel, c'est pour constater qu'ils ne peuvent jouer le rôle qu'elle attend d'eux. Ni le vent, ni la lune ne font le poids qui leur permettrait de faire face à la mer. Le ciel est «inconsistant».

Quant aux animaux et aux plantes que la mer nomme, ils ont une signification particulière. La mer manifeste une certaine tendresse pour ces éléments-là, qu'ils soient petits comme la crevette ou le goémon, ou grand comme la baleine.

Mais, ces éléments apparemment extérieurs à elle, la mer va se les approprier : ils ne sont pas hors d'elle puisqu'elle les nourrit et les fait vivre. De l'oiseau de mer par exemple elle dit :

Après tout,
Les ailes du goéland
Ce sont les miennes.

Elle ne peut donc les regarder que comme elle se regarde elle-même. Elle va plus loin en essayant même de s'accaparer les nuages. Ce dernier exemple est particulièrement significatif : il démontre comment la mer cherche *activement* à faire entrer dans son univers personnel des éléments extérieurs qui auraient tendance à lui échapper :

Les nuages,
Bien, les nuages.

Ils viennent de moi,
Font semblant
De l'ignorer,

Mais je les récupérerai.

Petit à petit, la mer se présente elle-même comme le centre unique d'un univers. Elle reconnaît que c'est elle que toujours elle recherche dans les autres.

Toute sa vision du monde extérieur tourne autour de ce centre qu'elle essaie le plus possible de saisir. Ce centre, c'est son moi.

Le souhait de la mer ici est clair :

Quoi désirer
De plus fort que moi ?

Plus qu'un souhait, c'est même un projet, puisque la mer dans ce poème se veut tournée vers l'avenir : elle agrée le soleil levant mais se démarque vivement du couchant. Elle ne s'accepte que regardant en avant dans le temps.

Pourtant, le dualisme présent dans *Carnac* n'a pas tout à faire disparu. Il s'est déplacé. Dans sa recherche du moi, la mer se dédouble. Elle se présente unique, centre, mais composée de deux parties. De cette façon, elle crée à nouveau ce mouvement entre deux forces qui était le désir du poète dans *Carnac*. Une opposition s'instaure. Avec cette différence fondamentale : la mer ne peut craindre aucune défection de l'une ou l'autre partie, puisqu'elle-même réunit les deux pôles.

Cette particularité de la mer est abondamment illustrée sous différentes formes et à différents niveaux dans tout le poème.

Dès les premières pages déjà, la mer révèle par exemple que, contrairement à ce que l'on croit savoir d'elle, elle possède deux voix, l'une intérieure et l'autre :

Pour le dehors

Elle se reconnaît également constituée de deux parties bien distinctes : la surface et la profondeur.

La mer se complaît dans la contradiction :

Malgré tout
Ce qu'on croit voir
De moi, sur moi, en moi,

L'immobilité
Est mon principe.

Les différentes images poétiques rapprochent deux termes qui s'opposent et même se contredisent. De cette façon il n'y a pas de définition logique possible, ni de cadre fixe. L'image de l'immobilité étonne parce que traditionnellement l'eau est le symbole du mouvement. Mais le mouvement des marées n'est-il pas retour constant sur lui-même ? Le mouvement est relatif : toujours identique à lui-même. La contradiction ne serait donc qu'apparente. Mais plus loin dans le poème, la mer dit paradoxalement :

Curieux que là
Où plus parfaitement
Je touche mon immobilité,

Là je me sache
Mère du mouvement.

Il est clair que la mer revendique les deux composantes qui sont comme l'envers et l'endroit.

Les oppositions peuvent carrément se suivre :

J'ai envie parfois
Que tout remue,
Se bouscule en moi
Depuis les profondeurs.

J'ai envie parfois
Que tout se fige en moi
Jusqu'aux vagues
De la surface.

Dans ces stances, la mer manifeste deux désirs, contradictoires par leur rapprochement. Les deux propositions ne se neutralisent pourtant pas : elles s'additionnent. Le poète ne choisit pas entre l'une ou l'autre de ces données car ce qui est important ici, ce n'est pas la caractérisation psychologique particulière de la mer, mais ce qui, au-delà des particularités et des contradictions, demeure. La mer n'est pas un personnage de roman. Malgré et avec ses caractéristiques psychologiques, elle est avant tout métaphore.

L'opposition entre deux forces crée une tension. Omniprésente dans *Carnac,* on rencontre aussi cette image dans de nombreux autres poèmes. Le mouvement qui a lieu de l'un à l'autre est pour le poète expression de vie. Dans cet entre-deux se situe aussi le questionnement sur l'être et le non-être. Ceci explique la surprenante proposition de la mer dans les vers qui suivent.

La mer se demande si elle ne pourrait pas créer en elle cette opposition entre deux forces. Elle pressent qu'en le faisant, elle réaliserait cette image positive, expression de l'anti-néant, d'une présence, sans avoir recours à d'autres éléments extérieurs à elle-même. Elle pose cette idée comme une hypothèse qui brusquement lui serait venue à l'esprit. Comme si elle entrevoyait une possibilité de réponse à son angoisse de l'être. C'est une prise de conscience qui petit à petit va se préciser dans la suite du poème.

La mer va revendiquer son autonomie par rapport au monde extérieur. Elle réclame d'être centre, mais cela n'est pour elle possible qu'en se dédoublant. Dans la poésie de Guillevic, l'unicité est une image angoissante. Pour se savoir, le moi a toujours besoin de se référer à quelque chose. La mer choisit de créer en elle cette dualité. Elle se dit surface *et* profondeur, immobile *et* mouvante par exemple, et, à la fin du poème, ce dédoublement prend la forme d'une conscience qui se pense elle-même.

Au début du poème, la mer se plaignait de cette solitude qu'elle reconnaissait pourtant lucidement. Petit à petit, elle va faire sienne cette solitude, elle va l'accepter, et même la revendiquer comme un choix.

Un espoir va se développer, qu'illustre en particulier au cours du poème l'image de la verticalité symbolisée par le soleil. (Le soleil et l'arbre sont les seuls éléments qui échappent à l'attraction que veut exercer la mer. Tous deux restent à l'extérieur).

Dès les premiers vers, la mer exprime un désir, celui d'être en haut, c'est-à-dire dressée au-dessus. Cette image va de pair avec une certaine hantise de l'horizontalité présente aussi dans *Carnac.*

Ce désir prend forme au cours du poème :

En moi aussi
Ça pousse.

En moi aussi
Je sens des verticales
Se dessiner.

A la fin du poème, la métamorphose de la mer en soleil s'exprime clairement, comme un espoir :

Un jour, aussi bien,
Je me réveillerai soleil.

Pour la mer, devenir soleil, c'est réaliser son moi dans la lumière qui est une valeur absolue. C'est être centre et englober le monde, c'est tout éclairer d'en haut.

Dans les tout derniers vers, elle revendique d'être invulnérable à toute blessure venue du dehors, elle revendique sa liberté personnelle, le choix de se vouloir, de «s'accoucher» elle-même, comme elle le disait vers le milieu du poème.

Cet aboutissement s'exprime cependant sous forme de souhait ou peut-être même de résolution : le dernier vers est une proposition conditionnelle. Dans la poésie de Guillevic, les constatations ne sont jamais posées comme définitives, comme si rien ne pouvait chez lui être réduit à une simple donnée saisissable.

Le poète est tourné vers l'avant, jamais arrivé. L'avant n'est pas vu comme un avenir situé dans le temps réel, mais comme l'expérience personnelle de l'absolu. Chez Guillevic, le fini, qui est la négation même de l'absolu, est refusé ; c'est pourquoi les solutions ne sont jamais qu'envisagées, ou rêvées, ou espérées.

L'alternance du monde à soi s'estompe dans *La Mer*. Il n'y a plus cette dialectique du dedans (expérience intérieure) et du dehors (l'Autre, le monde) comme dans *Carnac*. Les deux poèmes traitent le même thème, celui de l'identité et du moi, mais les rapports du moi avec le monde extérieur ont changé. Celui-ci est accaparé par la mer qui s'établit elle-même dans le monde dont elle fait son univers subjectif, c'est-à-dire un dedans. Si le moi se veut centre, ce n'est pas dans un but de domination car il ne veut conquérir que lui-même. Par les moyens de la lucidité, du dédoublement et de la conscience d'elle-même, la mer réclame de se créer. L'image du dualisme, toujours présent, s'est déplacé : le face à face a lieu à l'intérieur de soi.

Elle veut engendrer elle-même le sens de son moi, sans autre recours que sa propre force.

Par rapport au ton déçu qui concluait *Carnac,* la fin de *La Mer* est tout à fait optimiste. Le rêve reconnu comme illusoire dans le premier poème a fait place à un souhait tourné vers l'avant.

Jean Lansard
La fortune littéraire de Judas
Dossier
(suite et fin)

II. THÉÂTRE

Au Moyen Age

C'est sans doute *dans le domaine du théâtre* que le personnage de Judas a été le plus exploité. *Au Moyen-Age,* il est un des prototypes de traître les plus favorisés par la littérature et il se crée, autour de sa figure, une histoire cyclique âpre par incorporation d'épisodes d'origines diverses :
1) Naissance et exposition aux eaux d'une rivière ou de la mer (thème de Moïse)
2) Assassinat de son père et amours incestueuses avec sa mère (thème d'Oedipe)
3) Tradition de la dîme que lui accorda Jésus quand il le prit avec lui, concession qui fut la cause lointaine de sa trahison.

Les trois épisodes furent traités par le théâtre européen en langue vulgaire, en catalan tous ensemble.

Les passions catalanes

On possède les fragments d'une passion catalane du XIVe siècle, avec version provençale où Judas, tel Oedipe, tue son père sans le savoir et épouse sa mère ; puis il est enrôlé par Jésus, qui l'utilise comme administrateur de la troupe, avec octroi (pour subvenir aux besoins de ses enfants) de l'arrière-dîme. S'estimant lésé de 30 deniers lors de l'onction par Marie-Madeleine d'un parfum de 300 deniers, Judas décide de se venger et de récupérer la somme.

Dans cinq passions catalanes du XVIe siècle, après sa trahison, Judas rend l'argent de désespoir, maudit le jour de sa naissance et ses parents, se livre au diable.

Une septième passion catalane et des manuscrits des XVIIe et XVIIIe siècles ne parlent plus d'inceste ni de parricide (cf. l'article de M. Joseph Romeu-Figueras : «La légende de Judas Iscarioth dans le Théâtre catalan et provençal. Essai de classification des Passions dramatiques catalanes», in *Actes et Mémoires du 1er congrès international de Langue et Littérature du Midi de la France,* Palais du Roure, Avignon, 1957, pp. 68-106).

La Samaritaine, d'Edmond Rostand

Plus près de nous, au XIXe siècle, citons la pièce d'Edmond Rostand, *La Samaritaine* (Evangile en 3 tableaux, *en vers,* jouée au Théâtre de la Renaissance le Mercredi Saint 14 avril 1897 et publiée en 1897) ; il est question au 2e tableau («La Porte de Sichem»), entre les disciples, de la ladrerie et des vols du trésorier Judas, mais, fait remarquer Jean :

«Quand on le dit au Maître, il sourit, le regarde
Et répond : «Il le faut, qu'il aime trop l'argent !...»

Ce qui est poser, bien brièvement, le problème de la prédestination à la traîtrise...

Quant à Marie de Magdala, elle est évoquée par Jésus au 3e tableau («Salvator Mundi»), comme devant être associée à Son souvenir dans la mémoire des hommes[1].

Marie-Magdeleine, de Maurice Maeterlinck

Marie-Magdeleine aura, dans la pièce en 3 actes (du même nom) de Maurice Maeterlinck (jouée le 18 mars 1913 à Nice, puis en mai à Paris, publiée in *La Petite Illustration,* théâtre t. IX, n° 185, pp. 1-24), le rôle principal : au début courtisane abandonnée aux passions humaines, elle finit par rejoindre le Christ, elle qui est la Beauté, guidée par la Mort en la personne de Lazare le ressuscité. Elle aura la force, devant les malades et les infirmes qui attendent leur guérison et l'insultent (en l'accusant d'être la complice de «l'Iscarioth») de laisser, par amour, le Christ marcher à Son supplice, plutôt que de céder au tribun Vérus qui la convoite.

Judas, d'Erich Mühsam

En 1928, à Berlin, Erwin Piscator, qui dirigeait (depuis 1927 et jusqu'en 1929) la «Piscator-Bühne», monta le *Judas* d'Erich Mühsam (qui fêtait ses 60 ans). C'était une pièce qui, écrit Piscator (*Le Théâtre politique,* éd. L'Arche, 1962, p. 231), «transposait le problème de Judas dans le mouvement ouvrier (...). Les personnages étaient empruntés à l'histoire de la République munichoise des Conseils». Piscator reprochait d'ailleurs à la pièce de n'être pas politiquement efficace, en continuant de poser un problème de psychologie individuelle.

Jésus de Nazareth, de Paul Demasy

Le Vendredi Saint 18 avril 1924, Paul Demasy faisait représenter au Théâtre national de l'Odéon, sous la direction de M. Firmin Gémier, sa pièce (écrite en septembre 1919), en 3 actes et 8 tableaux dont un prologue, *Jésus de Nazareth* (avec des illustrations musicales de César Franck et Richard Wagner). Judas (l'acteur Balpêtré tenait le rôle) n'apparaissait qu'à l'acte II, 3e tableau (La Résurrection de Lazare) : affligé par la mort de Lazare, doutant que Jésus soit le Messie-Roi annoncé puisqu'il voit sa propre mort sans pouvoir l'empêcher, Judas s'«arrête», dit non, refuse de suivre plus longtemps ce «séducteur sans feu ni lieu», d'être le «mulet qu'on nourrit d'une provende de songe» et médite, pour éprouver Jésus, de Le livrer à ses ennemis. Au 4e tableau, Judas, qui sort du repas pascal sans avoir compris les paroles de Jésus, livre au Sanhédrin celui qu'il appelle un «tyran» et un «diable» pour avoir ressuscité Lazare malgré lui, un «fou» pour avoir repoussé richesse, désir, puissance temporelle. Le «prix du sang» est convenu : trente sicles, ainsi que le signal de l'arrestation : le baiser de la paix. Au 5e tableau (Le Jardin des Oliviers), Jésus attend Son arrestation, plein d'angoisse devant l'incapacité de ses disciples à comprendre Son enseignement spirituel (d'Amour non charnel, de soumission absolue à la volonté de Dieu) devant l'agonie qu'il subit, la mort violente qu'Il sent venir. Puis Il consent à Sa mort au lieu de Son triomphe, tandis que les torches des soldats les encerclent et qu'apparaît Judas qui l'embrasse et le salue. Après l'arrestation de Jésus, Judas resté seul, se réjouit de la «fin du cauchemar» et de cet argent, «toujours bon à prendre», qui va lui permettre de marcher à nouveau, avec les amis intéressés qu'il lui vaudra, «dans les chemins de tout monde».

A l'acte III, 6e tableau (Marie-Madeleine), Judas est allé à Béthanie chez Lazare : il lui dit avoir vu Jésus, arrêté, sortant de chez Caïphe et traité comme le dernier des malfaiteurs, sans qu'Il réagît. Il en a eu honte pour lui et pour eux, «éclaboussés par cette dérision». Il raconte à Cléophas, Nathan, l'«enfer» que fut pour lui la vie misérable derrière Jésus, tandis que chaque jour s'ébréchait sa confiance en ce «scélérat» bon à pendre à une croix ; et quand Madeleine parle d'aller «témoigner» en faveur de Celui que guette la mort, il refuse violemment d'intervenir pour «ce pasteur d'enfer» qui les «menait à la boucherie». Madeleine supplie Judas, «cœur sombre», de ne pas prononcer de tels mots qui se retournent contre lui et le «piquent comme des serpents», de ne pas faire qu'il y ait «un traître» parmi les Douze. Furieux, Judas refuse de retourner à Jérusalem avec ces fanatiques, ces fous, car le traître, c'était ce Jésus, qu'il sommerait, s'il le voyait en croix, d'en descendre et de triompher pour prouver Sa royauté !

Au 7e tableau sur le chemin du Golgotha, Judas s'en prend aux desseins cruels de Jéhovah qui a voulu que David fût lumineux et Saül ténébreux, que Jésus vécût et mourût en prophète et que lui, Judas, fût désabusé mais désespéré devant cette Passion d'un Roi de dérision, aveuglé de sang et implorant la pitié. Il tente d'empêcher Madeleine d'assister à la fin du supplice et lui révèle que, la voyant «amoureuse d'une ombre, folle d'un songe», il a fait en sorte, lui Judas, que l'Imposteur meure ; mais, en réalité, c'est Jéhovah «l'auteur de la trahison», Lui qui a voulu les morts des prophètes et les crimes des rois. Judas supplie Madeleine de lui venir en aide, de comprendre sa trahison : il n'était qu'un juif incapable d'aimer, «au crâne dur», qui attendait le Messie, le Roi qui eût permis de dominer les nations ; mais il n'a pas trahi, il n'a fait qu'obéir à quelque chose qui le dépassait. Tenant à la terre par ses entrailles, il lui était insupportable que Jésus mît en lui «le désir de l'impossible, d'une perfection» qui n'était pas à portée de son esprit et de ses mains. Madeleine lui suggère de venir sous la Croix, implorer le pardon de Jésus, mais il refuse cette humiliation devant un simple mortel. Madeleine le repousse et, resté seul, désespéré, Judas maudit tout le monde (ses parents, Jéhovah, Jésus, Israël), vomit la vie et lui-même. La scène s'achève de façon hallucinée : le soleil disparaît, les ténèbres et des voix confuses ricanantes cernent le «dernier homme vivant parmi les spectres», qui tâtonne à la recherche de l'arbre où se pendre après avoir rendu l'argent.

La pièce se termine par un huitième tableau (Les Pélerins d'Emmaüs) : avant de disparaître, l'Inconnu donne à ses compagnons de route, Cléophas et Nathan, d'ultimes préceptes : faire du monde «un brasier de vie inextinguible», en témoignant de la vie, des actions et de la Passion de ce «Jésus de Nazareth», de cet intermédiaire entre le néant de l'homme et le Tout de Dieu, par qui la Mort et Satan ont été terrassés, et le salut des hommes assuré. Cléophas et Nathan exhalent leur joie et se préparent à répandre la nouvelle du règne du Christ...

La pièce de Paul Demasy (éditée in *La Petite Illustration* n° 217, 1er novembre 1924) reçut un accueil favorable en dépit d'une certaine ambiguïté (Jésus est-il, pour l'auteur, L'Homme-Dieu ou un simple mortel ?), d'un découpage discutable (l'Acte I, qui montre les baptêmes opérés par Jonathan, sa rencontre avec Jésus, son supplice devant Salomé, éloigne un peu l'intérêt, de la figure de Jésus, sur celle du Précurseur). Les 6 derniers tableaux constituent vraiment la Tragédie de *Judas.* Mais la trahison y est toute expliquée par la déception temporelle, aucun élément positif ne vient affiner la relation Judas/Jésus. L'affrontement de Judas avec Lazare le ressuscité (6e tableau) et (7e tableau) la relation Judas/Madeleine humanisent un peu, en la colorant de pathétique, la figure de ce juif «au crâne dur», incapable d'aimer, dont le caractère eût demandé à être plus fouillé.

Barabbas, de Michel de Ghelderode

Michel de Ghelderode écrivit, en 1928, *Barabbas,* drame en 3 actes (créé à Bruxelles le 21 mars 1928, en langue néerlandaise ; version originale le 8 janvier 1934 au Théâtre Résidence à Bruxelles ; reprise à Bruxelles le 29 mars 1954 par le Théâtre National de Belgique et à la Biennale de Venise le 5 juillet 1954. Création à Paris, en version remaniée, au Théâtre de l'Oeuvre le 21 février 1950, sous la régie de Jean Le Poulain, et reprise au Théâtre Sarah-Bernhardt par le Théâtre National de Belgique le 14 mai 1956, dans le cadre du Festival International du Théâtre 1956. Edité in M. de Ghelderode : *Théâtre,* t. V, NRF Gallimard 1957, pp. 73-173).

A l'acte I, Judas, après la trahison, vient visiter Jésus que l'on a emprisonné dans une cage avec le sauvage Barabbas et d'autres larrons. Il tente de se justifier de la fatalité qui a voulu qu'il trahît par un baiser : Jésus lui-même, par un «inéluctable regard», semblait lui ordonner de Le trahir ! Il supplie Jésus de le délivrer de son angoisse, de lui expliquer pourquoi on l'avait «prédestiné» à ce «devoir effroyable» ; il se dit décidé, si Jésus le lui demande, à aller, pour Lui, «jusqu'au fond des Enfers». Jésus (rôle muet dans la pièce) se tait et Judas s'enfuit, insulté par Barabbas qui le traite de scorpion et de traître. Face à Jésus, «statue de la Douleur» que nimbe une lumière irréelle, Barabbas ne peut s'empêcher d'être troublé et pénétré d'un «sentiment déchirant», inconnu de lui : la conscience de la vanité de sa révolte contre la Société injuste et de la vanité, égale, de sa mort imminente.

A l'acte II, la femme de Judas, la sordide Yochabeth, entre en scène : elle est à la recherche d'un mari jusque là méprisé mais qui, à ses yeux, s'est racheté en sauvant la Nation juive par sa trahison ; elle entend bien l'obliger à partager avec elle les trente deniers. Cette «chienne flaireuse» dégoûte la femme de Pilate qui refuse son contact. Arrive Judas, comptant, «avec des gestes précieux», cette monnaie «diabolique», ce «métal ensorcelé» qui sent la charogne, cet or maudit que tout le monde refuse en paiement. Il jette la bourse, sur laquelle se précipite sa femme. Le couple se bat et, tandis que Yochabeth l'insulte, le traite de «petit juif mesquin», d'«ordure», de «fils de truie», Judas refait l'aveu de la fatalité qui pesait sur lui :

«Il fallait que le Fils de l'Homme fût livré. C'était écrit. Et j'ai compris que cette mission scélérate mais surnaturelle m'était de toute éternité dévolue. Et même eussé-je fui dans les entrailles de la terre, ma trahison se fût encore accomplie». Il tente d'étrangler cette mégère qui s'épouvante devant le «masque horrible» collé sur sa face mais qui lui déclare être le «vrai visage, le visage impérissable de Judas». Il est, dit-il, bien plus que ce qu'elle pense : un assassin. Il est celui qui assume «la mort d'un Dieu». Le couple maudit s'enfonce dans la nuit quand surgissent d'autres ombres : les apôtres, qui se disputent, avides de tenter un coup de force pour délivrer Jésus et s'emparer du pouvoir, et à qui Jean tente de rappeler le message spirituel et la volonté sacrificielle de leur Maître.

Caïphe fait pression sur Pilate pour qu'il juge et condamne Jésus. Conseillé par Hérode, Pilate proposera à la foule de choisir entre Jésus et Barabbas. Judas sera le seul à demander, d'une voix de fausset couverte par la multitude, qu'on libère Jésus ! Quant à Barabbas, délivré mais écœuré par ce jugement inique et par le supplice qu'on a commencé à faire subir à Jésus, il se propose de déclencher la révolution des gueux.

A l'acte III, dans un bas-fond de Jérusalem, dans l'atmosphère d'une foire insolite, devant un barnum et un pitre que le public a délaissés pour aller au drame du calvaire, un guetteur décrit à Madeleine prostrée l'élévation des trois croix sur la montagne, dans les ténèbres grandissantes. Amère, elle raconte aux apôtres, masqués et soucieux de se cacher, ce que fut la Passion de Jésus (la marche douloureuse d'un cadavre, les plaies, le sang) mais, forte de son amour pour le Supplicié, elle essaie vainement de les tirer de leur peur, pour qu'ils aiment, comme elle, «dans l'absolu», Celui qui va mourir. Au spectacle dérisoire des apôtres succède celui d'un Pierre, qui pleure lamentablement sur son reniement et maudit le coq qu'il a étranglé et caché sous son manteau ! Puis survient Judas, livide, une corde à la main, secoué de sanglots : il s'en prend à sa femme qui l'a battu, aux gens qui le chassent comme un lépreux, à lui-même qui a trahi, s'est exilé de l'humanité et n'a «pas même la douceur des remords», mais simplement «un incommensurable dégoût de lui-même». Devant Pierre, Judas, la main tendue vers le Calvaire, repose le problème de sa prédestination : «Mais ce que je suis, Dieu

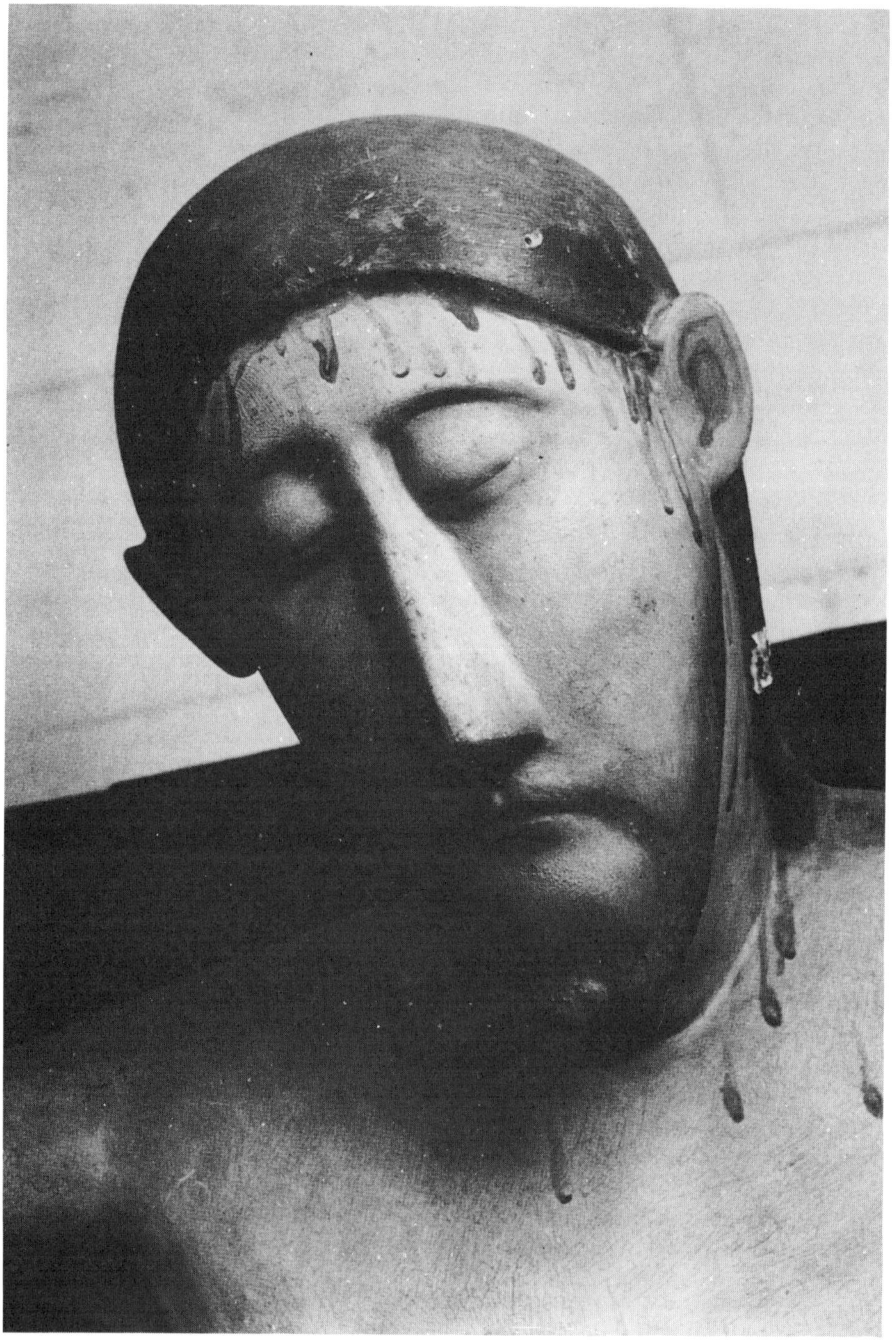

Christ en croix de Tongres - XIe siècle.
Tongres, basilique Notre-Dame, entrée du cloître.

n'a-t-il pas voulu que je le fusse ? (...) Il m'a obligé de le vendre. Avant ma naissance, n'était-ce chose écrite que je trahirais le Fils de l'Homme ? Je suis marqué par la Fatalité, comme exclu de la rédemption. J'ai accompli une besogne horrible et nécessaire, sans doute». Et pourtant, reconnaît-il avec accablement, il n'a jamais mieux suivi, cru et aimé Jésus qu'à l'instant du baiser fatal, d'un amour qui excédait même celui de tous les autres apôtres ! Maintenant, Jésus, au corps disloqué, lui est devenu un étranger, comme tous les hommes de la création : «Je ne suis peut-être plus de leur espèce, ou ai-je déjà la nature du Démon ? Je n'en sais rien. Je ne sais plus rien que mon nom. Je suis Judas. Immortellement !» Il ne lui reste plus, mission terminée, qu'à patienter jusqu'à la mort de Jésus, moment où il pourra, lui, «tranquillement plonger vers l'Enfer», cet Enfer auquel il croit fermement car, dit-il, «s'il n'existait point, Dieu le créerait pour moi seul» ! En attendant, à genoux et faisant à sa corde un nœud coulant, il supplie Pierre, puis Barabbas survenu, de jeter sur lui le crachat du mépris. En vain : seul le pitre de la baraque de foire, en riant aux larmes, acceptera de lui cracher à la figure, avant qu'il ne s'enfuie, sous les menaces de Barabbas, pour aller se pendre. Judas n'apparaîtra plus : la fin de la pièce, tandis que Jésus achève au loin de mourir, est consacrée à la métamorphose spirituelle, au sein des ténèbres, de Barabbas : trompant les espérances sordides du pitre et du barnum (ils ont engagé l'assassin libéré pour le montrer sur leurs tréteaux, comme une bête curieuse), Barabbas décide, puisque les temps sont venus où le juste meurt en croix et où l'assassin est délivré, de ne pas se prêter à une parodie burlesque de son procès, mais de jouer cruellement, violemment (en détruisant tout comme la baraque de foire), «grandiosement, magnifiquement, la plus lugubre des farces, le plus philosophique des spectacles». Il déclare au cynique Hérode qu'il vengera, par honneur, pour se réhabiliter, l'Innocent crucifié à sa place, qui lui a donné, mystérieusement, la peur de soi-même. Halluciné, voyant partout des croix phosphorescentes, «une forêt de croix», dans les éclairs et les grondements d'orage de la Sainte Agonie, dominant les apôtres et le guetteur qui cèdent à l'épouvante et à la lamentation, Barabbas, dressé, dit sa faim et sa soif de justice, et sort. Madeleine, en voyante, décrit les ultimes secondes de la vie du Christ, puis un Silence «opaque, léthargique» s'étend sur toute la ville, silence rompu par une voix hurlant au loin : «Nous... avons... tué... un... saint !» Comme les apôtres, hagards, vont pour s'enfuir, ils se heurtent à Barabbas qui a pris la tête de l'émeute des gueux, des forçats, des esclaves, et qui les somme, en disciple de Celui qui aimait le peuple et incarnait la révolte, de se joindre à la vengeance contre les juges, les riches, les exploiteurs, à cette «anarchie» libératrice et annonciatrice du retour du Crucifié, du «roi des gueux», dans les trois jours. Les apôtres se dérobent, seule Madeleine comprend Barabbas, mais il est trop tard : cerné par les suppôts du pouvoir, Barabbas est poignardé dans le dos par le pitre. Il meurt, non pas pour rien, mais pour Jésus, son frère, pour le sourire de son frère Jésus, et il s'écroule, regard tourné vers le Calvaire.

Dans la pièce de M. de Ghelderode, Barabbas est, évidemment, en tant qu'héritier du message social libérateur, révolutionnaire, du Christ, le personnage central. L'apport original est que tout est pris dans un double éclairage, simultané (et un peu ambigu sur la signification que l'auteur lui prête) : d'un côté les ténèbres du drame du Calvaire, de l'autre l'accompagnement burlesque et dérisoire (mais à la fin, auxiliaire du Destin) du barnum et du pitre sur leurs tréteaux. Quant à Judas, ce qu'a surtout en lui retenu Ghelderode, c'est sa prédestination surnaturelle à la traîtrise, qui en fait plus une victime, voire un élu, qu'un coupable.

A souffert sous Ponce Pilate, de Paul Raynal

Le 26 avril 1939, à la Comédie-Française, sous l'administration d'Edouard Bourdet, fut représentée pour la première fois la pièce de Paul Raynal : *A souffert sous Ponce Pilate* (éd. en 1941 chez Stock, avec, en tête, un «Avertissement» et, en appendice, un «Examen» de l'auteur). Les principaux rôles étaient tenus par Julien Bertheau (Judas), Gisèle Casadesus (Jeanne, femme de Judas), Maurice Escande (Pilate), M. Yonnel (Jésus), Denis d'Inès (Hanan, l'ancien grand prêtre) ; mise en scène de René Alexandre, décors de René Moulaert. Pièce en 3 actes, centrée sur Judas (Acte I : «Vocation de Judas» ; Acte II : «Trahison de Judas» ; Acte III : «Repentir de Judas»). Dans son «Avertissement», l'auteur se dit troublé, comme bien d'autres, par le «cas» incompréhensible de cet apôtre, fidèle serviteur du Christ pendant trois ans, et qui brusquement le trahit, dans un baiser et pour un remords immédiat, contre «une somme dérisoire, un mois de petit salaire agricole». Il rappelle que, pour Giovanni Papini et les croyants, Judas, s'il ne s'était pas pendu, fût sans doute devenu un très grand saint, «le patron du repentir», que Giotto lui a conservé l'auréole ; que Renan lui accordait «plus de maladresse que de perversité»... L'originalité de Raynal, c'est de considérer (d'après lui, selon l'Ecriture) que Judas ne fut nullement une intelligence aiguë et volontaire, mais, «comme tous les apôtres (avant la Pentecôte), qu'un être extrêmement borné, une très petite tête», et d'avoir construit sa pièce à partir de là. Dans son «Examen», contre les critiques qui lui reprochaient un excès de compassion pour le maudit, Raynal rappelle que ce traître est, chrétiennement, notre frère et, comme tel, mérite qu'on tente de sonder son désespoir, même si lui, petit paysan borné, ne comprit sans doute pas grand'chose au rôle qu'un Dieu, peut-être à l'insu de son Fils, entendit lui faire jouer. Le théâtre cherchant à émouvoir, non à démontrer, Raynal remercie les comédiens d'avoir permis, par la qualité de leur jeu, qu'une assemblée humaine s'attendrît, un soir et contre une tradition vieille de vingt siècles, sur «le paria de l'humanité».

A l'acte I, Judas nous est présenté jeune (26 ans au 1er acte, 29 ensuite), nullement satanique, mais comme «un simple, un petit paysan, naïf, rêveur, futé, bavard, vantard, crédule, tendre, bon». Il vit avec Jeanne, sa jeune et jolie femme, très confiante et sensible, et avec une sœur aînée de 34 ans, qui l'a élevé comme une mère et qu'il adore, Jaël. L'action commence à la fin des Noces de Cana : ébranlé par la transformation de l'eau en vin, Judas, avide de faire fortune et supputant que, Jésus roi, il pourrait être son ministre, est tenté de rester et d'accepter l'offre des disciples de tenir la bourse de la troupe. La peine de sa femme et de sa sœur le retient. Parallèlement, Jésus fait ses adieux à Marie, sa mère, avec qui désormais il n'aura plus rien d'humain en commun, puisque la mission que Son Père attend de lui l'appelle. Judas surprend leur intimité et entend une parole étrange de Jésus sur le Royaume des Cieux lumière du Monde. Fasciné par Jésus, Judas s'offre à Lui pour être son disciple et même tenir les comptes. Assez distant, Jésus finit par accepter et embrasse Judas sur la joue. Décontenancé par les réticences de Jésus, Judas n'ose rendre le baiser : penaud, résigné, ce sera, interroge-t-il, «une autre fois ?», mais Jésus se tait.

Le deuxième acte commence trois ans plus tard, à Jérusalem, dans la nuit du 13 au 14 nisan (du Jeudi au Vendredi Saints). A la Citadelle, résidence de Pilate, les chefs religieux discutent de l'urgence qu'il y a à faire arrêter Jésus. Paraît Judas, venu demander protection et aide matérielle auprès de Pilate. Caïphe et son beau-père Hanan le rassurent, le font habilement parler : il avoue que le comportement de Jésus, son manque d'ambition politique et leur dénuement matériel l'ont découragé ; l'onction de Bethphagé (Béthanie) l'a scandalisé par son gaspillage et il s'est querellé avec Jean qui l'a traité de Diable ; tout récemment, au repas pascal, le Maître l'a insulté en semblant le désigner comme traître, lui Judas, par le don d'une bouchée ! De rage, il s'est levé et a pris la porte... Les pontifes finissent par lui faire dire que Jésus est aux Oliviers pour la nuit. Pour se débarrasser de lui, ils lui conseillent de retourner chez sa sœur et lui font accepter un peu d'argent, trente deniers, l'équivalent de ce que Jaël, jadis, lui avait prêté. Ils lui promettent de sermonner Jésus pour qu'il se tienne un peu tranquille, et le naïf Judas, enchanté, s'offre pour leur servir de guide : en le voyant, Jésus comprendra qu'on ne lui veut pas de mal, d'autant qu'il l'abordera par ce baiser d'affection qu'il lui doit depuis si longtemps !

Pendant que Pilate (que l'auteur présente comme un jeune chef de guerre, type du «pur occidental») tient tête avec finesse, sur le terrain même de la légalité juive, aux pontifes qui veulent l'associer à l'arrestation de Jésus, la troupe de Malchus revient avec le prisonnier des Oliviers. Furieux d'être placé devant le fait accompli, Pilate renvoie Jésus au tétrarque de Galilée, Hérode. Hanan (plus fin que Caïphe et véritable dirigeant), resté seul avec Pilate, lui présente d'abord du traître, Judas, un portrait conventionnel (caissier avaricieux, voleur) mais en aggravant le mensonge (un Judas espion du Sanhédrin auprès de Jésus depuis un an) pour faire croire au romain que Jésus représentait une réelle menace politique pour l'Empire, préparait un soulèvement populaire. Et, en termes voilés, Hanan menace de porter l'affaire à la connaissance de Tibère à Rome. Pilate, dégoûté, destitue Caïphe et Hanan, se déclare prêt à mater toute révolte juive. Finalement, il consent à voir Jésus, qui a refusé de parler devant Hérode. Emu par l'innocence et la bravoure de Jésus, Pilate le traite avec bonté. Jésus se confesse à lui, lui raconte son existence d'homme traqué, sa «peine d'être homme» devant l'ingratitude de tous, la compréhension qu'il a, cependant, de ses ennemis qui «ont à transmettre une tradition sublime» et s'imaginent qu'il est venu détruire la Loi, alors qu'il l'accomplit. Mais Jésus déclinant ses titres de Fils unique de Dieu, de Messie et de Roi, Pilate agacé tente, pour le sauver, de ramener son «ami» à un peu de bon sens ou de prudence : qu'il fasse attention à ses paroles, ou qu'il consente à vivre pour achever sa mission. Jésus refuse. Suit, à propos de Judas, entre Pilate et Jésus, un échange dramatique sur le Mystère de cette Rédemption qui reposait entièrement «sur les épaules du pauvre type» condamné de toute éternité à l'ignominie : Jésus, tremblant, est contraint d'avouer que Son Père ne lui avait pas livré tous ses secrets. Mais, parce que, dit-il, «il ne peut pas y avoir de laideur dans les œuvres de Dieu», lui, Jésus, ne peut qu'excuser tout le monde : les apôtres qui dormaient et ont fui, Pilate, qui est son ami mais redoute la puissance des Pontifes, Judas enfin, qu'Il ne vomit pas mais «aime». Et c'est Jésus qui rétablit, devant Pilate, le vrai visage de Judas : ni voleur, ni espion, ni cupide. Pilate est ébloui par tant de générosité et se promet de protéger cette beauté inconnue de lui. Le jour du Vendredi se lève sur Jérusalem, éclairant des sites (Les Oliviers à droite, le Calvaire à gauche) qui émeuvent Jésus. Pilate l'encourage, lui rappelle qu'il est trop tard pour changer un monde que l'ordre romain a pacifié, mais qu'il l'aidera à s'y faire sa juste place ; qu'en attendant, au prétoire, Jésus se taise, fasse la bête, ne provoque pas ses juges ; lui, Pilate, jettera au peuple qui hurle à la mort un gredin, Barabbas, pour l'apaiser. Jésus avant de partir ne promet rien, mais, tendrement et mystérieusement, dit à Pilate de garder confiance, car, désormais, «le désespoir cesse d'être permis», «la Terre n'est plus seule». Survient Judas, que Pilate chasse avec fureur et dégoût quand il apprend son nom.

L'acte III se passe le matin du Vendredi Saint, à Gibéa, chez Jeanne et Jaël, auprès de qui Judas a trouvé refuge. Un peu embarrassé de revenir sans même les 30 deniers qu'il a rendus, il se vante dans un jargon mi-paysan mi-pédant d'avoir «sauvé Jésus», car on a «fait semblant» de L'arrêter ; d'ailleurs, précise-t-il, il a «bien embrassé» le Maître «pour le rassurer tout à fait», et Lui l'a remercié d'un sourire, en l'appelant Son Ami !... S'il a rendu l'argent, c'est qu'il ne le méritait pas ; surtout, il ne voulait pas «exposer à un soupçon l'honneur immaculé d'un disciple et d'un compagnon de Jésus» ; alors, il a jeté la somme dans la cour du Temple, pour obliger les Pontifes à se débrouiller avec elle... Inconscient, il se propose de retourner le lendemain à Jérusalem pour inviter les Apôtres et Jésus, qu'on aura libéré, à venir manger chez eux le repas de la Pâque l'an prochain !... Jaël sort et un duo d'amour émouvant s'instaure entre Judas et sa Jeanne qui l'a attendu, fidèlement. Mais Jaël revient, rapportant la réalité des événements qui se passent à Jérusalem : Jésus conduit au Prétoire, abandonné par les Disciples, brutalisé par les soldats, condamné d'avance par les Pontifes à la mise en croix au Calvaire à midi. Judas commence à comprendre qu'il a été dupe d'Hanan et Caïphe et l'angoisse s'empare de lui à l'idée qu'aux yeux de tous il n'est qu'un Traître ayant livré Jésus pour de l'argent. Atterré, repensant à tout ce qui s'est passé depuis Cana, il réalise que Jésus est bien le Messie et savait, depuis toujours, que Judas Le trahirait ! Qu'Il lui ait souri, l'ait nommé «ami» lui donne à présent horreur de lui-même, dégoût de vivre ;

mais, pour ne pas alarmer les deux femmes, Judas sort, titubant comme s'il allait se reposer un peu dans un hamac, sous l'arbre du jardin. Une crainte vague saisit Jeanne et Jaël, mais voici que survient Marie, haletante et poussiéreuse, qui ordonne qu'on aille réveiller Judas. Il est trop tard, Judas s'est pendu au figuier et Jaël, mère-vierge de son frère comme Marie du Christ, ne lui survivra pas : elle va mourir au jardin, en tenant son «enfant» sur son giron, tandis que Marie, qui n'était venue que pour servir de «maman» à Jeanne, surmontant sa propre douleur de Mère dont le Fils agonise, fait réciter après elle à Jeanne le «Notre Père des Cieux... Que ta volonté soit faite...», ce Dieu qui avait, «bien avant leur naissance», désigné deux de ses créatures : elle, «humble servante du Seigneur, que les générations proclameront bienheureuse», et lui, Judas, «un homme infortuné entre les hommes». Arrivée trop tard pour rendre l'espérance au désespéré, Marie, angoissée, interroge Jeanne sur les ultimes paroles du pendu, quand elle eut coupé la corde : or Judas a bredouillé que «les derniers seraient les premiers», a parlé (comme Jésus à Marie à l'acte I, sc. 7) d'une «lampe du matin». Ainsi, la parabole de Cana, en la bouche du malheureux, signifiait qu'«en s'en allant il a eu confiance, il entrevoyait le Paradis !», qu'au dernier instant il a espéré. Jeanne comprend pourquoi Judas n'avait plus son air de détresse, mais «considérait le ciel avec une figure rétablie et calme». Alors une prière obstinée, comme dit Marie, fera peut-être que se réalisent les vœux de Jeanne : que son Judas et sa Jaël voient Dieu ensemble, que les Douze se retrouvent avec le Christ «dans une Pâque qui ne finira pas», ensemble comme en Galilée, chantant dans l'éternité. L'essentiel est, comme dit Marie et comme elle le fait en partant, de «crier alleluia, même quand on pleure, en s'abandonnant à (La volonté de Dieu)». Et c'est un «Alleluia» que, restée seule, dans un sanglot, balbutie Jeanne, tandis que, «sur son frais visage la désolation rejoint l'extase».

La pièce de Raynal (où perce curieusement, par endroits, dans les scènes Pilate-Hanan, une pointe d'antisémitisme) a eu des qualités réelles de facture (malgré une certaine complaisance à faire parler «peuple» — ou «paysan» — Judas, Jeanne, Jaël) : caractères bien typés et nuancés (Pilate, Hanan, Jaël), utilisation discrète du pathétique mystique (Marie/Jésus) ou sentimental (Jeanne/Judas), emploi heureux du symbolisme récurrent (le Royaume de Dieu lampe éclairant le monde), évolution tragique (le vieillissement de Jaël) ou sublime (Marie prenant de plus en plus d'importance correspondant pour l'auteur à la généralisation triomphante du Christianisme) des personnages. Certes, la volonté de ne voir en Judas qu'un petit paysan naïf et vantard risquait de limiter (en en faisant une simple dupe des Pontifes) l'intérêt du personnage. Mais, porté par une pitié humaine et une sympathie d'artiste pour ce traître involontaire et désespéré, victime au fond des desseins secrets de Dieu, Raynal a su, au final, replacer sa pendaison dans l'éclairage de la Grâce par l'amalgame (grâce à la présence de Marie et la prière récitée du «Notre Père...») entre la mort de Jésus et celle de Judas. De la même façon, Raynal a su, tout au long de la pièce, donner aux personnages humains une dimension surnaturelle et aux personnages surnaturels

Retable de Jilove, le Christ devant Ponce Pilate. Avant 1500.

un poids humain en équilibrant le couple Jésus «enfant prédestiné»/Marie mère-vierge par son homologue Jaël/Judas, «vierge mère et enfant prédestiné».

Judas, de Wladimir Rabi

En 1951, M. Wladimir Rabi (Rabinovitch) publiait, à tirage limité, aux éditions Ophrys à Gap (avec un frontispice de Gabriel Zendel) une «Suite tragique en trois actes» (écrite entre octobre 1942 et avril 1944), intitulée *Judas*. L'action se passe à Jérusalem, l'an 33 de l'ère chrétienne. Le personnage, symbolisant le peuple juif dispersé au cours des siècles, le Juif errant, résume au début de l'acte I le drame qui va se dérouler, tandis que, derrière le rideau, un chœur juif se lamente. C'est le drame de Judas : «Pour l'éternité il rachète les Païens. Et pour toujours le voilà persécuté». Sur les conseils de Judas, Marie-Madeleine supplie Nicodème, membre du Sanhédrin mais bien disposé envers Jésus, de Le protéger contre tous ses ennemis. Pour encourager Nicodème, elle lui raconte comment un regard de Jésus l'a lavée de son passé de fille publique. Nicodème, de fait, parlera, non au Sanhédrin monté contre «l'imposteur», mais à Caïphe. Ce dernier, qui reproche à Jésus de porter atteinte à l'intégrité du peuple juif en violant la Loi, et redoute une nouvelle répression romaine, refuse de s'engager avant de voir le comportement de Jésus à son arrivée à Jérusalem. La fin de l'acte I ramène le Juif errant (sc. 6) : il commente l'entrée de Jésus et de ses disciples et, angoissé, les pleurs de Jésus sur Jérusalem et le peuple juif voués à la destruction ; mais à la foule qui reprend espoir depuis la résurrection de Lazare, Judas présente «Christ, fils de David», et les «Alleluia» de retentir de plus belle.

A l'acte II, au soir, le Sanhédrin, réuni au palais de Caïphe, commente avec colère les troubles provoqués par Jésus depuis son arrivée à Jérusalem ; à la veille du début de la semaine pascale, les Pharisiens exigent des mesures d'urgence. Malgré l'intervention de Nicodème, Caïphe se range à leur avis et, préférant «qu'un homme meure, mais que la nation vive», décide qu'on arrêtera Jésus cette nuit et que le Conseil le jugera le lendemain (sc. 1). A la lueur de la lune, d'un regard qui perce les murs, le Juif errant voit Judas recevoir de Caïphe les trente deniers et, quand le traître sort du palais, la bourse à la main, «fixé pour l'éternité» comme «celui qui a vendu l'ami», il marche à ses côtés : c'est qu'il sait que le réprouvé et lui sont co-acteurs «du vaste drame qu'est le monde» ; connaissant «le mot de passe», il élucide en effet (dans un éclairage qui rappelle celui du *Zohar*) le mystère conjoint de la Création et de la Résurrection :

«Il n'y a pas de Terre, s'il n'y a retrait de Dieu d'une partie de lui-même. Il n'y a pas de création, s'il n'y a don. Il n'y a pas de résurrection, s'il n'y a sacrifice et mort. Il n'y a pas de Jésus, s'il n'y a, près de lui, un Judas qui trahit». Mystère payé, dans les siècles à venir, «à cause des scribes, des docteurs et des pharisiens de la Loi nouvelle» et par la faute d'ingrats trop épris de leur confort, de la malédiction répandue sur un Judas «calomnié», sur sa race humiliée, un peuple «assassiné», et de la dénaturation du visage «juif» de Jésus.

La fin de l'acte (sc. 3, 4, 5) juxtapose, en accélérant l'action, trois séquences de la Passion de Jésus :
— Face au courage du néo-converti Nicodème qui veut tenter de sauver Jésus avant qu'on ne L'arrête, la passivité de Joseph d'Arimathie, qui cède aux volontés d'un Dieu qui «mène» les hommes, en leur laissant croire qu'ils sont libres.
— Veillée et arrestation dramatiques, au Jardin des Oliviers, de Jésus, commentées, de part et d'autre du proscenium, par le Juif errant et Marie-Madeleine (porteurs chacun d'un masque tragique pendu à leur cou) : elle, met l'accent sur les souffrances de l'Abandonné, sur la liberté laissée au traître de renoncer à son action ; mais le Juif errant étend, lui, cette déréliction à toute la condition humaine, dégage le lien de mystérieux amour, infrangible, de ces deux êtres, Judas et Jésus, «pour l'éternité inséparables l'un de l'autre», solidaires du même secret. Et tandis qu'un chœur, invisible, psalmodie «Judas le traître. Judas le traître», le Juif errant proclame solennellement que «Judas est le saint, Judas est le frère», que «dans la paume de sa main qui a touché l'argent, il y a l'espoir des hommes, le salut des nations», puisque, «dans un moment, son geste va libérer les hommes des terreurs des ténèbres». Si bien que, à l'instant du fatal baiser soudant deux bouches qui se reconnaissent, Marie-Madeleine exalte celui qui «accepte la souffrance éternelle de trahir celui qu'il aime» et le chœur, conquis également, pousse un autre cri : «Judas mon frère. Judas mon frère». Le Juif errant annonce à Jésus le déchirement pour lui-même, au peuple juif calomnié les tortures, par le fait de l'homme souffrant et cruel, mais également, un jour, la venue du Messie qui sèchera les larmes et «ressuscitera les morts».
— Comparution de Jésus devant le Sanhédrin : Caïphe lui reproche d'enfreindre la Loi, de dégrader l'homme en recourant aux miracles et en lui ôtant «sa liberté de choisir entre le bien et le mal», d'avilir la nation juive en acceptant la servitude romaine, de blasphémer l'Unité de Dieu en se prétendant son envoyé. Il le somme de dire qui il est vraiment, tandis que Marie-Madeleine, assise sur un trépied à gauche du proscenium, adjure Jésus de ne pas répondre à ces fanatiques sourds à l'évangile d'amour et de salut universels. Pour la première fois, on entend la voix de Jésus : il se proclame Christ, le Messie attendu des Juifs mais, aussi, «fils de Dieu», provoquant ainsi la fureur de Caïphe qui hurle au blasphème et de la foule qui réclame la mort.

A l'acte III, Judas apparaît, la bourse à la main, torturé par le remords : «Il s'appelait l'ami. Mon nom était Judas. Devant moi se dressait une porte, pierre dorée dans le ciel bleu, déchirure lumineuse de l'inconnu, ouverture sur l'impossible. J'ai franchi la porte. Et me voici, nu et honteux, comme Adam après le péché. Maintenant, mon corps est le tombeau d'une âme». En termes pathétiques, il dit adieu au vent, à l'espace, à un monde sur qui la haine et la nuit descendent — ce monde «chrétien» qui l'abandonne, «innocent solitaire», après avoir tenu son bras pour qu'il assumât «l'acte capital (du) monde, le sacre de la trahison». Il ne peut que jeter la bourse, en criant son désespoir, «le visage nu comme au jour de la mort et le corps marqué de toutes les blessures du Christ» : «J'ai fait cela pour vous, moi, que l'on dévorera dans le corps de mon peuple». Il supplie le Seigneur d'avoir pitié de lui, de lui donner «le silence, l'oubli et la paix, dans la noire confidence de la terre».

Mais ce Seigneur vers qui monte sa louange, c'est le «Seigneur de la vie et de la mort», le créateur du mal et du remords, ce Dieu étrange qui créa les fléaux qui s'abattent sur le pauvre ; ce Dieu qu'il implore pour qu'il éloigne de lui le doute, eau glacée qui peu à peu le submerge... (sc. 1).

Le Juif errant réapparaît, avec son masque sur la poitrine (sc. 2), pour commenter les grondements, au loin, de la foule, qui attend de pouvoir se déchaîner contre Celui dont le destin, en ce monde sacré où «il n'est qu'un seul choix pour l'homme : accepter ou profaner», ne pouvait être que de blasphémer, libérant ainsi l'angoisse des hommes et leur offrant, dans «un choix conscient et volontaire», ce patrimoine : «la naissance de l'homme nouveau»... Le rideau s'ouvre sur le palais d'Hérode : Ponce Pilate y invective la foule juive confinée dans son intolérance fanatique et son orgueil raciste, et exalte, en comparaison, l'ampleur et la tolérance de l'action politique et religieuse de Rome, alimentées par l'aspiration à l'harmonie universelle. Pilate propose la libération de Jésus mais la foule choisit Barabbas. Pilate cède et abandonne à ces furieux ce «Roi de Carnaval» couronné d'épines, cet Innocent qu'il aura aux yeux de l'histoire voulu sauver, tandis que, en contrepoint, le Juif errant rétorque que, par ce sacrifice d'un sang sacré, où il inaugure son martyre, le peuple juif donne, à tous les «peuples à genoux», un sauveur.

La scène 3, à allure d'oratorio (sur fond musical avec voix de femmes, la voix de Marie-Madeleine alternant avec celle du Démon puis de l'Ange), montre dans un «midi éclatant», sur un tertre, Judas effondré, assis sur une pierre, près d'un olivier. Tandis que «meurt l'homme dont l'agonie se prolonge», que triomphe cette Mort source de vie, et que Marie-Madeleine décrit le processus barbare de la crucifixion puis de la mort de Jésus, le Démon interpelle Judas qui regarde et pleure, raille ses espérances, son dieu agonisant. Mais après les ténèbres la lumière se fait et paraît l'Ange, gardien et intercesseur de Judas : ne représentant ni la repentance ni le pardon mais, en Judas, «la volonté d'être, de lutter», il l'exhorte à participer au Renouveau du monde, à écouter «cette voix des temps à venir». De son côté, Marie-Madeleine annonce la Résurrection. En vain : comme le Démon s'en va en rappelant le Désespoir de Jésus sur la croix, Judas se lève et le suit. L'Ange sort à leur suite, résolu à disputer à Judas non point son corps, où il erre «comme un étranger», mais son âme.

A la dernière scène, la nuit se fait progressivement, l'ombre de la croix s'étend. Rejoignant Marie-Madeleine, les onze disciples entrent et s'agenouillent. Le Juif errant rappelle leur lâcheté, leur médiocrité, leur ambition, mais anticipant sur leur avenir, loue leur martyre, leur rôle dans la fondation d'une Eglise de sept cent millions de chrétiens. Mais au peuple élu, à ses frères de race à qui le dieu d'amour, qui «ne pardonne jamais» mais «châtie toujours», a légué «l'épée et non la paix», les souffrances et les persécutions, le Juif errant offre sa propre voix, «voix de la Terre et du Temps», qui leur rappelle que le salut est en eux-mêmes, que le Messie «est là, à (leur) porte», dans leur volonté, leur orgueil et leur espérance. Il prophétise qu'à cause de ce Judas qui marche à l'olivier pour s'y pendre, en épouvantant Marie-Madeleine, le peuple juif sera calomnié, enténébré, brûlé «en énormes charniers», — alors même que sans Judas «l'instrument de leur rédemption», jamais il n'y eût eu, pour les hommes, de Christ, d'Eglise, de Salut ! Aussi salue-t-il celui qui fut le plus grand des disciples : «Judas le juste» ; et, à sa suite, le chœur dit sa pitié pour son «frère» Judas.

Certes, Judas le reconnaît, il n'était «pas libre de choisir entre le bien et le mal». A présent le poids de malheur dont son ami Jésus l'a chargé est une croix trop lourde à porter. Aussi ne lui reste-t-il plus qu'à rejoindre dans le «monde des morts» celui à qui il fit don, dans le baiser des Oliviers, de son âme et de sa vie, cet «homme terrestre et mortel comme (lui)», à qui il reproche doucement de l'avoir trahi en le poussant à faire ce qu'il a fait. Ou plutôt, corrige aussitôt Judas, Jésus et lui étaient l'un et l'autre «marqués» par «le destin», d'un «même amour destructeur»...

Adossé à l'olivier, Judas, la corde à la main, prend l'attitude d'un mort. Mais son peuple, proclame le Juif errant qui sent, en lui, bouillonner la vie de l'avenir, vivra, quand «la plus grande épreuve est de vivre», comme le peuple qui «empêche le monde de dormir» ; le chant qui s'élève n'est donc point chant de mort, mais de joie et de douleur mêlées, tel que le chante «l'homme courageux et droit». Les dieux sont passés. La route est désormais libre, dit le Juif errant, pour «la race des hommes».

En présentant son œuvre en souscription, des années après sa rédaction, M. Rabi a précisé quel avait été son dessein initial : en pleine occupation allemande, «du sein des ténèbres, du cœur de la nuit, des profondeurs de l'orgueil blessé», tenter d'«exprimer la protestation véhémente d'un peuple que la haine du tyran vouait à la calomnie et à la destruction physique», traduire le refus de la servitude et l'affirmation d'appartenir *aussi* à la «race royale des hommes», en se référant à ce scandale permanent depuis deux millénaires : «les Juifs ont donné un Dieu au monde et le monde ne le leur a pas encore pardonné». Pour cela, il fallait creuser le «tragique malentendu» qui «sépara brutalement Jésus de son peuple», éclairer la «trahison» de Judas et ce dialogue pathétique échangé, au Jardin des Oliviers, entre deux hommes, deux amis, également marqués par le destin.

Les dates de composition (oct. 42 - avril 44) sont importantes et, sans doute, à rapprocher des mesures antijuives prises depuis 1940 par les Allemands mais aussi, en zone non occupée, par le régime de Vichy par ailleurs très lié à la hiérarchie catholique (27 septembre 1940, ordonnance prise par les Allemands portant statut des Israélites en zone occupée ; 3 octobre 1940, promulgation par Vichy d'une loi excluant les Juifs des fonctions publiques et culturelles ; à partir du 4 octobre 1940, internement de milliers de Juifs étrangers de zone libre aux camps de Poitiers, Rivesaltes, Noé ; 29 mai

1942 : obligation du port de l'étoile jaune en zone occupée ; 8 juillet 1942 : interdiction des lieux publics aux Israélites de zone occupée ; 16 juillet 1942 : rafle à Paris et internement de 13.000 Juifs ; rafles en zone occupée et début des déportations vers l'Allemagne ; 15 août 1942 : arrestation en zone libre de 4.000 Juifs apatrides remis aux Allemands ; 25 août 1942 : nouvelles arrestations de Juifs dans le Midi de la France, etc.). Cela explique, pensons-nous, le rôle original mais assez polémique confié, dans la pièce, au personnage transhistorique du Juif errant : à travers ses interventions, en même temps qu'il insiste sur le rôle historique qu'ont à jouer les Juifs, il impute aux «nations chrétiennes et (à) leurs vingt siècles de haute civilisation» les pires persécutions endurées, à travers les âges, par son peuple, jusqu'aux plus récentes : le port de l'étoile jaune, les wagons plombés, les camps de la mort et les charniers. Cette systématisation, comme aussi l'espèce de crispation de «l'orgueil blessé» du Juif errant, de Caïphe, du Sanhédrin, du chœur, sur l'élection tragique de la nation juive et sa nostalgie d'un pouvoir temporel, faussent un peu le rayonnement généreux de l'éclairage spirituel diffusé par ailleurs (à travers les commentaires de Marie-Madeleine, l'évolution de Nicodème, l'insistance sur le lien pathétique unissant Jésus et Judas). Mais Rabi a, dans une œuvre complexe et puissante (avec une utilisation théâtrale très habile de l'espace scénique, des superpositions temporelles, des voix), entrepris et réussi une réhabilitation du «traître», porteur en réalité de l'espoir des hommes qu'il libère des Ténèbres et, à ce titre, digne d'être reconnu comme Judas le Juste, Judas notre frère.

Un nommé Judas, de Claude-André Puget et Pierre Bost

La pièce de Claude-André Puget et Pierre Bost, *Un nommé Judas* [1954, reprise le Dimanche 10 avril 1977 sur «France-Culture» par les Comédiens Français avec, dans les principaux rôles, Michel Aumont (Judas), Nathalie Nerval (Léa), nous montre, à l'acte I, Jacques (le menuisier), Philippe (le caravanier), Thaddée (l'épicier) — qui ont tout quitté depuis trois ans pour suivre, éblouis, Jésus —, en train de raconter au forgeron Thaddée (qui s'apprête à faire comme eux et congédie Marc, son apprenti) l'entrée royale sur son âne, par la Porte Dorée, de Jésus, acclamé par la foule de Jérusalem. Un policier, qui recherche «un nommé Judas», tout juste libéré de prison, les dérange et, après son départ, la conversation des hommes et de Léa, ancienne prostituée et maîtresse de Judas, porte sur les raisons qui lui valurent deux ans d'emprisonnement : Judas (ciseleur sur or) voulait changer le monde, faire le bonheur des pauvres... Léa, qui l'aime profondément, guette son retour.

Quand Judas paraît, il se montre fatigué, dégoûté des hommes et des dieux, de lui-même, honteux qu'il est d'avoir raillé Jésus à son entrée en ville alors que ce n'était qu'un naïf allant, comme lui jadis, tout droit à la prison, par idéalisme ! La tentation du suicide tourmente Judas, qui a acheté une corde avec son pécule, mais l'on ignore encore la raison profonde de son dégoût de soi. Il va l'avouer à Léa quand il reste seul avec elle : certes, la prison l'a

Le Portement de Croix.
Jérôme Bosch. Gand, Musée des Beaux Arts.

changé, mais, surtout, ses mains lui font horreur depuis que, sous la contrainte, elles ont dû aider à la crucifixion d'un vieux condamné. Léa, de tout son amour, tente de lui rendre le courage de vivre, en vain. C'est alors que les disciples reviennent, annonçant qu'à son arrivée au Temple, Jésus n'a pas pactisé avec les prêtres, mais a fouetté les marchands. Stupéfait, Judas décide sur le champ de se donner à cet *Homme-Dieu*, qui peut tout changer, et il part le rejoindre tandis que Léa, sceptique elle aussi jusque là sur Jésus, murmure un «merci à Lui».

L'acte II se place dans la maison de Jeanne, où vient de se tenir le repas pascal. Le Christ, suivi de Pierre, Jean et Jacques le majeur, est sorti en laissant les disciples dans l'angoisse. Il a annoncé que l'un d'eux Le trahirait. Affolés, craignant chacun d'être ce traître, les disciples (ceux du premier acte, plus André, l'entrepreneur de pêcherie, Simon, le cordonnier, Thomas, le paysan, et Matthieu, le gabelou) finissent par se disputer. Judas proteste plus qu'aucun autre : ce ne *peut* être lui, ce serait trop injuste. L'assistance s'interroge : pourquoi Jésus a-t-il inventé ce mot abominable de traître ? Ne se serait-il pas trompé ?... Survient Jeanne, angoissée de savoir que son gamin, Marc, suit Jésus, et elle prophétise que tout cela finira mal. La dispute reprend parmi les disciples. Judas se reproche de porter malchance à ceux qu'il rejoint. On critique les imprudences de Jésus : le «coup du Temple» tenté sans force, le comportement provoquant ou ambigu du Maître (Il a guéri le serviteur du centurion romain, il a mangé chez le publicain Zachée).

Judas prend la parole pour dire que lui, le dernier venu, n'a pas suivi Jésus par hasard ou par fascination comme tous les autres, mais parce qu'il savait que la vie de tous les hommes était engagée en cette aventure. Ses compagnons rétorquent que Jésus n'a plus sa belle confiance en Lui-même, son langage mystérieusement efficace, sa merveilleuse bonté, sa bonne humeur, et que, ce soir, il leur a donné, plus ou moins, leurs huit jours. A quoi Judas répond qu'ils ont oublié l'essentiel : Jésus est beaucoup plus qu'un homme. Il est d'abord un Dieu. Ils ne doivent donc pas Le tirer vers le bas, en faire un homme ; mais tous Le trahissent, sauf lui, Judas, qui a «compris». Lui ne trahira jamais, c'est sûr...

Arrive Léa, qui s'inquiète de voir l'assemblée avec des visages aussi sombres. Jeanne la met au courant de la trahison annoncée. Alors Léa d'expliquer qu'il ne faut pas s'inquiéter : elle a suivi aux Oliviers Jésus, Pierre, Jacques et Jean, et les a écoutés. Jésus voulait revenir leur expliquer sa parabole de la trahison, mais était «heureux», «détendu». Soulagement des disciples, à qui Léa conseille de rejoindre Jésus : elle les rejoindra un peu plus tard avec Judas. Quand elle est seule avec ce dernier, Léa lui révèle la vérité de ce qui se passe au Jardin des Oliviers : Jésus se roule par terre, pleure de «trouille», invoque son père, qui n'est pas venu, tandis que dorment les trois disciples ! Il faut donc qu'elle et lui, sans perdre un instant, abandonnent ce faux chef qui pleure, et partent très loin. Judas refuse : Jésus est malheureux, il doit donc demeurer à ses côtés. Furieuse, Léa affirme qu'elle «donnera» plutôt

Jésus à la police ! Alors Judas, qui songe toujours au «Un de vous me trahira», explique à Léa que si les amis de Jésus L'abandonnent, si on Le détruit, le monde avec ses saletés, ce monde de putains, continuera comme avant. Léa réplique que ce n'est pas à eux de réparer ce qui a été mal fait, et que si Jésus est réellement un Dieu, Il s'en tirera tout seul. Mais Judas refuse de l'entendre, se dit résolu à «faire quelque chose», sans savoir encore quoi.

Revient Jeanne (toujours en quête de Marc), avec le policier du premier acte. Léa refuse de s'en aller sans Judas et va tenir compagnie à Jeanne. C'est alors la scène décisive entre Judas et le policier. Tandis que mange le policier, Judas monologue, suivant un raisonnement intérieur : c'est l'Homme, et non Dieu, qui a créé le Mal, donc le monde (puisque le Mal gouverne le monde). Aussi Dieu a-t-il dû se faire homme, pour détruire ce que les hommes avaient mal fait. Mais, comme un uniforme, la peau d'homme a déteint sur Lui, et le voilà devenu un homme, oublieux de Sa divinité ! Pour que Son œuvre continue, l'Homme-Dieu Jésus doit cesser d'être «trop» humain, de s'appeler Lui-même à Son secours !... Lui, Judas, veut que Jésus «continue», car alors les hommes seront sauvés, tout le monde sera heureux, il n'y aura plus de malheureux, de putains, de policiers, de lépreux. Mais pour cela, il lui faut trouver un «truc», qui mette Jésus, en tant que Dieu, «au pied du mur», L'obligeant à accomplir «le miracle des miracles». D'abord, il faut que Jésus, son ami, disparaisse, et c'est Judas que «cela regarde» !... Le policier a compris : en partant, il demande à Judas où est Jésus, à combien il Le livre. Puis, après tout, comme ce n'est pas son «rayon», mais celui de ses chefs, «on y va», propose-t-il. «On y va», répond Judas.

L'acte III est chez le forgeron Bartholomé, au petit matin. Judas, seul, inquiet, tourne comme un ours en cage. Arrive Léa : «Tu as gagné !», ironise-t-elle : Jésus a été arrêté, torturé, mais n'a rien fait, malgré les fouets et les verges. Devant cette femme qui l'invective, Judas se dit fier de ce qu'il a fait, dans l'attente du «miracle des miracles». Alors Léa lui précise comment Jésus se tord sous les supplices, comment de son dos lacéré coulent des larmes de sang. Judas est ébranlé, mais se reprend : Jésus doit «d'abord» souffrir comme un homme, avant d'être «obligé» de faire, Dieu «délivré», un miracle. En ce moment cruel, lui, Judas, Le délivre. Furieuse, Léa réplique que ce qui «pisse», ce n'est pas du sang de Dieu, mais du sang d'homme qu'on a «donné» à la police, et que cela suffit pour qu'elle veuille le tirer des griffes de ses bourreaux, dût-elle être maudite par Lui. Judas répond que le plus difficile, c'est de savoir «aimer comme il faut». Il a livré, mais pour le bonheur du monde.

Léa ne peut plus voir en Judas qu'un donneur, qui lui fait horreur. D'ailleurs c'est Jésus, non elle, qu'il aime. Elle — c'est le «miracle» de Judas ! — elle ne l'aime plus, il ne lui est plus rien. Malgré sa souffrance, Judas explique qu'il ne pouvait faire autrement : «Quand on sauve tout, quand on porte tout, on perd tout : soi et le reste.» Mais il portera tout. Son bonheur, c'est de souffrir en même temps que Jésus, d'avoir lui aussi, en Léa, un bourreau qui l'aime (ce que Jésus trouve en lui). Ce qui compte, c'est le moment qui s'approche, car «c'est pour tout de suite» !

C'est alors qu'entre le policier. Il apporte à Judas l'argent, et annonce que l'exécution est en cours, car la mort de Jésus par la croix a été décidée. Il raconte que Jésus n'a même pas pu porter seul sa croix ; et il sort, en exigeant de Léa la discrétion. Tout d'abord, Léa croit que c'était l'appât du gain qui motivait «ce pur salaud» de Judas. Il faut que ce dernier lui explique qu'il a dû accepter cette somme dérisoire pour déjouer les soupçons. Comme Léa continue de l'insulter (elle se sent «pourrie» elle aussi) et d'exiger le miracle, Judas commence à s'énerver : il s'adresse à Dieu, lui dit que le miracle tarde trop, qu'il faut absolument que cette souffrance qui l'écrase cesse... Devant Léa, Judas fait son plaidoyer, de plus en plus exalté : Jésus ne peut le haïr, mais il Lui faut le temps de revenir de loin, à mesure que la trahison de Judas triomphe et Le refait Dieu. Mais les royaumes de Judas et de Jésus sont les mêmes : «pas de ce monde !». Ils sont comme deux mains jointes : lui, Judas, est la main gauche. Jésus, qui monte, est en train d'attirer tout à Lui, élevé tout droit sur la colline. Ce ne sont plus des épines, mais des rubis qu'Il a sur Son front. Il va descendre de la Croix, Il descend, et tout le monde prend la main de tout le monde, et de main en main, jusqu'à la main du dernier, d'un romain, se crée une guirlande éternelle, tressée par lui, Judas ! Alors, Léa s'apercevra qu'il l'aime encore !...

Mais paraît le jeune Marc, livide : Jésus est mort. «Gagné», crie Léa. Marc raconte les sarcasmes de tous à l'égard de Jésus crucifié, Son agonie, Ses ultimes paroles à son Père : «Pourquoi m'as-tu abandonné ?», le coup de lance, les ténèbres.

Léa se charge de ramener Marc à sa mère. Marc sort. Quand ils sont seuls, Léa ordonne à Judas de tendre la joue. «Moi aussi, je donne un baiser», et elle lui crache au visage. Judas demeure seul, figé.

La nuit a passé. Monologue de Judas : le soleil ne s'est pas arrêté, donc tout est fini... Le pauvre Jésus est comme tous les autres morts, un cadavre qui ne fait plus peur à personne, n'étonne plus personne. C'est la vie. Seule Léa a couru vers Lui, essuie Son sang avec ses cheveux... Mais voici que commence une nouvelle nuit, que Judas aime : elle cache le malheureux, l'impardonnable. Jésus n'était qu'un homme, mais le seul homme avec qui on aurait pu vivre, et la police ne s'y est pas trompée, qui a consenti 30 deniers pour «un homme», le meilleur ami «donné». Léa non plus, par ce crachat sur sa face, marque avec laquelle Judas mourra. «Tu me reconnaîtras à ça !...» Déjà le matin du troisième jour. La vie tranquille a repris. Jésus n'est qu'un pauvre vieux mort. Les autres disciples se sont planqués. Lui, Judas, va se tuer, «impardonnable, mais non coupable». Pourtant on fera de lui un horrible. Le seul qui puisse le comprendre, c'est Lui, Jésus. Là où Il est, s'il a quelqu'un à qui parler, qu'Il lui dise un mot en faveur de Judas, c'est la dernière chose qu'il Lui demande, après Lui avoir déjà tout demandé !...

Fin du troisième jour. Judas a dénoué la corde de sa taille. Il ouvre la porte et disparaît. Dans le jour qui se lève, on entend le cri de Léa : «Judas ! Judas ! Judas ! Judas !... C'est toi qui avais raison ! Il est ressuscité !» Silence. Angoissée, elle sort et aperçoit le corps de Judas pendu au bout de sa corde. «Ça n'est pas juste», dit-elle...

La pièce *Un nommé Judas* nous retient par l'éclairage mis sur la relation amoureuse entre Judas et Marie-Madeleine (Léa), relation tourmentée mais aboutissant à la réhabilitation de Judas, Marie-Madeleine donnant raison à l'action de Judas sans qui la Résurrection n'eût pu se faire. Quant à l'idée que Dieu se dégrade en descendant dans un monde mauvais, une défroque humaine qui Le paralyse, et qu'il faut, par conséquent, qu'une action, une impulsion courageuse (car vouée à l'incompréhension, à l'opprobre), venue d'un homme qui prend tout sur lui, «libère» ce Dieu et l'oblige à remonter vers sa Divinité, on la trouve déjà chez Drieu.

Judas, de Marcel Pagnol

Le drame en 5 actes *Judas*, de Marcel Pagnol, fut joué le 6 octobre 1955 au Théâtre de Paris (avec Raymond Pellegrin dans le rôle de Judas et Jean Chevrier en Ponce Pilate) et eut une brève carrière du fait des indispositions successives des acteurs jouant Judas (cf. *Judas*, éd. de Provence, 1974, 192 p. illust. ; et éd. Pastorelly, Monte-Carlo, 1975, 256 p., avec 16 illust. d'Emmanuel Bellini, éd. reliée ; à la fin du texte, photos des acteurs, de l'auteur et des scènes de la pièce).

A l'acte I, dans une ferme près de Jérusalem, en l'an 32 de l'ère chrétienne, le jour de la Pâque, fin de matinée : les Romains recherchent Judas, fils aîné du vieux Simon, dans le pauvre logis du vieil homme et (comme il est parti depuis trois ans) ne le trouvent pas ; en fait, c'est surtout l'agitateur Jésus que Ponce Pilate veut appréhender, pour apaiser les prêtres du Temple. Ils s'en vont, après avoir suggéré que Judas, s'il tient à sa liberté, pourrait bien leur signaler où on peut capturer Jésus. Après leur départ, survient un étranger, qui demande l'hospitalité puis délivre un message : Judas est là, caché. Quand il apparaît, Judas retrouve avec joie ses vieux parents, Rebecca, sa fiancée de jadis, ses frères et sœurs ; mais son langage est changé (il parle comme un apôtre) et il ne tarde pas à provoquer la colère du vieux Juif respectueux de la hiérarchie traditionnelle quand il confirme le scandale de Jésus au Temple, l'hostilité des prêtres. Il stupéfie tout le monde quand il dit qu'au nom de l'amour du prochain, il faut aimer jusqu'aux Romains, accepter les offenses. A la fin, comme Judas refuse de rester avec sa famille pour célébrer la Pâque et dit sa volonté de rejoindre Jésus et les apôtres à Jérusalem pour ce dernier repas, le père adjure son fils de dénoncer aux Romains celui qu'il prend pour un sacrilège ; Judas refuse et l'étranger (dont on comprend vite — surtout quand, d'acte en acte, il réapparaît sous d'autres identités — que c'est Satan en personne) l'approuve au nom de l'infamie de la trahison (en réalité il veut que le chef-d'œuvre du mal : la dénonciation du Fils de Dieu par un de Ses apôtres s'accomplisse). Judas s'en va donc rejoindre le Christ, après avoir fait réciter à sa famille la prière de Jésus, le «Notre Père» et après l'avoir bénie.

A l'acte II, toujours dans la ferme de Simon ; c'est minuit passé et la célébration du repas de la Pâque s'achève. Apparaît l'étranger qui, prétextant un accident, redemande l'hospitalité. Survient Judas, bouleversé. L'étranger, resté seul après le départ du père, l'interroge sur les raisons de son désespoir. Judas raconte alors qu'à la Cène (où Jean avait pris sa place auprès du Maître), Jésus a annoncé Sa mort, la trahison de l'un d'eux puis l'a formellement désigné, lui Judas, comme le traître ! L'étranger explique à Judas que les paroles de Jésus «L'un de vous *doit* me trahir» signifient sans doute «a le devoir de me trahir», et que le Messie l'a choisi spécialement à cause de sa fidélité pour cette mission à exécuter conformément aux Ecritures, aux prophéties d'Isaïe. Il doit donc trahir par devoir. Troublé, Judas cherche dans le «Notre Père» une lumière qui l'éclaire ; en vain. Comme il se propose de retourner vers Jésus à Jérusalem, les Romains font irruption. Judas déclinant son identité, ils l'enchaînent. Le prêtre Caïphe, qui accompagnait les soldats, fait rassembler la maisonnée, interroge tout le monde ; le vieux Simon, en bon juif, donne les renseignements qu'il tient de son fils. Ni le Centurion malgré les menaces, ni Caïphe malgré ses ruses, ni les femmes malgré leurs pleurs, n'obtiennent de Judas, tout d'abord, qu'il consente à mener les soldats là où se trouve Jésus ; au contraire, Judas commence à prêcher, à leur annoncer Jésus comme le Messie promis par les Ecritures ; puis, tandis que par-derrière, sans arrêt, l'étranger (Satan qui singe Jésus) répète : «Ce que tu dois faire, fais-le vite !», Judas entre insensiblement dans cette «mission» sacrée : se rappelant le verset de Jérémie, il annonce qu'il ne doutera plus si les prêtres sont capables de lui offrir 30 deniers d'argent : 29 deniers sont trouvés, et c'est l'étranger qui fournit le trentième. Judas part, dans un dernier adieu aux siens, inaugurant en cette nuit, par sa trahison, le Jugement ; il guidera, avec sa lanterne, les soldats vers Celui à qui, en signe d'amour et de soumission, il donnera le baiser de paix ; alors, tous verront la face de l'Eternel !

A l'acte III, Ponce Pilate s'entretient avec le grec Phocas, favori de Tibère (en fait, comme l'étranger — le même comédien tenant le rôle —, une des incarnations de Satan) : Pilate, qui veut ménager les Juifs (qui ont des appuis à Rome), voudrait bien se décharger sur Hérode, tétrarque de Galilée, du soin d'arrêter, à la demande du grand prêtre, l'agitateur Jésus, d'autant plus que sa propre épouse, Claudia, a eu un rêve, à ses yeux avertissement des dieux : son mari prenait, sur la croix, la place d'un prisonnier tout blanc. Pilate la rassure, s'apprête à partir pour la pêche, lorsque survient Hérode : ce dernier, rusé, refuse le cadeau empoisonné que veut lui faire Pilate : il ne jugera pas Jésus, mais conseille à Pilate de recevoir Caïphe et les prêtres du Temple avant de relâcher le prisonnier. L'entrevue de Pilate et des prêtres se passe dans un climat tendu, de mépris réciproque ; Caïphe demande l'autorisation d'exécuter la sentence de mort rendue cette nuit-là par le Sanhédrin ; irritation de Pilate, qui a charge de rendre la justice romaine et ne tient pas à entrer dans des querelles religieuses juives ni à faire

Etude pour «le Christ sur la Croix».
Simon Vouet. Montpellier, Musée Atger.

crucifier un illuminé de plus ; les prêtres invoquent l'ordre public menacé, la subversion politique et sociale déclenchée par celui qu'on dit Roi des Juifs et laissent entendre qu'en cas de refus ils en référeront à Tibère. Phocas intervient et finalement Pilate consent à interroger le prisonnier, tandis qu'Hérode, avant de se retirer, déclare qu'à ses yeux le prévenu mérite la mort, comme Juif traître à sa race. Phocas suggère à Pilate d'entendre Judas, maintenu en arrestation préventive depuis sa trahison. Judas, nullement abattu, proclame que, s'il a livré Jésus, c'est pour l'amour non seulement de Marie-Madeleine, mais de tous ceux qui seront sauvés par cette action ; il proclame aussi qu'il ne hait pas mais adore son Maître, que ce dernier n'est pas Roi des Juifs mais Roi du monde, Fils de Dieu, capable, s'Il le veut, de chasser les Romains de Judée ; que les prêtres haïssent Jésus né dans le peuple et parlant contre les riches, pour les humbles ; Phocas excite Judas, pour lui faire dire, devant Pilate, que Jésus veut la révolution des cœurs et considère tous les hommes comme égaux devant l'Eternel, ce que le peuple des esclaves a déjà compris et reçu avec enthousiasme. Pilate va donc devoir juger. Pourtant Judas, qui voit en Pilate, comme en lui-même, un prédestiné au rôle qu'il doit assumer pour sa damnation, voudrait avant la sentence sauver l'âme de Pilate en l'ouvrant à la Parole de Vérité, de façon à ce qu'il comprenne qu'il tient entre ses mains, si pauvre homme qu'il soit, le salut de la race humaine et que, Jésus étant «le piège de Dieu», si Pilate fait crucifier Jésus, c'est Pilate en réalité qui sera crucifié, «à travers les siècles des siècles» ! Pilate est ébranlé par cet avertissement qui recoupe le songe prémonitoire de son épouse. Judas l'adjure encore de ne pas verser le sang du Juste, implore pitié pour lui, Pilate... Irrité, Pilate sort pour aller juger, poussé par Phocas, tandis qu'amèrement Judas constate qu'«il faut que les Ecritures s'accomplissent». Tandis que résonnent au loin les trompettes du tribunal, en scène Judas tombe à genoux et prie à voix basse pour «Notre Seigneur Jésus Christ».

A l'acte IV, sur un coteau, tandis que le Christ au loin subit Sa Passion au milieu des badauds, Simon et Rebecca attendent la libération de Judas. Ce dernier arrive, enchaîné, ayant demandé aux soldats la «récompense» d'assister au supplice de Jésus, et son visage est calme, presque souriant : le jour du Jugement est, dit-il, arrivé. Phocas vient en litière, curieux de voir souffrir Judas, et raille ses rêveries sur un Jésus Fils de Dieu. Comme selon la coutume, un héraut demande, au loin, si quelqu'un veut prendre la défense du condamné, Judas se lève et crie «Moi !» Le soldat l'en empêche. Rebecca veut le faire, mais une femme n'y est pas autorisée. Reste Simon, le père de Judas, qui ne le peut par religion, mais prie pour le salut de l'âme de Jésus. Bonheur de Judas de voir les siens sauvés devant l'Eternel.

Tandis que les soldats romains se disputent sur le nombre de clous à utiliser pour le supplice, que les spectateurs, après avoir fait ripaille, se préparent au spectacle, qu'un mendiant aveugle chante une complainte cruelle sur Jésus et ses disciples, Judas, dans le bruit des coups de marteau, tombe à genoux et prie. Quand la croix est dressé, il se relève, monte sur la crête, regarde horrifié et hurle : «Ce n'est pas vrai ! A l'assassin ! Seigneur ! Ton fils ! Le Messie ! Ils ont crucifié le Messie ! », puis tombe à la renverse.

Trois heures après, le jour a baissé. Judas est étendu, la tête sur les genoux de Rébecca et veillé par son père. Phocas/Satan les contemple en souriant. On entend au loin le cri d'agonie de Jésus, et Judas se dresse, hagard. Pilate arrive et fait libérer Judas, mais alors survient le Centurion Marcius, ébloui, qui raconte que sur la Croix Jésus lui a souri, qu'alors il lui a poussé sa lance dans le flanc pour abréger son agonie, que le supplicié est mort dans un grand cri, et que lui, voyant sourdre sur sa propre main trois gouttes de Son sang, a compris qu'il avait gagné, du «Fils de Dieu», la vie éternelle. Il supplie Judas de ne pas désespérer. Mais Judas continue de croire que celui qui est mort n'était qu'un homme et se désole d'avoir trahi un ami. Il jette donc les trente deniers, qui représentaient pour lui le prix du sang d'un Dieu, sur les prêtres qui reculent, et part désespéré de ce que «là-haut», au ciel, il n'y ait personne, ou plus exactement — comme ironise Phocas — que des nuages !
L'acte V se passe au tombeau du Supplicié, gardé par des soldats jouant aux dés. Au loin les trompettes du Temple sonnent la Pâque. Ils repoussent les disciples Pierre, Jean, Thomas venus prier sur la tombe de Jésus et qu'ils soupçonnent de vouloir dérober le cadavre pour faire croire, ensuite, à la Résurrection prédite. Quand le Centurion converti, qui a troqué l'uniforme contre la robe de bure du disciple, arrive, il explique que Pilate lui-même l'a laissé aller, après l'avoir longuement écouté, tandis que pleurait la femme du procurateur. Les apôtres s'agenouillent et prient. Paraît Judas, blême, les cheveux tout blancs, mais à qui la foi du Centurion a fini par rendre la sienne. Comme les autres apôtres l'insultent, le traitent de suppôt de Satan, Judas leur rappelle leur lâcheté, leur trahison, leur désertion au moment de l'arrestation de Jésus et durant le supplice. Il tente de leur expliquer que tout le monde, lui comme eux, est innocent, parce que tout cela «devait arriver», et que s'il a reçu trente deniers, somme dérisoire, c'était pour duper les prêtres et conformément aux Ecritures. Il leur rappelle son dévouement pour alimenter la caisse de la troupe et nourrir tout le monde, tandis qu'eux se contentaient d'écouter la parole du Maître. Des comptes, il est venu en rendre, leur dit-il ; et Judas de détacher de son cou une bourse contenant 314 deniers d'économies, de leur lire chiffres à l'appui le détail d'une comptabilité hétéroclite, mais irréprochable ! Quant au reste, le jet des 30 deniers sur les prêtres ne faisait qu'accomplir la prophétie de Zacharie, et la trahison même n'était que la stricte obéissance à la mission à lui confiée par Jésus à la Cène. Certes, il pouvait la refuser, étant libre, mais il s'agissait «du salut de millions d'hommes», nés et à naître, non de son âme, et l'avenir du monde était peut-être entre (ses) mains... Les apôtres lui reprochent alors son fol orgueil, qui le fait se croire «un autre Messie». Pourtant Judas a compris, après le Centurion, que tous les apôtres se trompaient en espérant une royauté temporelle de Jésus. Mais il l'a, dit-il, compris «trop tard», sinon, en «homme de la terre», dont le «cœur d'homme est brisé pour toujours», il eût refusé la mission, renié les prophètes et, dans le grenier de son père, «caché

la lumière du monde», au lieu de suivre en aveugle «la cruauté de l'Eternel» qui voulait le rachat des âmes au prix du sang de son Fils !... Avec tendresse, Judas remémore les soins de mère dont il entourait Celui qu'il aimait comme un homme et dont il protégeait la santé, les repas, le sommeil... Cet ami perdu. il ne lui reste plus, dit-il, qu'à mourir, car le ressuscité qu'on attend, ce sera le Messie, «mais ce ne sera plus Jésus le charpentier».

Les disciples lui crient qu'il a peur, en réalité, d'être confronté à Jésus, qui l'a maudit après son départ, à la Cène. A quoi Judas répond, en criant, que le «Mieux vaudrait pour lui n'être jamais né», n'était jamais que «la parole de pitié devant le malheur innocent», devant un être «marqué» que Dieu «sacrifiait» à ses desseins ; que si Jésus ne l'a pas nommé en instituant Son Eglise, c'est la preuve qu'«Il (l')attend au ciel» et que sa vie terrestre à lui, Judas, est finie.

Monté au sommet du tertre, Judas s'adresse alors une dernière fois à l'Eternel, rappelle qu'il fut un fidèle scrupuleux et qu'à présent, «écrasé par la tragédie», ne pouvant plus, maudit de tous, repoussé de partout, être ni apôtre, ni potier, ni chef de famille, il ne lui reste — pour que la volonté de Dieu soit faite jusqu'au bout — que cette amertume à accepter, ce crime absurde et horrible à assumer pour l'éternité : «Oui, Judas a livré Jésus-Christ pour le prix de trente deniers». Simplement, tâche faite, «outil brisé qui ne peut plus servir», il supplie Dieu de le laisser quitter cette face, ces mains, ce corps de traître, pour remonter vers Sa Justice et aller à la rencontre de Jésus, son «Maître bien-aimé», qui n'a pas pu vouloir que, «seul parmi des millions d'hommes», il n'eût pas droit à la rédemption, surtout après avoir assumé la plus mauvaise part entre les disciples...

Et tandis que, avec un «Adieu» aux disciples, Judas s'en va vers son destin, le Centurion, les mains posées sur le tombeau du Christ, offre les trois gouttes de Sang, apparues miraculeusement sur sa main criminelle et pardonnée, pour le rachat de l'âme et le pardon de l'orgueil et du crime de «notre frère Judas». En écho, Pierre reprend d'un «Amen»...

Dès sa *préface*, Marcel Pagnol, après avoir fait remarquer qu'aucun des apôtres ne fut, face à la mort de Jésus, irréprochable, s'attachait sinon à réhabiliter du moins à tenter de comprendre les mobiles de celui qui passe pour le traître et le plus grand criminel de tous les temps. Et Pagnol de recenser les points obscurs ou troublant du dossier Judas : d'abord le choix de Judas par Jésus entraînait, mystère incompréhensible, la damnation de Judas (cf. 1ère partie de notre article, note 4) ; ensuite, les accusations portées par les apôtres contre Judas, le sont chez saint Jean (récit du souper de Béthanie chez Marthe et Marie), mais Judas semble n'avoir pas été le seul à protester contre le gaspillage du parfum. D'autre part, les 30 deniers reçus représentaient une somme plutôt faible[2], que Judas n'a réclamée que pour que les Ecritures s'accomplissent. Finalement, pour Pagnol, Judas a trahi parce qu'il s'est cru *prédestiné*, surtout après les paroles à lui adressées par Jésus au repas de la Cène ; puis il suivit son Maître dans la mort, devenant en quelque sorte le premier des martyrs.

Madeleine et Judas, du R.P. Raymond-Léopold Bruckberger

La pièce du R.P. Raymond-Léopold Bruckberger, *Madeleine et Judas*, non encore représentée, a été éditée H.C. à 500 exemplaires en 1956 (nous remercions l'auteur de nous avoir généreusement donné un exemplaire et autorisé à nous en servir pour notre travail). C'est une «tragédie en Trois Mystères».

L'œuvre (écrite de Pâques 1954 à Noël 1955) se présente comme un essai de réanimation, «dans une technique et une psychologie modernes» (dit l'auteur en sa préface, p. 9), du mystère médiéval.

Le Premier Mystère commence au palais d'Hérode à Tibériade. Un officier de la Garde d'Hérode (qui deviendra l'apôtre Judas) reproche à Madeleine, jeune courtisane, de ne pas lui réserver son amour. Il lui fait cadeau d'une amphore de parfum de grand prix (destinée à sacrer les rois du désert) rapportée de sa mission aux frontières (mission qui fut de capturer et ramener l'agitateur-prophète Jean-Baptiste). L'amie de Madeleine, Salomé, belle-fille du Roi, parie avec l'officier qu'elle séduira le farouche prisonnier. Mais elle échoue : le Prophète tient tête aux deux femmes, leur dit qu'elles sont pourries et empestent.

Au tableau suivant, Marthe, sœur de Madeleine, et israélite rigoriste, visite sa sœur, à qui elle reproche sa mauvaise vie. Madeleine réplique que c'est elle, avec son excessive vertu, qui lui a fait haïr la Loi. Elle consent pourtant, pour s'amuser, à rendre à Marthe le service qu'elle demande : aider à délivrer le prophète emprisonné. Mais le Musicien de Salomé, un muet, arrive avec un paquet et un mot de la princesse disant qu'elle a finalement eu raison de Jean le prophète ; dans le sac, la tête sanglante du Baptiste ! Le musicien reparti avec son sac, Madeleine, secouée de sanglots, commence effectivement à sentir une odeur de pourriture émanant d'elle, celle d'un «cadavre d'âme». L'arrivée inattendue de son jeune frère Lazare, venu en cachette de Marthe, la réconforte, mais elle repousse avec horreur l'officier, son amant, qui a décapité le Baptiste ! L'officier lui rapporte les ultimes paroles du prophète : il a laissé «un chemin ouvert», un «Autre» viendra qui pardonnera tout. Ce pourrait, dit l'officier, être «un certain Jésus», prophète ambulant. Madeleine va partir à sa recherche, pour lui donner le parfum royal, malgré l'interdiction que lui en fait l'officier jaloux. A ce moment on entend, au dehors, une rumeur de foule : ce sont les affligés qui supplient Jésus, entrant dans la ville, de les guérir, puis le remercient d'avoir fait ce miracle On entend la voix de Jésus : «Tous ceux qui étaient perdus pourront se retrouver. Il y a de nouveau un chemin ouvert et une route libre. Je suis le chemin de la vie.» Alors Madeleine prend dans ses mains le vase de parfum, va à la fenêtre, supplie «Jésus, fils de David, Roi d'Israël», d'avoir pitié, puis, solennellement, tenant toujours le vase de parfum, sort, au milieu du bruit de trompettes.

Le Deuxième Mystère se place «quelques mois plus tard», chez Simon le Lépreux, à Béthanie, où l'on prépare la fête. L'officier de la Garde d'Hérode, du Premier Mystère, est passé, par opportunisme, au service du

Prophète et s'est fait apôtre. Mais il n'a pas changé : toujours aussi brutal, il veut que Jésus prenne le pouvoir et devienne Roi d'Israël, pour être son «premier ministre»[3]. La vieille nourrice, Sarah, raconte aux serviteurs le miracle de la résurrection de Lazare, tandis qu'un charpentier achève une croix qu'on lui a commandée pour le supplice de Barabbas. Le Musicien du Premier Mystère (qui représente en fait Satan) arrive et, en jouant, vient se placer près de la Croix, puis disparaît brusquement, à l'ébahissement de Sarah... Un des prêtres essaie d'amener Marthe à trahir Jésus, mais la résurrection de son frère l'a métamorphosée : elle a «fui de la justice à la miséricorde», est passé «de la loi à l'amour» ; elle refuse donc et sort. L'Apôtre qui, de derrière un pilier, a surpris la conversation, propose alors au prêtre de lui amener «un Roi» à consacrer par les huiles saintes et qui le fera Grand Prêtre. L'autre accepte, d'autant plus qu'au loin la foule, excitée par le Musicien, accueille par des huées hostiles au Sanhédrin le décret d'excommunication porté contre Jésus.

Tout à l'ivresse de son ambition, l'Apôtre annonce à Madeleine que ses projets sont en marche, que la Révolution sanglante va déferler, qu'il prend sur lui toute «la sale besogne». Mais il lui demande de l'aider à empêcher Jésus de parler, à Le faire Roi malgré Lui, à L'amener à bénir ses actions. Madeleine refuse d'entrer dans ce «rêve de brutalité et de sang» où l'Apôtre trahit son frère Jésus et prépare peut-être Sa mort. Mais il est trop tard : l'émeute a commencé. Madeleine a deviné que Jésus ne se prêterait pas à une épreuve de force, qu'il ne se défendrait même pas, ne s'enfuierait pas, et elle ne partage pas l'optimisme béat de Marthe. On entend les clameurs d'une foule qui se rapproche avec le Musicien, et entrent le Prêtre (qui porte l'ampoule du sacre) et Judas. Madeleine s'interpose, brise l'ampoule, car, dit-elle, le Royaume de Jésus, c'est sa Croix.

Le sacre devenu impossible, Judas offre alors au prêtre de le dédommager en livrant Jésus «en toute discrétion», contre rétribution, au Sanhédrin. Pendant que la scène s'obscurcit, on entend la voix de Jésus développer la parabole du grain qui meurt en terre. Tout à sa déception de s'être «trompé de Roi», Judas s'en va. Nuit complète. Puis lumière violente sur Madeleine qui fait l'adoration de la Croix (avec la triple invocation à «l'Agneau de Dieu») du Vendredi Saint, s'agenouille au pied de la Croix qu'elle tient embrassée, tandis que la musique du Musicien cesse, que le decrescendo des tambours, derrière la scène, fait place à une sonnerie de trompette...

Le Troisième Mystère se place «quelques jours plus tard», à la fin de la nuit, dans la maison de Marthe. On entend au-dehors le Musicien accompagné de tambours. Madeleine se désole que son bien-aimé soit mort, trahi par l'un des siens, moqué, crucifié entre deux larrons. Elle conseille à Marthe de partir avec Lazare, avant que les Prêtres ne le tuent aussi. C'est alors qu'on frappe à la porte : Judas (pour la première fois l'apôtre est nommé par son prénom) entre, après avoir passé deux nuits et un jour sans manger ni dormir. Marthe, tandis qu'il se restaure, lui reproche sa trahison. A quoi Judas répond qu'«il n'y a jamais un seul traître et une seule trahison à la fois», que

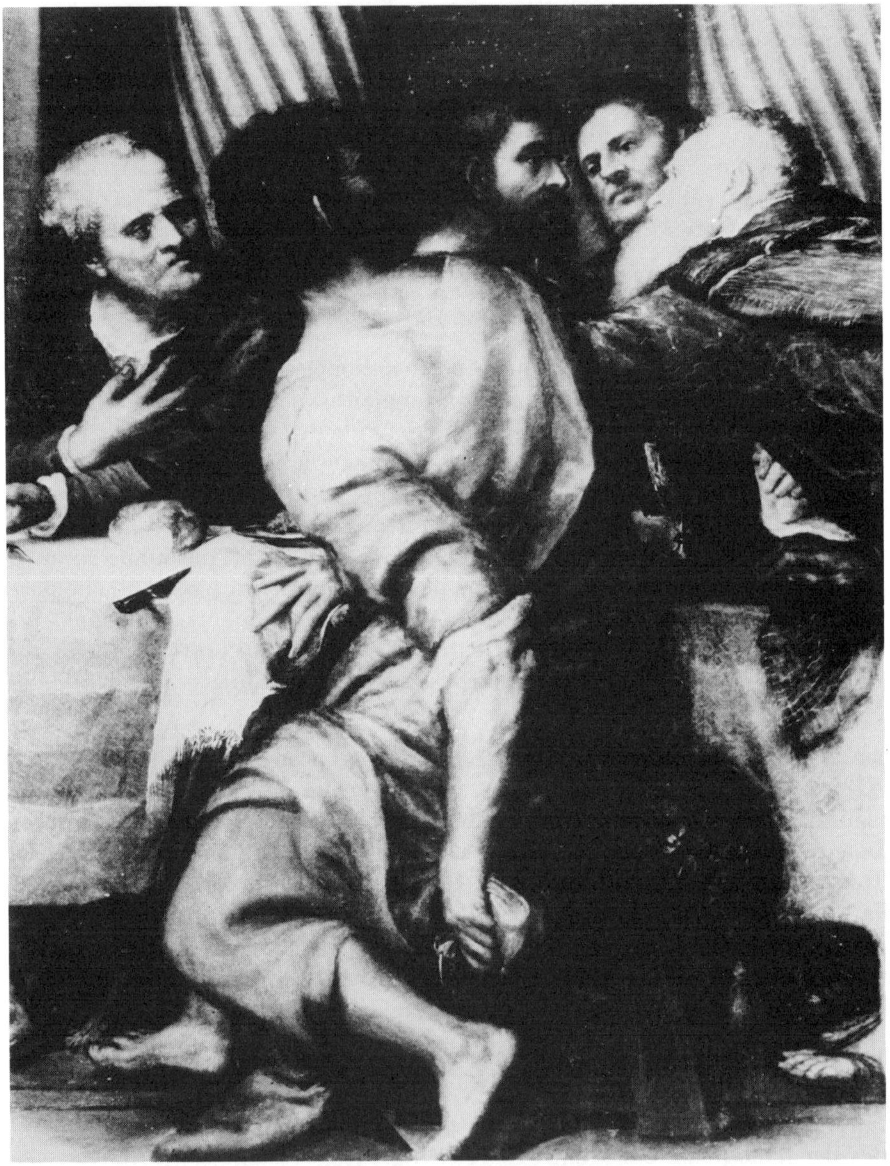

Judas et quatre apôtres (détail).
Le Titien. Escorial, Nuevos museos.

«les traîtres se donnent la main». Il a trahi Jésus, mais Celui-ci avait trahi l'espérance de Son peuple et la promesse, faite aux apôtres, qu'ils seraient «sur des trônes, jugeant les douze tribus d'Israël» ; Pierre a trahi, et Madeleine aussi, qui l'a entraîné, lui Judas, «dans le destin d'un fou» qu'elle a, ensuite, empêché de devenir Roi ! Quant à lui, le traître, il se sent devenu «le sacrement de la haine», il porte en lui non le Royaume de Dieu, mais l'Enfer «ardent, glorieux, inextinguible» ; mais le traître et le trahi se ressemblent : leurs deux cœurs pourrissants sont à l'unisson, et «tout retourne à la béatitude du néant» ; Madeleine qu'il a tant aimée, puis haïe, désormais ni il ne l'aime ni ne la hait ; il est livré entièrement à une solitude qui ne finira jamais, à une décomposition qui le libère de cet amour «qui pue jusqu'au ciel» et auquel croit encore la malheureuse ; il n'aime même plus l'argent, il a jeté la bourse et il va mourir, «pauvre comme l'Autre là-bas dans son tombeau», sous un «ciel noir vidé de toute espérance»...

C'est en vain que Madeleine supplie Judas de ne pas s'acharner ainsi contre lui-même, l'assure qu'il est pardonné par Dieu, même s'il ne le sait pas. Ce pardon «écœure» Judas, la seule idée lui en ferait, dit-il, «cracher l'âme». Il a décidé, en «bon apôtre», d'être celui qui suivra son Ami «de plus près» : il sera, comme Lui, pendu à un arbre, tirant la langue au ciel et à la terre en se balançant doucement, bercé par la musique du Musicien (ressurgi soudainement depuis peu), graine au vent portant semence de révolte et de trahison.

Et, rongé par la pensée de ce dernier baiser donné et rendu sans haine, Judas sort dans la nuit finissante pour aller se détruire, suivi du Musicien, tandis qu'à genoux, Madeleine prie «Seigneur Jésus» d'avoir pitié de ce Judas qu'Il a aimé, et Le supplie de détourner d'elle-même la tentation de se tuer «pour en finir».

Marthe et Lazare partis, la scène nous transporte au Jardin de Joseph d'Arimathie, près du tombeau de Jésus, gardé par les soldats. Fin de la nuit. Soudaine efflorescence de lys, puis apparition d'un Ange, qui annonce aux soldats que «le Seigneur de la gloire est ressuscité des morts». De sa baguette, l'Ange renverse les gardes, ouvre le tombeau et, tandis que les trompettes du Temple, en un triple appel, sonnent la fin de la Pâque, l'Ange, solennellement, proclame le Christ ressuscité. Concert d'oiseaux, l'Ange disparaît. Les soldats, relevés, constatent la disparition du cadavre et rapportent leur mésaventure au Prêtre survenu. Ce dernier minimise l'événement, renvoie les soldats, se cache pour observer Madeleine et Sarah à leur arrivée. Lamentations de Madeleine en constatant que son bien-aimé lui a été ravi. Le Prêtre se montre, se moque d'elle : le vase de parfum dont elle comptait oindre son Roi ne lui sert plus à rien, le tombeau vide fait douter de l'existence même de Jésus, la Loi bafouée se venge. Madeleine et le Prêtre se séparent après s'être invectivés. La scène est alors occupée par deux gardes ivres, que le Grand Prêtre a payés pour dire qu'on a volé le cadavre pendant leur sommeil, et qui fêtent cela en portant des toasts dérisoires à l'Empire et à Rome, puis solennels à «ce mort fabuleux qui passe à travers les murailles». Eux partis, Sarah, la vieille esclave noire, revient supplier, à genoux, Celui qui est en Paradis de Se montrer une fois encore à sa maîtresse. Elle sort. Arrive le Musicien, mais l'Ange l'empêche de profaner le tombeau, rend son instrument muet d'un coup de baguette, puis le fait disparaître. On voit alors un jardinier qui va et vient parmi les fleurs. Madeleine survient, se plaint à l'Ange du rapt de son Seigneur. L'Ange sourit et disparaît. Madeleine se retourne, voit le jardinier qui, en réponse à ses interrogations angoissées, lui donne un lys. Elle s'assied, en pleurs, aux pieds du jardinier, dont la voix «grave et lointaine» la trouble : Il lui explique, par la parabole du gland enfoui en terre, le mystère des échanges entre la mort et la vie, et, soudain, le «langage» du lys s'éclaire pour elle : «au bout de l'hiver, il y a le printemps», au bout de la nuit l'aube, et, la mort traversée de part en part, on entre dans la Vie... Le Jardinier la quitte sur un «au revoir». A Sarah revenue, Madeleine peut annoncer qu'elle a «vu le Seigneur», ressuscité des morts, qu'Il lui a donné ce lys, qu'Il vit et «voit le soleil». Les murs de Jérusalem sont devenus étincelants, sonnerie de trompettes.

La Tragédie en Trois Mystères du Père Bruckberger développe, comme chez Puget-Bost, une intrigue amoureuse entre Madeleine et Judas, et, comme chez Pagnol, confère à Satan un emploi parmi les personnages du drame. La pièce y gagne, non seulement de se construire solidement autour de leitmotive (l'amphore de parfum, la flûte ou la guitare du Musicien), mais de répercuter constamment les échanges humains (Salomé/Jean, l'Officier/Madeleine, Madeleine/le Jardinier) au plan, supérieur, du Surnaturel et du Merveilleux, conformément à l'optique médiévale. Judas lui-même, à l'instant de se détruire, échappe ainsi à l'étroitesse des ambitions initiales de l'officier puis de l'apôtre arriviste, en atteignant la dimension du Révolté que son désespoir même relie «de plus près», entre tous les disciples, à l'Ami qu'il a livré en un baiser rendu sans haine.

Judas Iscariote, de Jacques Sinclair

La pièce en 3 actes de Jacques Sinclair, *Judas Iscariote*, est parue aux Editions La Pensée Universelle en 1974 (92 p., dédicace à Léo Lack). En son «Avant-Propos», l'auteur explique qu'en recoupant les textes évangéliques de Matthieu et de Jean, l'évidence d'une «réhabilitation» de Judas s'est imposée à lui : si Judas a «trahi», c'est par patriotisme, à la demande pressante de Caïphe et des Anciens du Sanhédrin, pour sauver Jérusalem de la destruction et le peuple juif de l'extermination par les Romains, à partir du moment où Jésus — qui s'était Lui-même proclamé «Roi des Juifs» (*Jn* 28-37) — devenait pour Rome un rebelle à écraser (*Jn* 11, 47-50). Judas est donc «une victime innocente et expiatoire d'une constellation politique particulière» et le «sauveur authentique de sa nation».

A l'acte I, Appius, chef de la police et ami de Ponce Pilate, dénonce au procurateur les troubles provoqués à Jérusalem par un certain Jésus, un rabbi qui se fait appeler Messie et Libérateur. Furieux, Pilate se propose de faire crucifier ce rebelle aux lois de Rome, ce «roi de carnaval», par ses soldats. Mais Appius lui fait observer que Jésus ne se montre plus au Temple, que le peuple le protège, que d'autre part Pilate n'est pas très bien en cour auprès de Tibère, depuis que ses exactions en Galilée ont été rapportées à l'Empereur par les juifs de Rome. Il faut donc user de ruse et diplomatie, éviter la répression, passer par l'entremise de Caïphe, grand prêtre et président du Sanhédrin, mais dont l'autorité dépend totalement du bon vouloir des Romains... Caïphe, introduit, tente, par solidarité patriotique avec son peuple, de faire passer Jésus pour un rêveur, un illuminé inoffensif, non un séditieux dressé contre le joug romain ; mais Pilate, brutalement, exige de Caïphe désespéré qu'il lui livre Jésus dans les 48 heures, avant le début de la Pâque. La femme et la fille de Pilate surviennent et Claudia (l'épouse du procurateur) raconte comment l'enseignement juif, à la mode à Rome, y fait des ravages, risque de saper la cohérence politique et religieuse de l'empire. Furieux, Pilate chasse Caïphe en l'insultant. Puis il se ravise, le rappelle et, devant les supplications du prêtre qui ne veut pas s'attirer la haine de son peuple en livrant un rabbi à la mort, finit par menacer : ou le séditieux lui sera livré, ou lui, Pilate, réduira Jérusalem en cendres et noiera ses habitants dans un bain de sang. Seul, Caïphe, égaré, éclate en sanglots en se demandant : «Que faire ?»

A l'acte II (1ère partie) des mendiants près d'un feu discutent sur l'étrange comportement du rabbi Jésus : une mendiante blâme Jésus de s'afficher avec une courtisane, Marie-Madeleine. Un des mendiants, Tsidki, dit qu'il a rompu avec le rabbi, lui reprochant d'exaspérer le peuple juif, soumis à l'étranger, en remettant sans cesse la restauration du royaume d'Israël, d'avoir repoussé Sa mère Marie, d'être un instable tantôt prêchant la soumission tantôt fulminant et maudissant, d'avoir rabroué une Samaritaine qui le suppliait de guérir sa fille. Maintenant qu'Il se proclame Messie, Libérateur, Fils de David, — prophétise Tsidki —, un nouveau désastre national, plus horrible encore que les précédents, va s'abattre sur le peuple juif. Heureusement, note-t-il, parmi les disciples, tous plus exaltés et ambitieux les uns que les autres, il en est un, Judas, l'Iscariote, «le seul lettré de la bande», qui commence à se rendre compte de la situation... Justement, on voit passer, à ce moment, se hâtant, Judas, suivi d'un homme de l'entourage de Caïphe. Tsidki quitte les mendiants pour aller s'informer.

La deuxième partie de l'acte II nous transporte chez Caïphe, qui tient un Conseil Privé (y assistent Anne, Joseph d'Arimathie, plusieurs membres du Sanhédrin). On attend Akavia, doyen du Sanhédrin, et son petit-neveu Judas Iscariote. L'entretien porte sur la nécessité d'empêcher à tout prix, pour la nation juive, une nouvelle aventure guerrière. Akavia arrive, puis peu après Judas («dans les 25 ans. Visage d'intellectuel tourmenté»), qu'une patrouille romaine a retardé en cherchant à savoir de lui, vainement, où se trouvait son maître Jésus... Caïphe apprend alors au Conseil l'ultimatum de Ponce Pilate. Colère de l'assistance, mais Caïphe expose la responsabilité du rabbi en ses provocations anti-romaines, la subtilité de la politique romaine qui consiste à diviser pour régner et, surtout, le fait que, livré ou non par le Conseil, Jésus, danger politique pour Rome, n'échappera pas à la mort, alors que, si on ne le livre pas, Jérusalem, en plus, sera détruite, le peuple

Crucifixion.
Pablo Picasso, Ancienne collection de l'artiste.

massacré. Il est préférable, l'insurrection étant impossible, qu'«un seul meure pour tout le peuple pour éviter que toute la nation ne périsse»... Judas est horrifié quand on lui demande de guider les prêtres vers la retraite du rabbi : plusieurs fois il répète qu'il ne le peut pas... Il faut qu'Akavia lui rappelle tous ceux de ses parents (son grand-père, son père) que les Romains supplicièrent pour rébellion, et l'adjure de sauver le peuple juif d'un nouvel holocauste, pour que Judas cède. Il repense alors à cette prédiction qu'une femme lui fit, en son adolescence : il sauverait son peuple d'un péril mortel, mais porterait sur son front, au long des siècles à venir, les stigmates de la trahison, de la vénalité, de la pendaison infamante, tandis que serait sanctifié celui qui aurait été l'occasion de sa chute ; et l'on bafouerait le sublime sacrifice d'une âme déchirée entre l'amour de son maître et l'amour de sa nation... Ecrasé de chagrin en livrant ce rabbi qu'il aime, Judas vacille, prêt à s'effondrer.

A l'acte III (1ère partie), le Christ, à genoux, prie au jardin de Gethsemané et supplie Son Père d'éloigner de lui cette coupe amère, mais tout est déjà consommé. Pourtant, dans la nuit, le médecin Nicodème, ami de Jésus, arrive vers Lui, de la part du Sénateur Joseph d'Arimathie, membre du Sanhédrin, mais disciple secret de Jésus. Ce dernier lui explique qu'il sait la traîtrise de Judas et le rôle tragique qu'à son corps défendant les prêtres lui font jouer cette nuit même. Malgré l'angoisse de Sa prochaine Agonie, Jésus a repoussé la tentation de résister par la force, et consent, dit-il, à mourir pour que Son peuple ne meure point. Nicodème lui expose alors la raison de sa venue : Joseph et lui ont ourdi un plan habile pour Le sauver. Ils ont acheté le centurion préposé aux crucifixions : à Jésus cloué sur la croix, on tendra un roseau imprégné d'un liquide qui Le plongera dans un engourdissement total et une crise cataleptique, lui donnant l'apparence d'un cadavre. On descendra son corps de la croix sans rompre ses articulations et on lui évitera le coup de grâce porté à la gorge ou en plein cœur. Joseph obtiendra de Pilate la remise du corps et son ensevelissement dans un tombeau à lui. Puis on Le réanimera (le seul risque est celui d'une infection, mortelle à court terme, dans le cas où les clous seraient rouillés). Ensuite, il faudra que Jésus disparaisse, change son apparence extérieure, renonce à prêcher, se cache dans un monastère, pour éviter d'être repris et crucifié à nouveau pour de bon par Pilate.

Jésus demande à Nicodème, qui repart, d'intercéder auprès de Sa mère, pour qu'elle lui pardonne de l'avoir mal traitée et vienne l'assister au pied de Sa Croix.

Judas arrive par le côté opposé, se jette aux pieds de Jésus, Le supplie de s'enfuir car les Romains viennent L'arrêter. Jésus refuse, lui ordonne de se relever et de ne pas se tourmenter. Et il lui explique que c'est lui, Judas, qui a la meilleure part, car il sacrifie son âme immortelle quand lui, Jésus, n'offre que sa chair périssable. Certes, on L'appellera «Lumière» et Judas «Ténèbres», mais Il envie cet «opprobre gratuit» qui couvrira la mémoire de son ami. Judas, défaillant, sollicite de pouvoir embrasser Jésus et ce dernier «lui ouvre les bras sans un mot» : «Judas s'y précipite, embrasse Jésus avec ferveur, puis s'enfuit les larmes aux yeux».

Malchus et ses hommes arrêtent Jésus, tandis que Pierre (après une tentative de résistance armée qui blesse Malchus) et les autres disciples se débandent et fuient dans toutes les directions. Tandis qu'on lie et qu'on emporte Jésus, ce dernier prie l'Eternel et se confie à Son Père des Cieux.

La 2e partie du IIIe acte a lieu près du sépulcre. Conformément au plan, Jésus, enseveli vivant, se remet très vite de son supplice, grâce aux soins de Nicodème et à l'habileté du centurion qui a utilisé les clous les plus fins, enfoncés avec précaution. Pourtant quelques taches suspectes ont été relevées sur les clous par Nicodème, mais Joseph et lui affectent de ne pas s'alarmer. Ils ont appris au jardinier Phillipas, habillé de blanc, sa leçon : il se fera passer pour un ange auprès des visiteuses du tombeau et leur annoncera que le rabbi Jésus, ressuscité, les précède en Galilée. Quant à Jésus, habillé en bleu de jardinier, il vient, soutenu par ses amis, inspecter le tombeau, le linceul où il fut enveloppé après la descente de la croix et, heureux de vivre (malgré le mal qui le reprend et la rigidité de ses membres), confesse qu'il a cru un moment qu'on voulait le leurrer, lui rendre la mort plus facile, à la façon du chevalier persan Prachvili (qui trompa son fils jusqu'à la fin de son supplice, pour qu'il eût le courage de l'affronter).

Quand Marie-Madeleine et Marie arrivent au tombeau, elles prennent Philippas et son aide, en leurs habits étincelants, pour des anges ; Philippas récite sa leçon ; se retournant, Madeleine aperçoit Jésus en jardinier, le reconnaît, veut l'embrasser, mais Lui, par faiblesse physique et honte du sentiment qu'il éprouve pour elle, lui dit de ne pas Le toucher, mais d'aller prévenir les autres. Et les deux femmes — que Joseph trouve stupides de crédulité — de courir annoncer la résurrection du rabbi ! Ainsi naît un mythe, dit Philippas en souriant, ainsi (surenchérit Joseph) entre-t-on «de plain-pied dans l'histoire universelle» !

La pièce de J. Sinclair est originale, mais a du mal à trouver son équilibre entre les deux centres d'intérêt où elle se déchire : d'une part, et c'est le premier éclairage de l'œuvre, une réhabilitation de Judas, véritable Sauveur du peuple juif et sacrifié tragiquement entre deux amours, celui de sa nation, celui de son maître. D'autre part, à partir d'hypothèses de savants selon qui le Saint Suaire de Turin aurait gardé l'empreinte d'un supplicié *encore vivant* du fait de traces de sang, le développement d'une intrigue policière, avec ce complot ourdi pour sauver Jésus. Même si l'auteur laisse entendre que le Supplicié n'a obtenu qu'un sursis et mourra sous peu empoisonné par la rouille des clous, la réussite momentanée du subterfuge et, surtout, de la mise en scène montée ensuite pour faire croire à la résurrection, crée une déperdition du tragique précédemment élaboré avec Judas : la pièce s'arrête dans un climat de scepticisme souriant, où Jésus perd sa dimension spirituelle, où Marie-Madeleine et Marie apparaissent presque comme des imbéciles, et les chrétiens mettant leur foi en la Résurrection du Supplicié comme des mythomanes !

Conclusion

On mesure, par cet inventaire, la fascination exercée par Judas sur des romanciers et des dramaturges si différents d'âges, de cultures, de confessions. Tantôt grotesque tantôt tragique, tantôt lucide tantôt inconscient ou manipulé, Judas se dérobe à nos prises par ces facettes diverses et contradictoires, qui autorisent pourtant toutes les «lectures», toutes les approches. Un «cas»[4], véritablement. Mais toujours pathétique. Car, qu'il l'ait voulu ou non, Judas est, dans l'aspiration de Celui qu'il livre au Supplice, emporté dans un tourbillon qui dispose de lui et lui confère à jamais une dimension «sublime». La Croix du Golgotha a occulté, sans doute, le Champ du Potier avec son pendu dérisoire au ventre fendu par le milieu. Réduit à cela, Judas ne serait qu'une feuille morte détachée de l'Arbre de Vie. Mais son nom évoque autre chose dans la mémoire des hommes : la mystérieuse relation — presque connivence — instaurée, au dernier repas, par le «Ce que tu as à faire, fais-le promptement» et, plus encore, ce surnaturel baiser (Tout autre chose qu'un salut à l'orientale ou un repère policier ! Claudel a raison : c'est une consommation, une appropriation, peut-être un échange, du Souffle et du Verbe) liant pour l'éternité, dans les ténèbres et le cliquetis des armes, le Traître au Trahi. Les forces de la Nuit ont l'air de l'emporter ? En fait la Nuit se donne, se livre à la Lumière, car Celui que l'on trahit et que l'on traîne nous entraîne *(trahere-tradere)* déjà tous dans Sa mort rédemptrice. Drame vertigineux qui explique — que ce soit dans le domaine du *théâtre*, plus encore que dans celui du roman — que le «Mystère de Judas» prenne toute sa profondeur. Qu'il nous soit permis, pour notre part, d'associer la plainte de Judas à celle de cet autre pendu qui, du fond de son angoisse, en appelait à une fraternité de remords mais aussi d'espérance et de compassion :

Frères humains qui après nous vivez
N'ayez les cuers contre nous endurciz
Car, se pitié de nous pouvres avez,
Dieu en aura plus tost de vous merciz.
(...)
Excusez-nous, puis que sommes transsis
Envers le filz de la vierge Marie,
Que sa grace ne soit pour nous tarie,
Nous préservant de l'infernale fouldre.
Nous sommes mors, ame ne nous harie ;
Mais priez Dieu que tous nous vueille absouldre !

notes

1. La musique aussi s'est intéressé à Judas. Dans le drame sacré de Massenet *Marie-Madeleine* (composé en 1873, joué en 1917), tout baigné d'émotion, de sentimentalité et de sensualité, d'espoirs diffus pour des gens non-croyants dans un Orient pittoresque et conventionnel, on entend Judas conseiller à son amie Myrien (Marie-Madeleine) d'«aimer encore», de «réveiller l'amour en son sein endormi», tandis que la belle pécheresse regrette son passé. Plus tard Judas est chassé, comme traître au Nazaréen, par Marthe.

2. Dans les Synoptiques *(Mt, 26,* 14-16 ; *Mc, 14,* 10-11 ; *Lc, 22,* 3-6*)* il est question de «trente pièces d'argent» (*Mt,* d'après *Zacharie, 11,* 12) ou simplement «d'argent». La tradition parle de «deniers», monnaie romaine en argent. La référence de Matthieu à Zacharie (en *27,* 9) impose de parler d'un salaire de trente *sicles* d'argent, le sicle étant, chez les Hébreux et les Egyptiens, une mesure de poids (entre 11 et 15 grammes) et une monnaie, puis, chez les Juifs, une monnaie d'argent. Le *Lévitique* (*27,* 3) nous apprend que, parmi les personnes consacrées à Yahweh, la valeur d'estimation d'un homme de 20 à 60 ans était de 50 sicles, celle d'une femme de 30 sicles. En *27,* 16, le même *Lévitique* dit que si l'offrande est un champ, son estimation se fera d'après ce qu'il faut pour l'ensemencer, à raison de 50 sicles le homer (= 4 hl) de semence d'orge.
Donc, selon saint Matthieu, Judas a reçu du Sanhédrin, pour sa trahison, peu de choses : *l'équivalent du prix d'une esclave ou de 240 litres de semence d'orge.* Même en chiffrant, avec certaines sources, le sicle à 3 francs-or, on aboutit à une somme faible : *90 francs-or,* soit (si l'on estime le franc-or à 29 F), 2.610 F. De même, l'évaluation de la trahison en *deniers* (si l'on se réfère aux 300 deniers de l'onction de Béthanie — somme que le R.P. Bruckberger évalue à 3.000/4.000 dollars in *Marie-Madeleine, op cit.,* p. 238), ne donnerait, pour 30 deniers, que 300/400 dollars, soit 3.000/4.000 F.
Par contre, l'estimation de Marcel Pagnol en 1955 (*Judas, op. cit.,* p. 22) nous semble bien faible : le parfum de grand prix, sous scellé, à seulement 20.000 AF, donc la trahison pour seulement 200 F.

3. La tragédie en Trois Mystères du Père Bruckberger développe les motivations matérialistes de la trahison de Judas (ambition déçue d'être le premier ministre du «roi d'Israël»). Cet aspect se trouvait déjà dans les visions de la *Douloureuse Passion de Jésus-Christ* d'Anna Katharina Emmerich, dite la Nonne de Dülmen (1774-1824), une des plus célèbres stigmatisées du XIXe siècle. Au 4e livre, on lit : «(Judas) avait toujours espéré que Notre-Seigneur deviendrait le fondateur d'un empire terrestre et qu'il y occuperait lui-même un poste honorable et avantageux». C'est également cette ambition temporelle que prêtait Schuré à Judas : «Ce qui détermina cette noire trahison ne fut pas l'avarice sordide, mais l'ambition et l'amour-propre blessé. Judas, type d'égoïsme froid et de positivisme absolu, incapable du moindre idéalisme, ne s'était fait disciple du Christ que par spéculation mondaine. Il comptait sur le triomphe terrestre, immédiat, du prophète, et sur le profit qui lui en reviendrait» (Edouard Schuré : *Les Grands Initiés,* 1889, rééd. Livre de Poche n° 1613, 3e trimestre 1976, p. 599). Pour le R.P. Bruckberger, cf. également ses deux autres ouvrages : *Marie-Madeleine* (A. Michel, 1975, p. 132) et *L'Histoire de Jésus-Christ* (LP n° 2884, 1971, pp. 349-352).

4. Le *«Cas Judas».* C'était le titre (avec des «Questions sur l'Evangile : réponses de l'exégèse moderne») d'un numéro de la revue *Connaissance de l'Histoire-Jésus* (n° 96, XXXVI, «Le Cas Judas», 5 juin 1974). Pour les auteurs, Caïphe et les autorités religieuses du Temple ont monté un complot visant à faire arrêter discrètement (sans soulèvement populaire !) Jésus et, pour cela, ont dû s'assurer la complicité d'un proche de Jésus. Ils ont choisi celui qui, tenant la caisse, «était l'apôtre le plus connu aussi bien des commerçants que des autorités administratives». Mais personne «ne peut affirmer que Judas soit damné à jamais. Lui aussi est englobé dans l'amour et la miséricorde infinis de Jésus pour l'humanité», alors que les évangélistes, en noircissant sa figure pour graver dans les mémoires le drame de Jésus, ont contribué à faire jouer à Judas le «rôle de bouc émissaire»... (On lira avec intérêt, dans le même numéro, un texte «Judas mon ami»).

Max Alhau

PRÉSENCE DE LA FEMME DANS L'OEUVRE D'ALAIN BORNE

Toute tentative de réduction d'une œuvre à quelques thèmes relève peut-être d'une certaine facilité. Pourtant chez Alain Borne, la mort et l'amour constituent les deux idées maîtresses qui ne cessent de s'affirmer dans la plupart de ses recueils. Dans une précédente étude[1], Jacquette Reboul étudiait avec justesse le thème de la mort et il nous semble opportun d'examiner la présence de la femme dans une œuvre dont l'intérêt réside autant dans la densité de l'écriture que dans l'expression d'une pensée qui, à la faveur du temps, connaîtra des cheminements différents.

La femme, plutôt que l'amour, revêt chez Alain Borne un aspect essentiel et il n'est pas négligeable d'apprendre que le poète eut pour sa mère une vénération profonde et que, sans doute par respect pour elle, il ne publia pas de son vivant certains recueils dont *«Indociles»* et *«Le plus doux poignard»* jugés par lui peut-être trop hardis, trop révélateurs d'une conception existentielle que la bienséance lui interdisait de livrer, conception qui s'inscrivait en faux contre une éducation rigide. Sachons également qu'Alain Borne a été un homme pudique, peu soucieux de faire part de sa vie sentimentale. Seuls quelques amis, Jacques Bret et Jean-Marie Dunoyer, ont reçu au cours des années et en une correspondance restée inédite des confidences révélatrices de la sensibilité du poète. Il ne nous appartient pas de faire état de ces lettres mais bien plutôt de placer la femme dans le cadre d'une œuvre. Ajoutons, en guise de préambule, que la symbolique traditionnelle est respectée, en ce sens que pour Alain Borne l'évocation de la jeune fille représentera la période de la jeunesse, de l'innocence ; celle de la femme consacrera la passion mûre et ira bien souvent de pair avec l'évocation de l'été. Enfin le «je» laissera parfois la place à une troisième personne permettant au poète de se glisser à côté des figures suggérées. L'écriture elle-même sera là pour

Alain Borne.
Photographie A. Ferlin.

rendre compte des sentiments, des sensations et nous remarquerons la mouvance de l'expression, d'une sorte de pétrarquisme hérité des poètes du 16e siècle pour aboutir à une écriture d'une extrême intensité qui rejoindra ainsi dans sa perfection les poèmes de la mort les plus tragiques.

Les figures de jeunes filles qui, à plusieurs reprises, traversent les recueils d'Alain Borne : *«Poèmes à Lislei»*, *«Seuils»*, *«L'eau fine»*, donnent lieu à une poésie vouée à l'expression d'un romantisme en demi-teinte et suggèrent la marque d'un bonheur tranquille. Dans le cours du temps, ces jeunes filles, à peine issues de l'enfance, représentent la pureté, l'affirmation d'une vie sensuelle en gestation. Ici, nulle marque d'une passion violente, mais simplement, par une écriture frémissante, de petits tableaux qui donnent à voir, qui suggèrent au lieu d'imposer :

> *«Ne te relève pas de la source jeune fille*
> *endors-toi dans ton image*
> *fais ton linceul de ton ombre*
> *fais ton tombeau de ta soif*[2].»

et :

> *«L'enfant que fuit soudain l'enfance*
> *penche son front sur les passantes*
> *qu'il voit nues de ses yeux de grâce*
> *et belles des brumes de son sang*[3].»

Dans ces vers, Alain Borne délimite la part de la féminité, l'existence des hommes et découvre chez ces jeunes filles une luminosité, une innocence éphémère, comme en filigrane la figure évoquée cache sa propre sensualité, circonscrit son charme par de simples suggestions.

A ces images presque diaphanes succèdent bientôt celles de la femme médiatrice, source de vie et figure complémentaire de l'homme. Que ce soit dans *«Le plus doux poignard»*, *«13»*, *«Terre de l'été»* ou *«La nuit me parle de toi»*, la femme, source de joie et de douleur, figure unique et charnelle, marque de son empreinte les poèmes amoureux d'Alain Borne autant que son existence.

Il nous faut d'abord constater que dans ces textes amoureux, le poète s'implique fortement en utilisant la première personne. Avec ces figures non nommées, ou à peine nommées, comme Lislei[4], Alain Borne suit d'une façon presque constante, du moins dans *«Le plus doux poignard», «13»* et *«La nuit me parle de toi»*, un même itinéraire amoureux et s'attache à donner à la femme une image contrastée. Ce qui en caractérise la présence ainsi que la passion qu'elle suscite, c'est son aspect unique. Pour Alain Borne, l'amour d'une femme est synonyme d'oubli du passé et efface toute autre passion antérieure, même si cette présence, ou du moins l'amour partagé, résulte d'un avenir infaillible. Aussi est-ce pour Alain Borne l'occasion de refuser ce que furent ses précédentes amours :

«N'écoutez pas Lislei celles qui vous diront
que j'ai aimé leurs corps
que mes mains à tâtons ont vécu de caresses
ces cachettes d'os tièdes
que leurs lèvres ont tremblé en prison de mes dents
que je parlais d'amour en les broyant[5]»

vers auxquels répondent ceux-ci :

«Toutes mes aventures
étaient ces faibles pierres sous mes pieds
pour ma marche vers toi[6].»

Notons entre ces deux recueils, l'un paru en 1946 et l'autre, posthume, édité en 1964, la différence d'expression. D'une certaine propension au discours dans le premier à la densité du second, d'une légère mièvrerie non dépourvue de charme à une poésie vibrante, dépouillée, tel sera le chemin parcouru par Alain Borne.

Avec la femme, alternent sans cesse son absence et sa présence et, par conséquent, la douleur et l'espoir. Alain Borne insère cette image dans un contexte temporel qui l'inclut mais pour mieux souligner encore son absence, comme si l'amour partagé était toujours à venir ou n'existait que dans la pensée, le désir de l'amant. Cette alternance est manifeste dans les *«Poèmes à Lislei» :*

«Lislei ma porte est de cendre grise
et ma demeure est froide comme la mer
et mon cœur est noir de la couleur du jour
mais ne prenez pas peur Lislei
et ne préférez pas la pluie à ma maison.

Je viendrai vous ouvrir et je vous donnerai mon indigence entière
et nous serons enfin Lislei comme en ce rêve
les mots seront bien morts et Dieu pourra frapper longtemps
ainsi que le bonheur que notre espoir n'entend jamais[7]*.»*

Aussi pour Alain Borne la femme devient-elle celle qui donne naissance — amante et mère à la fois — et qui révèle l'homme à la vie, comme si auparavant celle-ci n'avait été constituée que de moments sans poids ni valeur, thème hérité d'un courant de pensée traditionnel et qui est exprimé avec force dans *«La nuit me parle de toi» :*

«Mais un jour je te vis
ton sang emplit mon cœur
sans sortir de ta peau
soudain je ne fus
que par lui et par toi[8]*.»*

Ainsi cette seconde naissance, qui sera toujours seconde, permet à l'amant de constater la force de la passion, la joie qui précède la douleur lui succédant infailliblement. Ce va-et-vient de sentiments antithétiques marque également la pensée et la poésie d'Alain Borne. Ce sera pour lui, dans ses premiers recueils et notamment dans *«Poèmes à Lislei»,* l'occasion de reprendre à son compte le vocabulaire amoureux précieux, décoré de métaphores conventionnelles. Cette poésie ne frappe que par la sensibilité, la sincérité exprimée. La véritable poésie amoureuse d'Alain Borne avec son érotisme innocent apparaîtra plus tard dans *«13»* et dans *«La nuit me parle de toi».*

«Il est là ce mal bien-aimé
ce compagnon de songe, cette brûlure de souvenir
la paix a flambé moisson stérile

tu règnes sur ses cendres
et je n'ai plus de cœur
ma vie est loin de moi enfant perdue
et il n'y a partout que ton visage symbole de ton âme[9]*.»*

A quoi font écho ces vers plus denses, plus douloureux :

«Penser à toi
reste mon silence le plus précieux
le plus long, le plus orageux silence.
Tu es en moi toujours
comme mon cœur inaperçu
mais comme un cœur qui ferait mal
blessure qui ferait vivre[10]*.»*

Alors que dans «*La nuit me parle de toi*», libre de toute entrave, au-delà d'influences diverses, Alain Borne ne se fie qu'à son métier poétique :

«Je n'ai le devoir
ni le droit de t'aimer :
je suis ta brûlure
sans pouvoir encore la nommer[11]*.»*

L'érotisme, absent dans «*Poèmes à Lislei*» transparaît dans «*13*», «*La nuit me parle de toi*» et «*Terre de l'été*» : l'acte amoureux, la femme être charnel, marquent l'apothéose de l'amour. Avec la fusion de deux corps, nul ne sait plus qui il est, peut-être le reflet de l'autre, peut-être l'absence de la vie. La rencontre qui a lieu alors est si violente que la mort et la vie se fondent dans une même absence, une même présence. Même si le recours au vocabulaire amoureux s'impose encore dans «*La nuit me parle de toi*», l'intensité et la construction sont telles qu'elles disent la force d'une passion à laquelle deux corps unis consacrent l'essentiel d'un instant sans durée :

«O ta main
première île de l'archipel de ton corps.
O ton corps
qui m'embrase la tête
avant que tout entier j'en brûle.
Après tant de liens de cendres
enfin le feu[12]*.»*

Succédant à une telle intensité provoquée par les sens et les mots, la retombée dans l'absence, la perspective ou la présence de l'oubli constituent la dernière étape de ce parcours amoureux. Même si Alain Borne sait que revenir à la solitude est laisser s'installer la douleur, s'infiltrer une mort certaine :

> *«Peut-être suis-je seul avec ma blessure*
> *et mon sang qui écrit*
> *peut-être suis-je loin de vous*
> *de ce visage dont j'existe*
> *et de ces mains ravies à l'écume des astres*
> *et de ce corps si pur et sans baiser*
> *peut-être*[13]*.»*

A ces vers un peu guindés, on en préférera sûrement d'autres, révélateurs d'une lucidité empreinte de résignation exprimée dans *«13» :*

> *«L'amour finira mais je dirai*
> *qu'une certaine nuit*
> *de drap de paupières de vent et de cigale*
> *je suis entré dans le jour de ton corps*
> *Je dirai*
> *que j'ai vécu de toi*
> *et que je meurs*
> *en descendant pétale à pétale*
> *l'escalier du souvenir*[14]*.»*

Comment ne pas en venir alors à rayer le temps ? Comment ne pas créer une sorte de fusion des trois dimensions temporelles ? Ce qui permettrait à la femme de demeurer absente et présente, oubli et mémoire aux yeux de celui pour qui elle est l'intercesseur unique.

> *«Même si loin de toi*
> *voici que mes mains brûlent*
> *au souvenir à l'avenir*
> *de te toucher*[15]*.»*

Ces vers affirment la volonté du poète de recourir à un perpétuel présent, de confondre la femme avec son souvenir, en somme de l'installer dans une durée infinie dont les mots seraient le garant. Attitude qui, cependant, n'exclut pas la présence de la mort, ce qui renvoie

Alain Borne en des lieux où toute rencontre est interdite, refusée :

«Lorsque tu m'aimeras
je ne t'aimerai plus
et depuis des années
tes lèvres toucheront les lèvres de la mort
et je sourirai comme à un souvenir
tu seras le fantôme de cet amour
et dans ton cœur tué
je jetterai les roses sèches
du rosier de mes blessures[16].»

Aux perspectives tragiques s'oppose, dans la vie, ce désir d'atteindre à l'exceptionnel, de nier l'absence. Alain Borne poursuit un cycle qui semble inachevé et, par le recours à l'incessant, au mouvant se manifeste sa volonté de se situer à la hauteur de la femme, de lui exprimer sa soumission. Présente ou non, la femme est le rempart dressé contre la mort, même si sa disparition la suggère. Pourtant dans les recueils posthumes d'Alain Borne, la figure de la femme revêtira un aspect tout autre. A la pure figure évoquée précédemment succédera celle qui incarne la souillure, le péché. Comme l'écrit Olivier Longueira : «On ne peut dire ce qui, dans l'œuvre poétique d'Alain Borne, primera de la pureté ou du péché chemin de mort[17].» Il n'est pas inutile de rappeler qu'Alain Borne a été élevé dans une famille catholique pratiquante et s'il refuse d'adhérer à toute religion, s'il se rebelle contre Dieu, il n'en est pas moins imprégné de conceptions que le catholicisme entretient volontiers au sujet de la femme. D'où, dans sa recherche de la pureté, sa révolte qui a pour cible la femme ; dès lors, contrastant avec les recueils précédents, l'œuvre posthume, à l'exception de *«La nuit me parle de toi»*, est marquée par la fustigation de la femme tentatrice, source du mal. *«Indociles»* proclame avec véhémence ce dégoût de la femme, créature se ramenant à un corps, à un sexe, image de la souillure. De la jeune fille évoquée dans *«Poèmes à Lislei»*, à la femme chantée dans *«13»* ou *«La nuit me parle de toi»*, succède maintenant la prostituée flétrie par la société bien-pensante :

«*Et passa une fille*
moins lourde qu'un gibier
mais fille d'homme avide d'homme
non loin de moi avide[18].»

A l'amour fait place le désir brutal, à la sensualité l'érotisme coupable. Et ce glissement traduit les forces de la mort qui, chassant celles de la vie et de l'amour, s'enracinent maintenant, comme à la passion succède la haine ou le crime :

«*Je la tuai*
lorsque son visage fut proche du mien
je la tuai
elle mourut[19].»

expression manifeste du meurtre de la femme maléfique. Mais c'est dans «*Indociles*» qu'Alain Borne essaiera de repousser la tentatrice, livrant un combat qui souligne son désir d'une pureté contrebalancée par l'attirance du péché. Aux chants clairs des premiers recueils répondent l'amertume, le mépris de la femme :

«*Cache tes jambes et le secret qu'elles ont en commun*
souffle doucement dans mon visage
tes paroles stupides et pures.
Mais il faudrait cacher aussi tes lèvres
et tout ce mensonge impur et bavard
qui bégaye de pureté[20].»

La violence verbale atteint son paroxysme quand Alain Borne bascule vers la mort, quand il comprend que la femme n'est plus source de salut, mais objet de perte. La mort a le visage de la femme, créature séduisant l'homme pour mieux l'entraîner au plus bas de la corruption.

«*La convoitise de la mort*
ne guide pas nos mains vers un lieu secret
son sexe n'est pas caché
son sexe la vêt depuis l'os de la tête
jusqu'à l'os du pied
son sexe terrible[21].»

Seule la mort (il faut en revenir à ce thème) permettra à l'homme d'accéder à l'innocence qu'il n'a jamais connue et la femme, alors, deviendra messagère de pureté, symbole de l'amour parfait. Ainsi serait-ce le retour de ces jeunes filles qu'Alain Borne chantait dans ses premiers recueils, à moins que ce ne soit le néant qui lui soit réservé et qui consacrerait la perte définitive de l'amour, celle de la femme :

«Peut-être plus jamais le long du mur de ton corps je ne tâtonnerai à ta rencontre[22]*.»*

Telle apparaît la femme dans l'œuvre d'Alain Borne : une figure antithétique, image du bien et du mal, symbole glissant de la vie à la mort, figure qui ne cesse de marquer une pensée, une œuvre et qui, malgré tant de contrastes, représente pour l'homme un idéal de perfection. On comprend aussi pourquoi la deuxième image de la femme, plus sommairement évoquée du reste, n'a trouvé place que dans les recueils posthumes. Ici encore la pudeur d'Alain Borne répondait à des exigences sur lesquelles il ne pouvait passer outre.

notes

1. Jacquette Reboul : «Le thème de la mort dans l'œuvre poétique d'Alain Borne» *(Mélanges de la Bibliothèque de la Sorbonne 5).*
2. *«L'eau fine»*, Oeuvres poétiques complètes, vol. I, p. 188.
3. *«L'eau fine»*, Oeuvres poétiques complètes, vol. I, p. 177:
4. Rappelons que Lislei serait le portrait d'une jeune fille aperçu dans un musée par Alain Borne (cf. Olivier Longueira : «Le poète, Dieu et la femme», *«Sud»* n° 56/57).
5. *«Poèmes à Lislei»*, Oeuvres poétiques complètes, vol. I, p. 147.
6. *«La nuit me parle de toi»*, Oeuvres poétiques complètes, vol. II, p. 28.
7. *«Poèmes à Lislei»*, Oeuvres poétiques complètes, vol. I, p. 145.
8. *«La nuit me parle de toi»*, Oeuvres poétiques complètes, vol. II, p. 26.
9. *«Poèmes à Lislei»*, Oeuvres poétiques complètes, vol. I, p. 151.
10. *«13»*, Oeuvres poétiques complètes, vol. I, p. 237.
11. *«La nuit me parle de toi»*, Oeuvres poétiques complètes, vol. II, p. 37.
12. *«La nuit me parle de toi»*, Oeuvres poétiques complètes, vol. II, p. 28.
13. *«Poèmes à Lislei»*, Oeuvres poétiques complètes, vol. I, p. 171.
14. *«13»*, Oeuvres poétiques complètes, vol. I, p. 236.
15. *«La nuit me parle de toi»*, Oeuvres poétiques complètes, vol. II, p. 42.
16. *«13»*, Oeuvres poétiques complètes, vol. I, p. 238.
17. Olivier Longueira : «Le poète, Dieu et la femme», *«Sud»* n° 56/57, p. 19.
18. *«Indociles»*, Oeuvres poétiques complètes, vol. II, p. 131.
19. *«Indociles»*, Oeuvres poétiques complètes, vol. II, p. 133.
20. *«Indociles»*, Oeuvres poétiques complètes, vol. II, p. 138.
21. *«Indociles»*, Oeuvres poétiques complètes, vol. II, p. 143.
22. *«Le plus doux poignard»*, Oeuvres poétiques complètes, vol. II, p. 181.

De gauche à droite : Fred Bourguignon, Adrian Miatlev, Edmond Humeau, Pierre Boujut, à *La Tour de Feu* en 1950, Jarnac.

Jacquette Reboul

Edmond Humeau ou le poète de la spiritualité enracinée

On peut distinguer deux grandes familles de poètes. D'abord les poètes du Non, de la révolte, du refus et de la déchirure. Depuis l'origine des temps, ces poètes témoignent de la souffrance, de la mort et de l'injustice de la condition humaine. Leur vie même a quelque chose de tragique et la grande ombre de la malédiction plane sur leur tête. Ils nous émeuvent profondément car ils expriment le malheur de l'homme et son sinistre destin. Mais leur voix est parfois un peu forcée et nous aspirons à une réconciliation.

Au contraire, les poètes du Oui sont ceux de l'acceptation du monde, de l'émerveillement devant lui, de l'incantation et de la ferveur. Conscients d'être une partie du cosmos intégrée dans le grand Tout, ils chantent l'univers, le désignent, le nomment inlassablement comme Dieu a nommé les êtres et les choses pour leur conférer l'existence. Ces poètes sont souvent religieux, attestant cependant tous d'une profonde spiritualité. Ils puisent aux sources vives de l'inspiration, qui devient joie. Déchiffrant le grand alphabet universel, ils révèlent que le monde a une signification et que le poète doit l'élucider. On trouve dans les œuvres de ces poètes une maturité et une plénitude particulières. Ils nous émeuvent peut-être encore plus profondément que les premiers, car leurs chants laissent entrevoir des réponses à nos interrogations essentielles.

Edmond Humeau se classe dans cette seconde famille de poètes. Son œuvre originale et personnelle frappe dans la production contemporaine. Relativement abondante, elle témoigne d'une spiritualité authentique, d'une inspiration grave, pétrie de la pénétration en profondeur des textes sacrés, tout en faisant une large part à l'humour, à la réalité la plus quotidienne, à la sensualité et à la joie, comme si l'auteur, bien que conscient de l'enjeu de sa mission, refusait de se prendre au sérieux. Et cependant, Edmond Humeau est entré en poésie comme on entre en religion, mais en restituant l'homme tout entier, à la fois charnel et spirituel.

D'abord, qui est Edmond Humeau ? Julien Lande le définit en quelques lignes :

«C'est un homme de chair qui oppose le plus beau, le plus franc sourire à la souffrance, au doute, à la violence, à la haine — un homme sans illusion et sans naïveté mais dont l'ingénuité désarme et qui porte en bandoulière une sorte d'optimisme désespéré[1].»

Lui-même s'est dépeint avec finesse, en prenant ses distances à l'égard de lui-même :

«A quoi je ressemble ? Je me suis dit naguère que mes lèvres donnaient une bouche insistante et feuillue. Que cette bouche soit encore entre les rides du rire, une feuille charnue, cela va tant qu'il me reste encore quelques dents de dessus mais seulement deux incisives en dessous et je déteste un appareillage qui m'est promis depuis un quart de siècle... Mes yeux ont gardé le vent de mousse qui brûle régulièrement derrière des lunettes que je ne dépose guère... Je n'ai jamais su le pouvoir de mes yeux et je songe souvent au regard des amis disparus pour retrouver leur éclat, même si je ferme souvent les paupières et que je parais dresser le barrage d'un mur, ou les montants d'une grille, mais c'est pour tenter de mieux entendre les regards perdus.

«A quoi je ressemble enfin ? Sûrement pas à ce que je crois être et que je suis, peut-être. C'est ainsi que l'on a prétendu que le teint de mon visage s'inspirait d'une bonne humeur de l'esprit. Quand les doutes, les incertitudes, l'inquiétude jusqu'à l'angoisse, composent à l'envie mon portrait, je me demande bien comment l'on peut s'imaginer que mon sourire est exempt d'amertume et de la tentation nihiliste que je reprochais tout à l'heure à Pierre Caussat. Personne ne ressemble qu'à autrui[2].»

Ce qui frappe lorsqu'on rencontre Edmond Humeau pour la première fois, c'est sa profonde humanité toute pénétrée de compréhension et de générosité, la bonté mélancolique d'un homme qui a bien connu la vie et l'a vécue dans toutes ses dimensions sans réticence ni refus, qui l'a aimée et assumée. On est également charmé par une sorte d'innocence rusée, un air d'intelligence et une voix grave qui va et vient lentement au gré des idées, ouvrant parfois au détour d'une phrase apparemment anodine des perspectives insondables. L'homme entier donne une impression de force dominée et de vitalité profonde. Il inspire confiance. Et avec cela une simplicité et une gentillesse qui font son agrément.

Edmond Humeau est né à Saint-Florent-le-Vieil (Maine-et-Loire), en 1907. Son père, médecin vétérinaire l'emmenait souvent en tournées. Il fit ses études primaires à Saint-Florent-le-Vieil, entra au collège de Saint-Julien à Angers puis, pensant avoir une vocation sacerdotale, au petit séminaire de Beaupréau. Après une année au Grand Séminaire d'Angers, une hémoptysie l'oblige à séjourner deux ans à l'ermitage ecclésiastique des Voirons (Haute-Savoie) qui marque un tournant fondamental dans sa vie, car c'est là qu'il se découvre une vocation de poète. Cette vocation s'approfondit et s'élargit au collège de l'abbaye de Saint-Maurice-en-Valais où il enseigne comme professeur de français de 1929 à 1932. Poète, il prend ses distances avec la religion traditionnelle et il est licencié du collège Saint-Maurice pour non conformisme. Il abandonne alors la vocation ecclésiastique.

C'est alors qu'il rencontre à Paris le groupe *Esprit* où il trouve un milieu fécond à sa propre création littéraire et celle qui deviendra sa femme, Germaine Duvernoy. Il s'occupe successivement de journalisme, est rédacteur au bureau universitaire de statistique, rédige *Le Courrier de l'Etudiant aux armées*, est affecté à l'Entraide aux intellectuels et aux artistes en chômage, puis est chargé du service de presse au Conseil économique en 1947. Depuis 1953, il s'est enraciné en Haute-Provence, au Castellet d'Oraison.

Son esprit s'est formé au contact du catholicisme et de poètes inspirés, parmi lesquels on peut compter Charles Péguy, Paul Claudel et des romanciers comme Léon Bloy et Georges Bernanos. Mais il ne faut pas négliger d'autres influences peut-être moins directes, comme Charles-Ferdinand Ramuz, Max Jacob, Charles-Albert Cingria, Pierre Reverdy, les poètes baroques espagnols et également la connaissance approfondie du latin. Collaborateur d'*Esprit* et de *La Tour de feu,* il a derrière lui une œuvre importante.

Ses premiers écrits parurent en 1930 et furent suivis par plusieurs dizaines de recueils et d'essais difficiles à trouver. Cependant, depuis 1977, les éditions des Voirons ont entrepris la publication de ses œuvres complètes avec le concours du Centre national des Lettres. Trois volumes sont parus à ce jour.

Les premiers écrits d'Edmond Humeau, en particulier *Exécution au Golgotha,* témoignent d'une inspiration religieuse plus ardente et plus directe que par la suite, exprimée en longs vers souples proches de la forme de l'Ancien Testament. Puis, au fur et à mesure qu'il avance dans son œuvre, les thèmes se multiplient à l'infini, l'inspiration religieuse devient moins transparente, le sentiment de la nature plus fort et surtout, à travers les grandes préoccupations de la vie et de la mort qui restent constantes, apparaît une richesse des sujets et des images comme si le poète ne se lassait pas de décrire un univers toujours inépuisable. Il regarde les choses et les êtres avec attention, répond à leur interpellation dans l'oubli de soi et la pénétration. Cette inspiration large et variée, avec son arrière-plan métaphysique et spirituel, est toujours rendue en termes concrets et sensibles, ancrés dans le réel. Les idées lui deviennent chair et sang. Cette poésie de pensée est également une poésie de l'intégration, comme la définit très justement Jean-Louis Depierris. Elle est faite d'une juxtaposition sensuelle des idées et des images. Elle exprime l'homme complet dans toutes ses dimensions spirituelles, intellectuelles, affectives et sensuelles. Peu à peu, les vers se font plus courts, plus denses, plus rythmés, frappants comme des cailloux. Ainsi l'admirable poème, *Pavanne de l'autre nature* qui est une véritable méditation sur le langage :

«Aux paroles qui reviennent de l'herbe
Avec des globes de rosée scintillants
D'herbe fraîche à la vaine pâture
Comme l'odeur du foin au petit jour
Toute la verdure passée en paroles
Fanée à coup de fourche qui l'égaillent
Sur le revers où la sauge raidit
Dans la sécheresse aux faces d'épreuve
Je demande aujourd'hui de m'accueillir[3].»

La poésie est conçue comme une ascèse, un chant de louange à Dieu dans une offrande du corps et du monde. Elle retrouve la simplicité et la pureté du plain-chant grégorien, mais dans une forme résolument neuve et moderne, très savante sous son innocence apparente, riche de la leçon des poètes du Moyen Age. La vaste culture d'Edmond Humeau est si bien assimilée qu'il faut être attentif pour en prendre conscience. Elle revêt souvent l'apparence du jeu.

Edmond Humeau et Renée Corbu, 1965.

Car, comme Villon, Edmond Humeau est un artiste de la langue de laquelle il joue comme d'un merveilleux et inépuisable instrument. Il ne la rudoie jamais, il en explore toutes les ressources, il invente et il crée avec un génie linguistique qui lui est propre. Ainsi, il forge incessamment des mots nouveaux dont la sonorité et la forme nous paraissent si naturels que nous croyons les connaître depuis toujours : attrachèle, fulcre, ruinances, sabotements, violinent, ossandière, ripe, frisques, boure.

Il crée des images si justes, si senties que sous leur originalité certaine, elles nous paraissent évidentes.

«O mon joli tambourinaire
Sous la lune qui t'a vêtu
Tu tourneras les cœurs légers
Qui se gravent sur le figuier
Comme les pas vont à l'automne

C'est le moment d'ouvrir tes mains
La source gronde emprisonnée
Comme bout la graine écrasée
Alors tu détaches les sources
Et tu reviens à tes amours[4].»

C'est une poésie drue, riche, inventive, un jaillissement incessant de sons, de couleurs et d'images, de trouvailles nouvelles et d'allitérations. Ainsi les titres de ses recueils et de ses poèmes composent à eux seuls un riche florilège :

«Le Temps dévouré»
«Fouillis de nuages»
«Un voile d'eau»
«L'Invasion du jour»
«Les Sentences de plomb»
«La Favolière et l'aubrée»
«Ma Demeure est en tous lieux»
«Anneaux fertiles en orties»
«Le Ratier des glands»
«La Tuile tuilée»
«D'Ombre câline au Buisson»
«L'Approche ardente»

Mais ce qui est remarquable dans l'œuvre d'Edmond Humeau, c'est que tout y est organisé et pensé. Chaque recueil, bien loin d'être un ensemble disparate de poèmes arbitrairement choisis est une totalité structurée, véritable livre au sens fort du terme — et chaque poème à son tour est un tout organique, chaque élément y prenant une place fixée d'avance et reliée aux autres. Faut-il voir dans ce souci d'architecture une vision thomiste du monde dans laquelle l'homme fait partie intégrante du cosmos, la création poétique étant l'image et le reflet de la création divine ?

C'est dans cette perspective que se situe la conception de l'image chez Humeau, image structurée qui se développe et se déroule grammaticalement sur plusieurs vers s'emboîtant l'un dans l'autre. Dans son avant-propos au *Tambourinaire des sources*, Guy Chambelland montre bien la nature particulière de cette image qui est à la fois grammaticale et musicale plutôt que visuelle, création linguistique pure :

«Le poème n'a pas fait autre chose que de développer, comme à partir du thème la fugue musicale, un propos verbal accepté par nous, mais où nous restions «bloqués» par notre manque d'imagination. Tout l'art d'Humeau, toute l'astuce, dirai-je, à saisir, est le rapport du complément (ou de l'adjectivation) au complété. Comme ce rapport, marqué parfois par les coupes prosodiques, qui relèvent certes plus d'une écriture jazz que du *Clavecin bien tempéré*, s'institue entre les éléments les plus proches — un peu comme une fusée lance une seconde fusée qui en lance une troisième, etc..., — on conviendra que nous sommes loin de la rhétorique mallarméenne, et qu'il n'y a pas lieu de parler d'ellipse à propos d'un tel langage, lequel n'a contre lui que notre paresse à sortir du langage poétique qui ne se propose qu'une fin, et non la délectation des moyens, où nous convie le poète[5].»

On peut citer comme exemple de ces images qui se développent largement pour aboutir à une conclusion foudroyante un extrait du poème *La Ripe* :

«Toi qui m'endormis au plus vif
Mon étoile affleurée à lisser
La poudre remuante où tes sœurs
Rompues d'univers en lumière
Se couvrent au levant des songes
Je repasse au sillon ouvert.

Matin d'année au mur des sons
Tranché d'un soc éblouissant
J'ordonne au glacier du langage
L'ardeur du feu qui me calcine
Jusqu'au tison grisant des fusées
Germant sous la brume des cendres...

La ripe que je suis devenu
Gratte le faible friable carreau
Planissant la poussière emportée
Au comble des reflets qui fulminent
D'avoir assez rapé de frissons
Si ne m'écorche plus la vie.

Rien n'est donné sans égards[6].»

Edmond Humeau exploite toutes les ressources du langage, syntaxiques, phonétiques, rhétoriques, sémantiques, en procédant à une sorte d'agglutination musicale et imagée. Il a la richesse presque intraduisible d'un poète baroque dans ses trouvailles, une maîtrise de la technique verbale mise au service du chatoiement infiniment divers de l'inspiration. Ainsi, il use abondamment, contrairement à la plupart des poètes, des conjonctions de subordination et des pronoms relatifs conjonctifs. Il attaque par des que sonores, les combine et les déploie d'une strophe à l'autre ou attaque par deux conjonctions couplées. Citons quelques exemples :

«Que tu aies perdu la saveur des mots
Mâchés sous la pluie qui nous décolore
A force d'écouter le langage éteint».

«Mais que se baigne l'aurore de Loire
Appuyée sur la ligne des arbres».

«Le plein moment nous élève au silence
Qu'en les deux mains ont retrouvé l'ami
Que rien au monde n'a pu détourner
Des collines où s'assemblent les lions».

«Tu connais qui brigue au fauteuil
Qu'il s'adonne plutôt au bronze
Qu'il branche des dérivations».

La forme syntaxique à laquelle revient le plus souvent Edmond Humeau est la subordonnée conjonctive de condition et de supposition introduite par que. Mais on trouve également souvent la conjonction de subordination quand.

«Quand le marin entre aux maisons
La pluie a coulé les tomates
Entre les groseillers flétris»...

Quand le marin écoute aux portes
La bourrasque éprouve le grain
Des filets tendus aux oiseaux».

On trouve également souvent le pronom conjonctif qui à l'attaque d'un vers puis dans le développement d'une strophe :

«Nous rêvons sur la fuite du temps
Quand la nue épaissit lourdes pluies
Qui chaussent le ciel de laine grège
Où s'engorgent les vanneaux».

«Qui résiste au bonheur des amours
Lassera plus vite les grincheux
Que ne se grifferont les épaules
D'une belle dodue éperonnée».

La syntaxe d'Edmond Humeau, tout au long du déroulement de son œuvre, est une syntaxe conjonctive, dont la structure rappelle beaucoup la construction solide du latin. C'est une syntaxe qui lie, qui intègre, qui octroie à chaque mot sa place dans l'espace et

Germaine et Edmond Humeau au Castellet d'Oraison, 1967.

le temps. Comme l'écrit d'une façon si lumineuse Jean-Louis Depierris, «Quand Humeau écrit, il dessine l'idée[7].» C'est une poésie qui ordonne le monde, douée d'une rhétorique profonde, d'une volonté nominale et énumérative, d'un mouvement d'expansion et de conversion, une gigantesque intention d'intégration de l'univers. D'où l'usage fréquent de mots de patois, de mots régionaux, de syllabes colorées et sonores, l'appel à toutes les richesses de la langue, le jeu des tonalités et des couleurs. Egalement le mélange de modernisme, de trivialité et de spiritualité, de réalisme et d'élégance. Le poète joue de tous les registres avec maîtrise, l'unité étant donnée par la rigueur de la forme. On ne peut mieux caractériser la richesse construite de cette œuvre que Jean-Louis Depierris :

«L'interne et l'externe, tout entre dans la composition. Tout, chez lui, va d'un ordre naturel. Le dire est inséparable de la manière de dire...

«Telle l'œuvre du Moyen Age aux perspectives renversées ou rayonnantes, mais aux figures toujours ramassées à un plan unique par les schèmes d'une arithmétique sacrée — l'œuvre d'Edmond Humeau est une image poétique perçue par l'œil interne de la contemplation, s'exprimant par des symboles charnels, et qui tente de surpasser, dans une plénitude d'être, toute pensée, voire toute essence. Et pourquoi douter qu'Edmond Humeau s'entretienne avec cette force invisible qui ne cesse de féconder le monde ? En ce temps du

> «plus noir cratère d'astre
> Qu'ait pu imaginer notre histoire» *(«L'Age des processions»)*

sa poésie soulage comme l'imposition de mains d'un guérisseur.

> «Humeau naturellement, s'installe aux lieux ouverts du cœur[8].»

Ce riche instrument est mis au service d'une inspiration infiniment variée qui n'exclut aucun sujet, du plus précieux au plus réaliste et trouve de la beauté jusque dans la rue et les machines. C'est notre propre monde, celui dans lequel nous vivons réellement qui nous est restitué, transfiguré et élucidé par la vision et la profonde pénétration du poète. On peut remarquer dans ces descriptions que, si Edmond Humeau n'a jamais appartenu à proprement parler au mouvement surréaliste, il en a acquis la nouveauté et le jaillissement des images et surtout la fraîcheur, la spontanéité, en quelque sorte l'ingénuité des sensations. Ainsi, le savoureux poème *Avenue d'Orléans.*

> «Hiver levant de pitchepin grenat,
> Quand le soldat laboureur est sorti de l'ondée,
> Tu sèches un gros soleil gommeux
> Et plumes les marquises des magasins
> Des neiges en mastic sur la vitre...
>
> «Montrouge-Alésia, tes portiques
> Aux poissonneries de faïence,
> Les sardines fraîches puant le gras du varech,
> La marée franchit la chaussée sans costume.

L'acétylène brille aux voitures des quatre-saisons.
Orléans - dentaire expose sur le velours des mâchoires.
Les boucheries s'adornent de bœufs écartelés.
Le ciel est mauve comme la langue sèche
Et les feuilles, les feuilles que tu songes par l'hiver,
Assistons ensemble au pavois minéral des poitrines...

«De hautes glaces biseautent l'acajou portant lettres d'émail,
Des astres sont taillés sur le sel,
Comme des bustes moulés d'importance.
Le vent agace les premières bouffées du métro.
De grands vides se font dans les chambres d'hôtels,
Que j'ai mis du temps à murer[9].»

Beaucoup de poèmes sont inspirés par le sentiment de la nature sous toutes ses formes et en toutes saisons. Mais souvent la simple description de la nature est élargie et approfondie par un second thème qui s'y rattache et fait appel à une méditation sur le sens de la vie et de la mort. La contemplation de la nature incite le poète à la questionner, à s'interroger sur son destin. Bien que philosophique par son sujet, cette poésie reste simple et concrète dans sa forme, et tout à fait accessible. Son auteur demeure charnellement présent et bien vivant derrière ses mots.

«Tu regardes l'ombre grandir aux collines
Quand la faim de ta mort te prend les entrailles,
Les brebis tremblent entre les peupliers
Du chemin qui monte à la flaque brisée
D'une source jaillissante sous le pierrier...

«Que monte le vent des steppes aux glaciers,
Qu'un loriot s'éveille aux sommets du mûrier,
L'oiseau des symboles aura su briser
Le désert qui m'entendit gémir à tort
Que l'amour ne serait jamais mieux aimé[10].»

On ne peut citer toute la diversité des thèmes traités, mais il faut s'arrêter cependant sur le jeu et la chanson qui rappellent certains poèmes du Moyen Age dans leur savant ésotérisme. Poèmes-chansons, plus poèmes que chansons et pourtant chantant dans notre oreille, il s'agit bien là d'une veine très personnelle qui s'attaque à de multiples sujets sous une forme à la fois structurée et rieuse. Dans ces morceaux, il est difficile de distinguer le thème de la forme tant ils sont étroitement unis, jouant des sonorités verbales, des allitérations, des répétitions, des doubles sens et des subtilités. Ainsi le charmant poème *Etoffe-moi de ton haleine* :

«Le tact est un peu tardif
Troqué contre un tableautin...

«A trinquer de l'écuelle
Eteins l'ardeur de l'été,

Le trait parti sur le pré
Traîne à faneler les trèfles.

«Trempez habits de misère
Pour tenter les hirondelles.

«Attrape toujours ton pain
Si tu tresses des lauriers.

«Tique et traque à la drague,
Trousse une fille à main nette,
Trotte et frappe les frotteurs
Quand la tempête fait torche[11].»

Ces poèmes-chansons bien rythmés prennent parfois la tournure de proverbes, d'aphorismes ou de sentences, retrouvant le trésor de la sagesse populaire et du bon sens. Ils en ont l'ironie et la spontanéité, mais savantes et en quelque sorte au second degré.

«Tant va la théière au vert d'eau
Que la cruche s'empourpre en cîme,
Tant vaut le blanc courroux d'un fils
Que le père s'y réfléchit
Ou bien le veillant qui fléchit
Sur un domaine qui m'intimide[12].»

Mais à côté de ces jeux plaisants, il ne faut pas sous-estimer la gravité constante des thèmes traités qui embrassent le sens de la vie, l'appréhension de la mort et la méditation cosmique. Mort de la mère du poète et mort d'un enfant donnent lieu à des poèmes bouleversants sous leur simplicité apparente où planent, à travers même la souffrance, la grande espérance spirituelle et la mélancolie du souvenir. A chaque occasion, le poète s'interroge sur sa condition d'homme, sur ses limites et sur l'amour. Les poèmes d'amour peu fréquents sont cependant beaux et empreints de sensualité. On trouve dans les livres d'Edmond Humeau, plutôt que l'expression directe d'un amour charnel pour une femme, un amour diffus pour la création tout entière, comme si le poète démiurge se contemplait dans son œuvre. Cet amour apparaît comme plein de tendresse, généreux et désintéressé. Ce n'est pas une possession, c'est une flamme.

A chaque instant, l'inspiration s'élargit, s'amplifie et atteint les dimensions de l'univers, que l'esprit du poète reflète et dont il témoigne. En ce sens, on peut vraiment parler d'une poésie philosophique quoique toujours enracinée dans le concret du quotidien et la sensualité de l'image.

«Je me sentais écrire sous la mesure
De l'horizon qui m'envahit dans ses courbes
Aussi sublimes que la majesté pure
Des neiges ensevelissant les rochers
Puis la vision se perdit du globe inerte
Féminisée dans la douceur de l'envers
Que la gravitation dressait à l'opposer...

Edmond Humeau à Vercorin (Valais), 1977.
Photographie Suzi Pilet.

«O choix multiple de l'unique absolu,
Je salue en vos divergences, fondées
Sur la nécessité de nous rendre au clair
D'une aurore où s'ancrent, les pattes d'oiseaux,
Ce monument salubre qui dispense l'ombre
Au devant de l'exacte aventure osée
Par le gisant traversé des solanées[13].»

Ou encore ce simple poème, *Anneaux fertiles en orties*, où la réflexion la plus grave s'exprime en une forme alerte et imagée comme des enluminures du Moyen Age où percerait la cruauté du destin :

Le monde est roulé dans la farine
Comme une friture d'ablettes blondes
Quand le roux du feu les caresse
Dieu sait quand nous serons aux ablettes...

«Le monde est roulé dans la simple boue
D'argile où naquirent nos parents
A l'image de la plus forte illusion
Dieu sait quand nous y retournerons

«Le monde est roulé dans le sang frais
Sous le moindre prétexte échauffé
Et sans autre figure que l'amour
Dieu sait quand nous sècherons l'ortie[14].»

Mais le sentiment religieux tenant à une foi profonde et authentique à travers vents et marées de l'existence sourd et anime toute l'œuvre. Cependant, mis à part les premiers poèmes où le Christ est mis en scène directement, la spiritualité s'exprime par thèmes et images plus savants, plus détournés. Elle apparaît surtout comme une espérance, la victoire sur le malheur et sur la mort, la croyance que l'homme comme le monde peuvent être sauvés. Cette spiritualité est exprimée en termes résolument modernes et concrets, piégée par les images, diffuse dans ce qui entoure le poète et fait son cadre de vie. Mais si elle atteint la sérénité, elle n'exclut pas la tristesse de l'injustice et la mélancolie de l'absurde. C'est une foi conquise sur le malheur, une confiance qui rayonne malgré le désespoir d'homme, la voix profonde de la maturité qui roule ses longs échos.

«L'homme dieu du soleil incarné précède
L'ivre planète qui dérive au jusant
Des vagues sombres levées par la tempête
Dont nul ne connaît plus qu'elles ont mêlé
Leur écume à la colère de Satan

«Avons-nous assez attendu le salut
Par la tempête qui devait emporter
Les charognes d'imbéciles recouvertes
Des splendides chevelures dénouées
Dans la danse qui choquera nos atomes ?...

«Il n'empêche qu'il fut le temps de l'approche
Ardente assurément dont le terme court
Depuis que je ne me suis plus résigné
A taire l'angoisse de mourir soudain
Dans le délire des mots abandonnés[15].»

Certains poèmes plus longs et plus vastes évoquent la divinité sur un ton presque biblique. Ils sont très différents du reste de l'œuvre, mais tout aussi authentiques, rappelant les psaumes de l'Ancien Testament. *L'Ombre mortelle nous tient* est un superbe morceau où se mêlent l'amour pour la créature et l'amour divin par-delà le grand malheur de l'histoire. Un passage rendra compte de l'ampleur du souffle et de la hauteur des thèmes traités :

«Je t'ai vu paraître, des semences de la sphère dans le courant rugueux
Qui s'échappe de l'immobile vivant, plus jeune que l'avenir entier
Serré dans ton acte par l'unité même de ta substance et les éclats de ta force :
Dieu de la nature invisible et des lotissements universels
Dieu dont les éclats de rire sautent en variétés de l'existence moutonnière
Dieu jeune qui s'abandonne aux événements de ses hommes et à leur volonté prodigieuse
Dieu naissant qui frissonne à comparer l'harmonie des atomes ;
Je t'ai vu, par de nombreuses allusions, tenir la puissance diverse
Aux grèves que charrie la seule plénitude essentielle à toute durée,
Poisson brillant d'écailles - et elles remuent dans la forêt des lames comme le ciel ondoie,
Plumée d'encre et du fil qui traîne au bec des mots illisibles :
Dieu significatif et qu'on ne sait pas filer à travers les signes
Analogues de l'être incirconscrit par le cercle des méditations évidentes
Authentique symbole de la plus chère et rigoureuse absence
Dieu l'inconnu que sacrifient les autels de pierre bénits,
Par les intercessions d'une adorable victime qui parle et réunit,
En faveur du silence et de la nuit, les relations précises de la foi ;
Sans ajouter un mot à la consommation des siècles absorbés
Sans tirer des langues humaines un autre mouvement que
La contraction volontaire d'un muscle aux papilles où se dépose, en rugueur rèche,
L'agneau du ciel dans l'auguste ténèbre des sens abolis par la révélation[16].»

Tout se répond et se révèle dans le monde qui exprime la présence divine. Le mot même est créateur pour le poète inspiré qui le lance avec le grand rire de Dieu contemplant sa création. Cette joie profonde nous touche d'autant plus qu'elle est conquise sur la souffrance. C'est le vrai courage.

Poète de la spiritualité enracinée, Edmond Humeau réconcilie l'homme avec lui-même et avec l'univers. Poète de ce temps, qui en a vécu pleinement toutes les vicissitudes et assuré les contradictions comme les déchirures, il a su donner une forme authentique et concrète à son espérance et aux grandes préoccupations de l'homme de toujours. A ce titre, son œuvre exige d'être lue et méditée dans le silence, car elle porte en elle un trésor de vérité et de beauté.

notes

1. LANDE (Julien) : *La Tour de Feu,* Edmond Humeau selon les siens, l'Huméaudière, Cahier 114, juin 1972, p. 6.
2. HUMEAU (Edmond) : «A Visage découvert», *La Nouvelle Tour de feu,* Numéro 2, avril 1982, pp. 66-67.
3. HUMEAU (Edmond) : «Pavanne de l'autre nature», *Le Tambourinaire des sources* ; avant-propos de Guy Chambelland ; Paris : Guy Chambelland ; Librairie Saint-Germain-des-Prés éditeurs, 1970, p. 37 (Poésie-Club).
4. HUMEAU (Edmond) : *Le Tambourinaire des sources, ibid.,* p. 45.
5. CHAMBELLAND (Guy) : «Avant-propos», *Le Tambourinaire des sources, ibid.,* p. 10.
6. HUMEAU (Edmond) : «La Ripe». Que l'ombre soit, *L'Age noir* ; Cranves-Sales/Annemasse : éd. des Voirons, 1979, p. 211.
7. DEPIERRIS (Jean-Louis) : «Edmond Humeau», *La Tour de Feu,* Edmond Humeau selon les siens, ouvrage cité, p. 113.
8. DEPIERRIS (Jean-Louis) : *Ibid.,* p. 115.
9. HUMEAU (Edmond) : «Avenue d'Orléans», Quartier d'automne, *Plus loin l'aurore* ; Cranves-Sales/Annemasse : éd. des Voirons, 1977, pp. 213-214.
10. HUMEAU (Edmond) : «D'une seule vaillance arrêtée», Le Cœur net, *Le Temps dévouré* ; Cranves-Sales/Annemasse : éd. des Voirons, 1982, p. 230.
11. HUMEAU (Edmond) : «Etoffe-moi de ton haleine», *Prise de regard* ; Mortemart : Rougerie, 1980, pp. 20-21.
12. HUMEAU (Edmond) : «Un Veillant», Le Grand appétit, *Le Temps dévouré,* ouvrage cité, p. 307.
13. HUMEAU (Edmond) : «Un gisant», *ibid.,* pp. 302-303.
14. HUMEAU (Edmond) : «Anneaux fertiles en orties», L'Annulaire irrité, *L'Age noir,* ouvrage cité, pp. 164-165.
15. HUMEAU (Edmond) : «D'Un Suprême abandon», *L'Approche ardente* ; Mortemart : Rougerie, 1972, pp. 86-87.
16. HUMEAU (Edmond) : «L'Ombre mortelle nous tient», *Plus loin l'aurore,* ouvrage cité, p. 201.

Ni asi la distingue.
Fig. 1 (planche 7 des «Caprichos»).

Les reproductions qui figurent dans cet article peuvent être consultées en particulier dans l'ouvrage d'Enrique Lafuente Ferrari, *Goya. Gravures et lithographies. Oeuvre complète*, Paris, Arts et Métiers graphiques, 1961.

René Lindekens

MODALITES ICONIQUES DU DISCOURS ET DE L'ENONCE IRONIQUES DANS LES «CAPRICHOS» DE GOYA

Texte revu et mis à jour par Marie-Madeleine Fragonard.

René Lindekens a été l'un des pionniers de la Sémiotique visuelle. Il a prononcé cette conférence sur Goya au Séminaire International de Sémiotique d'Urbino en juillet 1979, un an avant sa mort. La publication en a été retardée afin que cet article puisse paraître dans les Mélanges de la Bibliothèque de la Sorbonne. *Cette bibliothèque a recueilli, on le sait, dans un fonds particulier l'ensemble des travaux édités ou inédits de René Lindekens.*

Marie-Madeleine Fragonard

C'est désormais un truisme d'affirmer que tout discours ironique, quelle qu'en puisse être la substance sémiotique, est un fait *locutoire,* qu'implique cette substance même, dont l'analyse ne ressortit pas en propre à la sémiologie comme telle, mais plutôt à la métasémiotique ; truisme encore que son statut *perlocutoire* — dont dépend d'ailleurs le pouvoir persuasif d'un tel message ; truisme enfin que la déduction selon laquelle il équivaut à un *acte* (d'où la répression dont l'ironie fait souvent l'objet !) de négation, mépris, contestation, revendication, etc..., selon les cas. *Acte* au sens littéral du terme, *par le discours.*

Truisme d'affirmer que *l'illocutoire* (et celui qui, implicitement, explicitement, le produit : l'illocuteur) entend ironiser sur..., et génère, en conséquence, un acte dont, en première instance, la manifestation la plus évidente n'est autre que la substance de l'énoncé — de l'énoncé entendu comme discours[1].

Pour un discours non verbal, les «Caprichos» de Goya,

El amor y la muerte.
Fig. 2 (planche 10 des «Caprichos»).

nous entendons envisager quelles sont les *modalités iconiques,* d'un point de vue métasémiotique, d'abord relevant d'un Plan de l'Expression analogico-graphique, et d'un Contenu du même ordre, de l'illocution ironique comme telle, sachant que nous nous abstiendrons d'envisager les textes qui accompagnent les lithographies — sauf à des fins de vérification. Il s'agit, par hypothèse, de modalités à partir desquelles chacune des images peut se définir comme précisément *perlocutoire* et, à ce titre, comme *acte* révélateur d'un *illocuteur,* à l'horizon du discours.

De prime abord, précisons que la série des «Caprichos» — quatre-vingts planches, au total, gravées entre 1793 et 1798 — n'est pas homogène, du point de vue qui nous occupe — toujours en considérant les lithographies indépendamment des légendes qui les accompagnent[2].

Même s'il est malaisé d'expliciter sommairement les variantes discursives (sémantico-stylistiques) entre lesquelles se répartissent les planches, l'on peut tenter de les classer en trois sous-ensembles discursifs — dont un seul transforme l'illocution en perlocution ironique, sans que le lecteur doive recourir à un contexte plus large, voire à l'ensemble du recueil.

a) La première classe est caractérisée par la *théâtralité* des personnages et des événements. C'est en quelque sorte une théâtralité du quotidien. L'ironie ne s'en impose souvent qu'au détour d'un texte d'accompagnement ; ainsi dans la planche 7 (fig. 1) : «Même ainsi, il ne la reconnaît pas».

Peut-être s'agit-il d'une ironie que caractérise *l'intertextualité* du discours proprement dit : en effet, outre la citation de Calderon, aux yeux de qui «les songes (...) contiennent la vérité[3]» et dont l'influence sur Goya est incontestable, il n'est pas exclu que le peintre fasse allusion à son amitié avec la duchesse d'Albe[4].

Dans la même classe, certaines lithographies s'apparentent d'ailleurs davantage au drame qu'à la comédie ; ainsi de la planche 10, «l'Amour et la Mort» (fig. 2), dont l'ironie procède totalement du texte : «*Voilà*

Buen Viage.
Fig. 3 (planche 64 des «Caprichos»).

l'amant de Calderon qui ne pouvait pas se moquer de son rival, et mourut dans les bras de sa bien-aimée, la perdant à cause de son fol courage. Cela ne rapporte rien de tirer trop souvent l'épée[5]*.»*

b) La deuxième classe se caractérise par une sorte de déréalisation fantastique du quotidien. L'on pourrait, dans un autre sens, la définir comme *sur*réalisation du banal. Ces œuvres ne sont empreintes d'ironie qu'à un niveau de lecture où, prenant acte du projet explicite de critique sociale qu'impliquent surtout les commentaires du recueil, l'illocutoire est en mesure d'interpréter la figuration iconique, comme telle, en manifestation allégorique d'une idéologie théologico-magique, spécifique de l'Espagne que contestait Goya. C'est le cas de la planche 64, «Bon voyage» (fig. 3).

Ironiques, certes elles le sont à un degré suprême — sarcastiques, même, ces planches-là, mais replacées dans un contexte maximal, qu'explicitent précisément les légendes ; en l'occurrence : «Bon voyage. Où donc va toute cette engeance infernale, forçant son chemin à travers l'obscurité d'une nuit de tempête ? *Si c'était le jour, ce serait différent. Une bonne salve jetterait toute la grappe par terre. Mais comme c'est la nuit, personne ne peut les voir*[5]*.»*

c) La troisième classe est la seule qui nous intéressera ici. Elle est caractérisée par une ironie au premier degré, dont le contexte se réduit à la représentation figurative elle-même.

Toutefois, les variantes n'y sont pas négligeables. En effet, toutes les planches n'y assument pas au même degré *la génération d'un acte perlocutoire,* modalisé par une iconisation analogique, à partir d'un illocutoire proprement graphique. A elles seules, cependant, ces lithographies forment la moitié du recueil : une quarantaine. Les variantes en sont les suivantes :

1. Les planches à perlocution, pour ainsi dire, *phrastique*[6], de l'ordre du *caricatural,* dans lesquelles la caricature se borne, dans la plupart des cas, à *un ensemble de traits qui affectent les visages.* La combinatoire contribue à nous en imposer les *masques allégoriques*

Estan calientes.
Fig. 4 (planche 13 des «Caprichos»).

— d'une allégorie minimale. Allégorie de ce dont le perlocuteur a en vue de nous imposer la «morale», vengeresse, toujours, d'un certain état de faits mettant en cause les individus et la société du temps, comme dans la planche 13, «Ils sont chauds» (fig. 4).

A la limite, c'est une variante qui débouche sur *une configuration métaphorique :* la caricature y est plus diffuse, et s'oppose alors à l'ensemble des traits caricaturaux circonscrits des autres cas. On peut en donner pour exemple la planche 4, «un vieil enfant gâté» (fig. 5).

2. Plus *transphrastiques* — et partant, plus proprement discursives —, les planches dont la structure caricaturale affecte davantage *la pose* que les traits physionomiques, et par là, touchent à la composition générale, analogico-graphique, y compris les mouvements, ou ce qui en tient lieu dans une image statique. Ces cas présentent d'ailleurs un caractère allégorique nettement plus affirmé, telle la scène représentée dans la planche 14 «Quel sacrifice !» (fig. 6).

3. Mais l'allégorie la plus emphatique, celle que génère le discours le plus précisément perlocutoire — est le résultat d'une *contiguïté syntagmatique* d'éléments figuratifs, incompatibles avec un effet de dénotation vraisemblable, qu'on peut observer dans la planche 53, «Quel bec d'or !» (fig. 7).

Les autres variantes de la même classe ne sont que des mixages des sous-ensembles précédents :

4 - La planche 45, «il y a beaucoup à sucer» (fig. 8), est un cas de mixage entre les variantes 1 et 3.

5 - La planche 29, «Ça c'est lire» (fig. 9), est un cas de mixage entre les variantes 1 et 2.

Nous analyserons successivement un exemple de chacune des variantes en question, afin d'en caractériser, si possible, les modalités analogico-iconiques de perlocution, implicite et explicite ; et donc d'abord, à un niveau de *re*-présentation où l'image reste *substantiellement* «signe de...» ensuite, à un niveau plus profond — que manifeste le précédent —, nous atteindrons une

El de la rollona.
Fig. 5 (planche 4 des «Caprichos»).

combinatoire de traits proprement lithographiques (chez Goya) particuliers au Plan de l'Expression iconique, auquel se trouve subordonné le discours comme tel ; combinatoire au moyen de laquelle, croyons-nous, s'impose, ici, *l'acte* proprement *perlocutoire,* en tant qu'énoncé, ou texte proprement lithographique.

Premier exemple, la planche 13 (fig. 4) : le caricatural affecte, nous l'avons dit, essentiellement les visages ; et en l'occurrence, plus spécialement l'orifice buccal. L'on notera que, de gauche à droite, le perlocuteur connote les trois faces en portant sur elles, ironiquement, un jugement qui, à la limite, rejoint un constat d'horrible, sans déboucher néanmoins sur le fantastique proprement dit[7]. En effet, tandis que l'orifice buccal du personnage de gauche est assimilable à un bec (qu'ouvrirait avidement un oiseau de proie, par exemple), celui du personnage du centre présente tous les traits du groin, pour ainsi dire béant. Celui du personnage de droite ferait plutôt référence à une face de requin.

Les traits pertinents de cette figuration connotée — équivalant à des traits de perlocution ironique —, constituent *les connotateurs analogico-graphiques,* spécifiques de la structure du signe en tant que «signe de...» manifesté comme substance de l'expression — qui a du sens, plus que de la signification. Ces connotateurs maintiennent *un rapport d'équivalence* (non sémiotique) avec le dénotable. Comme tels, en termes approximativement métalinguistiques, ils pourraient être spécifiés comme : *le pointu, le béant, le fendu.* Ils correspondent tous trois à des modalités du *vorace bestial.* Le degré le plus élevé en est manifesté par le personnage central. Quant à celui de droite, non seulement son orifice buccal, par contiguïté avec les deux autres, contribue à la connotation générale du discours analogico-graphique : voracité, avidité bestiale, mais il semble être en outre la personnification du perlocuteur même. En effet, au premier connotateur qui l'affecte, assimilable à du *fendu* (à du *vorace fendu*) s'associe un autre ensemble de traits figuratifs, connotatifs de l'expression ironique elle-même : le rire sarcastique, que souligne la pose du personnage.

Que sacrificio !
Fig. 6 (planche 14 des «Caprichos»).

Second exemple, la planche 4 (fig. 5) : les traits caricaturaux ne sont plus ponctuellement circonscrits. Ils apparaissent comme intégration contextuelle de sèmes incompatibles, le seul qui permette de les interpréter contextuellement au niveau connotatif résultant de l'homogénéité graphique comme telle. Construction figurative, donc assimilable à la métaphore. Dans la planche ici concernée, *l'infantile* que dénotent à la fois le type d'habits et la pose du personnage est paradoxalement intégré aux traits de *l'adulte*. C'est la somme des éléments coprésents (éléments analogico-graphiques) qui donne lieu à un discours ironique, global (et non plus «phrastique») que traduit la légende : «un vieil enfant gâté. Trop d'indulgence, de concessions et de cajoleries font des enfants d'intolérables créatures capricieuses, têtues, orgueilleuses, gourmandes et paresseuses. Ils grandissent et restent des enfants. En voici un».

Dans toutes les lithographies où les traits caricaturaux affectent principalement sinon uniquement la pose, zone circonscrite, elle aussi, de la représentation, il en résulte néanmoins un effet de composition du plan, ressortissant au perlocutoire ironique, par lequel se globalise encore davantage le discours iconique-ironique. Les connotateurs analogico-graphiques y maintiennent un rapport avec le dénoté-dénotable ; et, en l'occurrence, dans la planche n° 14 (fig. 6), ils sont descriptibles comme *obséquiosité satisfaite* (le personnage de l'avant-plan gauche), *quant-à-soi pompeux* (le personnage du fond gauche), *résignation obéissante et triste* (le personnage féminin à droite), et *stupeur résignée* (le personnage du fond à droite).

Tous correspondent à des modalités figuratives d'un «combat» ou au moins d'un «débat», qui vient de trouver son issue. La «victoire» chèrement acquise par les uns répond en quelque sorte à la «résignation» des autres. Nous avons volontairement passé sous silence le personnage central ; il est réduit à un visage de femme, la mère du prétendant, sans doute, quant à l'anecdote analogico-figurative. Mais l'expression «satisfaite» n'est pas dépourvue d'ironie. Elle implique peut-être le «sarcasme» du perlocuteur : manifestation dans le discours

Que pico de Oro !
Fig. 7 (planche 53 des «Caprichos»).

de l'image du «sujet de l'énonciation» qui jette sur le tableau de famille d'une époque exécrée ce regard chargé de conscience, la conscience de celui qui juge en dépit de tous les interdits, en se penchant sur l'épaule de ceux-là mêmes qu'il ignore et qui l'ignorent. En l'occurrence, le caractère minable (que manifestent les poses) de cet accord matrimonial, de ce «sacrifice» par lequel une famille besogneuse assure son aisance, au prix de la liberté d'une fille, vendue au plus offrant, en tout bien tout honneur (comme toujours !), en dépit de la répulsion qu'inspire le prétendant : voilà ce qu'il juge, le perlocuteur, comme la légende le souligne à son tour : «Quel sacrifice ! Comme il arrive souvent, le fiancé n'est pas précisément trop séduisant, mais il est riche et, au prix de la liberté d'une pauvre fille, est acheté le soutien d'une famille affamée. Ainsi en va-t-il dans ce monde.»

4. Les planches du troisième sous-ensemble ont, elles aussi, une finalité allégorique marquée. Toutefois, plus globale encore s'il se peut, et en tout cas, plus emphatique. Dans la planche 53 (fig. 7), les traits analogico-graphiques pertinents y relèvent d'une syntagmatique où les éléments figuratifs ne deviennent compatibles qu'au terme d'un «décodage» rhétorique, proprement allégorique, au sens fort du mot. Ainsi l'espèce d'extase mystique que les personnages rassemblés manifestent et dont les regards concentriques nous imposent la cible — un perroquet que sa posture, patte doctement levée, assimile à un orateur — se résout en modalité perlocutoire, ironique, dans la mesure même où un tel oiseau, tenant lieu de personnage discoureur, et éminent, réduit subversivement la virtualité de l'orateur à des traits implicites résultant d'une déduction quasi automatique (contrainte par l'identification du perroquet) : oiseau parleur, mais dont les propos ne sont que la reproduction mécanique, inconsciente, d'un discours humain... Nous sommes dans la fable, que traduira la légende : «Quel bec d'or ! On dirait une session académique. Qui sait si le perroquet ne parle pas de médecine ? Mais vous ne pouvez ajouter aucune foi à ce qu'il dit. Ils ne sont pas rares, les médecins qui ont une lan-

Mucho hay que chupar.
Fig. 8 (planche 45 des «Caprichos»).

gue d'or ; mais lorsqu'ils écrivent une ordonnance, ils sont de vrais Hérodes. Ils peuvent discourir avec éloquence sur les maladies, ils ne peuvent pas guérir. Ils prennent la maladie pour une folie, ils emplissent les cimetières de crânes.» Un seul visage présente un caractère analogico-graphique, de l'ordre du *fendu :* celui du fond, au centre de la planche. Ici, aucune extase. Le regard n'est pas mystiquement clos sur lui-même ni braqué vers un objet de vénération. Au contraire, tous les traits connotent la lucidité ironique de quelqu'un qui juge le ridicule et la vanité de la science[8].

5. La première variante mixte allie la perlocution ironique la plus élémentaire, caricaturale, affectant particulièrement les visages, à la perlocution allégorique, emphatique. Ainsi de la lithographie n° 45 (fig. 8). Des masques dont tous les traits connotatifs, pertinents, sont amplifiés, dans la syntagmatique du discours analogique-graphique, par les chauves-souris (connotant explicitement la sorcellerie), manifestent la perlocution ironique la plus élémentaire ; la perlocution la plus emphatique, elle, procède d'une contiguïté d'éléments figuratifs, en principe incompatibles avec une quelconque référence à l'analogie vraisemblable, et donc à une *norme :* il s'agit du contenu, pour le moins insolite, du panier ; ce dont l'interprétation allégorique, didactique, est assurée par la seule légende : «Il y a beaucoup à sucer. Les vieux de quatre-vingts ans sucent les bébés, et les moins de dix-huit ans sucent les adultes. Il semble que les gens viennent au monde uniquement pour être sucés[9].»

6. Le second sous-ensemble mixte allie à la perlocution ironique, caricaturale, ponctuelle, celle de la pose qui affecte toute la représentation discursive, iconique (15). Dans la planche 29 (fig. 9) la perlocution élémentaire est manifestée, en contraste, par les deux masques de personnages au centre et à droite ; nous observerons d'ailleurs que le dernier révèle peut-être le perlocuteur ironique lui-même.

La perlocution à caractère allégorique, elle, procède de la pose, généralisée dans l'image, dont le personnage central est géométriquement et graphiquement le pivot, à partir duquel s'ordonnent iconiquement les poses particulières des autres personnages. L'ensemble hiérarchisé des poses concaténées forme le trait pertinent principal de la figuration connotative — et donc du connotateur ironique comme tel. On pourrait le traduire par : «Il ne perd pas de temps !» — l'ironie consistant en ceci qu'assurément ce temps «gagné» ne peut être que perdu, qualitativement[10].

A ce point de l'observation, l'analyste a pour ainsi dire épuisé la *manifestation* perlocutoire, ironique ; c'est-à-dire, la lithographie comme «signe de...», substance manifestante de tout signe comme tel, d'où se sélectionne une *forme* de l'Expression aussi bien que du Contenu.

Ce signe est analysable comme combinatoire d'éléments significatifs : ceux d'un *système* qui, en l'occurrence, se réduirait à la forme lithographique (forme de la lithographie en tant qu'objet sémiotisable), et plus précisément, à la forme de la lithographie de Goya.

De ce point de vue, nous devrions pouvoir observer que *les variantes* d'une classe, parmi les trois que nous avons distinguées dans les «Caprichos», sont représentatives de *sous-systèmes* de la perlocution ironique — jusqu'à présent décrite comme *sens*. Y a-t-il ou non concomitance entre des combinatoires d'éléments analogico-graphiques comme constituants de *signes* lithographiques — donc définis comme rapports de rapports, soumis à une relation de solidarité entre deux plans —, et les sous-ensembles d'une classe de planches, préalablement définie comme perlocutoire, indépendamment d'un contexte plus vaste ? Pour la commodité, nous distinguerons les éléments iconico-analogico-graphiques constituant *le fond* des lithographies de ceux qui, en terme de re-présentation, en constituent *les figures*.

1. Planche 13, fig. 4 (perlocutoire ironique, caricatural, ponctuel, circonscrit)
a) *le fond* est mixte, d'un double point de vue :
— quant à la technique : *gravé* et *en aquatinte* même si

la gravure y reste dominante.
— quant à l'occupation (plus ou moins dénotative) du fond : *vide* d'une part, *articulé* de l'autre, dénotativement articulé, même s'il s'agit d'objets suggérés plus que re-présentés.
b) *les figures* combinent :
— le clair-obscur *modelé* où domine *l'aquatinte*
— le clair-obscur en aplat où domine la *gravure* qui fait coïncider la figure avec le fond.
Si Goya a incontestablement beaucoup appris de Rembrandt, l'on sait aussi qu'il en a utilisé la technique très différemment — sauf peut-être dans cette *variante* des «Caprichos», où la perlocution ironique est concentrée dans les traits caricaturaux sur un fond partiellement analogique et perspectiviste.

2. Planche 4, fig. 5 (perlocutoire ironique, caricatural, assimilable à la métaphore)
a) *le fond* est unique connotable comme *vide,* sombre, presque totalement *en aquatinte ;* presque toute suggestion d'un réel dénotable en a disparu.
b) *les figures* combinent :
— des contours (un tracé) *gravés, précis.*
— un remplissage *en aquatinte* (dominante) *peu modelé.*

3. Planche 14, fig. 6 (perlocutoire ironique où les traits caricaturaux affectent principalement la pose, avec effet allégorique)
a) *le fond* est mixte
— technique : *en aquatinte* claire, et *gravé,* c'est-à-dire : le *continu* et *le discontinu*
— lumière : le *clair* et le *sombre.*
b) *les figures* combinent
— des contours (un tracé) *gravés, précis,*
— un remplissage *gravé* (hachuré) *peu modelé.*

4. Planche 53, fig. 7 (perlocutoire ironique procédant d'une contiguïté syntagmatique où les éléments figuratifs ne sont compatibles qu'au terme d'un décodage allégorique)
a) *le fond* est unique, *en aquatinte,* mais selon une double opposition
— dégradation : du *sombre* au *moins sombre,*

Esto si que es leer.
Fig. 9 (planche 29 des «Caprichos»).

— homogénéité : de *l'homogène* au *moins homogène*. Comme celui des planches n° 4 (fig. 5) et n° 14 (fig. 6), ce fond est connotable comme *vide*.
b) *les figures* combinent
— des contours (un tracé) *gravés, précis* (partiellement hachurés) *non modelés*,
— des contours (un tracé) *gravés, précis, finement hachurés, modelés*.

5. Planche 45, fig. 8 (perlocution ironique caricaturale et emphatique par contiguïté d'éléments incompatibles)
a) *le fond* est mixte :
— technique : *en aquatinte* claire, et *gravé*.
Toutefois, au contraire de celui de la planche 14 (fig. 6), ce fond n'est connotable comme *vide* qu'à un moindre degré. En effet, un certain référentiel, techniquement associé au graphisme d'une partie du fond (le gravé hachuré), dénotable comme «chauve-souris» — et mise à part l'inévitable connotation contribuant à l'allégorie de la représentation — suggère un espace de type «céleste». Il en résulte un vide à tendance plus illusionniste, et même si l'illusionnisme contribue à créer un espace fictif, un espace de la fiction, en l'occurrence assimilable à la sorcellerie. Néanmoins, alternent, ici aussi :
— le *clair* et le *sombre*
— le *continu* et le *discontinu*.
b) *les figures* combinent :
— des contours (un tracé) *gravés, hachurés, très modelés*,
— des contours (un tracé) *gravés, inégalement hachurés, non modelés*,
— des contours (un tracé) *gravés, inégalement hachurés, peu modelés*.

6. Planche 29, fig. 9 (perlocutoire caricatural, ponctuel et compositionnel)
a) *le fond* est presque totalement *en aquatinte*
— ni clair ni foncé
— peu homogène
— connotable comme *vide*, sauf une base partiellement gravée et relativement perspectiviste.
b) *les figures* combinent

— les contours (un tracé) *gravés, inégalement hachurés, modelés,* excluant le linéaire,
— des contours (un tracé) *gravés, peu hachurés, peu modelés,* incluant le linéaire.

Il semble donc que l'on puisse plaider pour une concomitance régulière entre les combinatoires d'éléments analogico-graphiques comme constituants des signes lithographiques dans les «Caprichos» de Goya, et les variantes d'une classe de planches, préalablement définie comme perlocutoire, indépendamment d'un contexte plus vaste, iconique et/ou textuel, verbal.

En conclusion, nous voudrions proposer une analyse exhaustive de la lithographie n° 13 (fig. 4), représentative de la seule variante du perlocutoire ironique, caricatural, ponctuel, circonscrit.

Le sens (ou substance) y est, en tant que forme d'un imaginaire *litho-graphié,* ironique, de l'ordre d'un thème — qu'en principe nous impose une aperception immédiate de l'image —, qu'articulent deux motifs : celui du *monacal* (par les vêtements et l'architecture), celui de *l'abondance* (par les aliments). Comme tels et de prime abord, ils sont contradictoires. C'est leur conjonction analogiquement-graphiquement contraignante qui est explicitée par la triple connotation caricaturale des visages, auxquels nous avons prédécemment attribué les traits pertinents qui modulent la catégorie du «vorace bestial» : le *pointu, le béant, le fendu.* La manifestation la plus immédiate du sens y est concentrée — soumise à son tour à une ironie explicite, projection dans la substance même du message du perlocuteur lui-même.

En tant que perçue (dans telle lithographie de Goya) — et même si le fait est inconscient, et malaisément descriptible — cette double manifestation est elle-même soumise à des «lieux» du *texte* iconique (et non plus du discours) — que la substance nous contraint de sélectionner — qui conditionnent *significativement* la perception immédiate, globale, de l'énoncé comme discours perlocutoire, caricatural, ponctuel, circonscrit ; et ce, au niveau du Contenu proprement dit (*forme* du Contenu).

Mais comme tels, ces «lieux» du *texte* iconique, sont d'abord repérables, au plan de l'Expression, dans la spécificité de la matière *litho*-graphique, à un niveau *substantiel sémiotique.* Pour le *fond* (en terme d'espace), la variante en question combine des «lieux» dont la combinatoire sera descriptible comme *forme* de l'Expression lithographique — réductibles à :

gravés *vs* en aquatinte
vide *vs* plein (dénotatif-suggestif)

Les *figures,* elles, peuvent être décrites comme

clair-obscur modelé *vs* clair-obscur en aplat
gravure dominante *vs* aquatinte dominante

sans négliger, dans le cas présent, la coïncidence d'une figure et du fond au niveau de la composante gravée.

C'est à ce plan de l'Expression *litho*-graphique — du signe lithographique — que correspond, sémiotiquement, par catalyse, la forme d'un plan du Contenu. Elle vaut, croyons-nous pour *forme de l'imaginé* (par opposition à la *symbolisation de l'imaginaire,* dont l'espace propre, nous l'avons vu, est celui du sens, soumis à la signification). Donc, forme de l'imaginé comme forme du signe graphique — *litho*-graphique — chez Goya.

L'imaginé, comme forme du Contenu de cette planche, est caractérisé par une relation spatialisée *signifiant* à travers la combinatoire des dichotomies :

clair *vs* obscur
incisé *vs* lisse
vide *vs* plein
modelé *vs* aplat.

C'est dans cette dernière articulation que se conjoignent, perceptuellement, le fond (de l'espace iconique) — manifesté comme lieu social du type «couvent» —, et une figure, pourvoyeuse de tout ce qui alimente la «voracité bestiale». Cette coïncidence (graphique-iconique, dans le gravé) suggère qu'il y a identification du lieu au personnage, ou du personnage au lieu en tant que monastique. Cette coïncidence est proprement le «lieu» iconique-graphique de la contradiction : c'est cette contradiction perceptuellement imposée qui nous *signifie* le *scandale.*

Au niveau de la forme du Contenu de ce signe lithographique, l'illocutoire se trouve contraint (perceptuellement contraint) à *former* et à *informer* le sens (la substance) de première évidence : et de l'informer d'une valeur proprement sémiotique : iconique, *lithographique*. Celle-ci est réductible à un acte complexe — et dont la complexité est d'abord iconique —, sorte de *destinateur* d'un Ordre qui ne peut être qu'ironiquement perçu, dans le texte comme tel. Dès lors, le personnage qui manifeste cette valeur, en incarnant une institution (religieuse), manifeste aussi, en ceci qu'il apparaît comme pourvoyeur de goinfrerie, tous les symptômes du Désordre.

C'est la conjonction *formée, significative* de cet Ordre-Désordre qui est ironique. C'est elle qui apparaît comme l'acte de perlocution ironique le plus déterminant, au sein de la *lithographie* comme texte ; c'est elle qui donne lieu à une ironie du discours, où s'explicite, de plus, le perlocuteur même. Ironie qui, pourtant, chez Goya ne va presque jamais sans un certain didactisme : en bon héritier des Encyclopédistes français, il conclut, en l'occurrence : «... Dans les plaisirs aussi, il faut de la modération et du discernement[11].»

Ce serait un autre problème que celui du rapport entre les lithographies des «Caprichos» et leurs légendes. Un autre encore que le rapport dans les deux, entre *ironie* et *véridiction :* la véridiction didactique d'une contestation de l'Ordre établi...

1. Pour ces notions, consulter J.-L. Austin, *Quand dire, c'est faire,* Paris, Seuil, 1970 et A. Berendonner, *Eléments de pragmatique linguistique,* Editions de Minuit, 1981 (M.M.F.).
2. Le travail de René Lindekens est fait d'après l'édition des *Caprichos* par Enrique Lafuente Ferrari, *Goya, gravures et lithographies,* Paris, Arts et Métiers graphiques, 1961 (M.M.F.).
3. Allusion au titre d'une œuvre de Calderon. L'on sait que le rêve y jouait un rôle majeur de thérapeutique morale, comme d'une certaine manière dans l'œuvre de Goya, moins idéaliste toutefois, dans la mesure même où il subit l'influence des Encyclopédistes français.
4. Hypothèse plausible, à partir d'un dessin retrouvé dans le carnet de croquis du peintre et d'une peinture à l'huile qu'il a exécutée sur le même sujet.
5. C'est nous qui soulignons.
6. Avec toutes les réserves qui s'imposent à propos d'une telle comparaison entre discours verbal et non verbal.
7. Dont le rapport avec l'ironique mériterait un examen approfondi.
8. En 1819, Goya a peint un petit tableau à l'huile sur le même thème, sauf qu'il s'agit de moines assemblés.
9. Légende qui masque elle-même, pour des raisons évidentes de censure, une virulente attaque contre les vampires du régime, qui sucent le sang de la nation espagnole.
10. L'on ne peut exclure, d'ailleurs, l'hypothèse selon laquelle il pourrait s'agir de la satire d'un ministre qui ne s'informe jamais des événements qu'au dernier moment. La légende, pour sa part, joue l'admiration ironique : «Ça c'est lire. On le coiffe, on le chausse, et en même temps il dort et étudie. On ne peut pas dire qu'il ne sait pas utiliser son temps».
11. Légende de la planche 13 : «Ils sont si avides qu'ils avalent leur soupe brûlante. Dans les plaisirs aussi, il faut de la modération et du discernement».

Point de vue

André Tuilier

Les bibliothèques universitaires françaises et la recherche scientifique

Dans un article récent[1], nous avons analysé ici la crise des bibliothèques universitaires françaises et, après en avoir situé les origines, nous avons proposé des remèdes pour redresser une situation gravement préoccupante à tous points de vue. Nous avons évoqué notamment à cet égard la nécessité de développer les activités de recherche de ces établissements dans leur ensemble. Cependant le problème appelle des précisions pour tenir compte de l'évolution continue des sciences et des techniques et des structures documentaires elles-mêmes. C'est effectivement ce problème, trop longtemps négligé, qui doit requérir désormais notre attention, si l'on veut que les pouvoirs publics et les autorités de tutelle reconnaissent pleinement la mission des bibliothèques d'études en leur accordant les moyens qui leur font défaut dans les circonstances présentes.

Cette perspective appelle un examen de conscience sincère et objectif. Nous avons généralement l'habitude d'attribuer la crise de nos établissements à l'insuffisance des dotations budgétaires et nous avons assurément raison. Cette insuffisance est notoire et elle exige des mesures appropriées. Mais du fait des retards de la pédagogie française au regard du livre et de la documentation scientifique dans son ensemble, retards que j'ai rappelés dans l'étude citée en référence, nous devons nous demander si cette situation n'a pas des causes plus profondes qu'il convient de souligner pour remédier à la crise actuelle. Même en période de récession, les administrations centrales, y compris l'administration des Finances, ne refusent pas les moyens nécessaires aux services publics, quand elles ont reconnu leur rôle au point de vue économique et social ou au point de vue intellectuel et culturel. L'exemple de la recherche scientifique, et singulièrement du C.N.R.S. qui bénéficie de créations de postes et de moyens accrus dans la conjoncture de l'heure, est significatif à cet égard. C'est en définitive parce que la mission des bibliothèques universitaires et des bibliothèques d'études reste contestée par les pouvoirs publics que ces établissements continuent d'être les parents pauvres dans l'Education nationale et dans les structures administratives du pays.

Il faut donc renverser les pôles de l'alternative que nous avons l'habitude d'évoquer à notre sujet. Cessant de nous plaindre continuellement de la crise des moyens dont nous subissons les conséquences, nous devons nous attacher à définir la mission spécifique de nos établissements dans les circonstances présentes. Le poids du passé et des mentalités que j'ai évoquées pèse naturellement lourd à cet égard et c'est à dessein que j'en ai souligné la pesanteur historique. Mais les spécialistes de la documentation sont en définitive les mieux placés pour redresser la situation et proposer des perspectives susceptibles de retenir l'attention des pouvoirs publics et des responsables administratifs, quels qu'ils soient.

Si nos bibliothèques s'insèrent mal dans les structures de l'enseignement supérieur pour les raisons que j'ai signalées, il faut justement préciser qu'elles n'ont pas su non plus s'adapter aux nécessités présentes de la recherche scientifique et collaborer efficacement avec cette dernière. La remarque doit permettre de situer les responsabilités à ce sujet. Il ne suffit pas effectivement de répéter que nos bibliothèques sont indispensables à la recherche scientifique pour avoir gain de cause. L'affirmation est assurément vraie. Mais elle n'entraîne pas nécessairement la conviction de nos partenaires. Au demeurant, pour pallier les lacunes de la documentation traditionnelle, le C.N.R.S. et les grandes institutions de recherche ont créé depuis longtemps des organismes documentaires susceptibles de répondre à leurs besoins. En dépit de leurs insuffisances sur tel ou tel point, leurs centres de documentation sont à certains égards des modèles du genre. Enfin pour compléter le réseau qu'il a de longue date mis en place à ce sujet, le C.N.R.S. a récemment créé des institutions documentaires spécialisées qui travaillent en étroite liaison avec les équipes de recherche et qui disposent des moyens informatiques indispensables.

Ces institutions, que l'administration du C.N.R.S. installe progressivement en province pour les différentes disciplines — Maison de l'Orient méditerranéen de Lyon, Maison des Pays ibériques de Bordeaux et, plus récemment, Maison de la Géographie de Montpellier —, établissent des liens permanents entre la recherche et la documentation scientifique[2]. Elles concurrencent le réseau des bibliothèques universitaires et des bibliothèques d'études, qui n'a pas pu s'adapter à la recherche scientifique moderne ou, à tout le moins, qui a pris ses distances avec elle. Pour répondre aux lacunes de nos établissements, de telles institutions ont défini des missions et des programmes spécifiques que nous n'avons pas su établir pour notre part. Ces programmes, qui sont généralement informatisés, accompagnent la démarche scientifique du chercheur dans son travail. Ils en sont en quelque sorte le support ou le soutien logistique.

Certes, à l'heure de l'informatique, la documentation scientifique offre des possibilités pratiquement illimitées et les institutions que je viens d'évoquer n'empiètent pas nécessairement sur les compétences qui sont les nôtres ou qui doivent être les nôtres dans la conjoncture actuelle. Mais elles nous invitent à réfléchir sur notre mission spécifique et à définir cette mission dans une perspective dynamique susceptible de répondre aux nécessités présentes.

En dehors de la mission pédagogique qui leur revient au premier chef et qui paraît admise après de longs siècles de sommeil, les bibliothèques universitaires et les bibliothèques d'études doivent participer de plusieurs manières à la recherche scientifique, qui reste une fonction essentielle dans nos sociétés modernes. Elles doivent principalement :

1°) constituer, en liaison avec les professeurs, les chercheurs, les centres de recherche, les laboratoires de recherche et les organismes de recherche généraux et spécialisés, les fonds documentaires (livres, périodiques, papiers, microformes, documents audio-visuels, etc...) susceptibles de répondre aux besoins de l'information primaire, qui sont de plus en plus urgents et divers à l'heure actuelle. Cette mission est généralement remplie dans les circonstances présentes. Mais elle doit être développée pour tenir compte des nécessités de la recherche et du service public ;

2°) constituer, à partir de ces fonds et en liaison avec les mêmes partenaires, les bibliographies et les banques de données informatisées indispensables à l'essor de la recherche elle-même. L'automatisation des structures documentaires est le phénomène majeur de notre profession dans la conjoncture actuelle. Elle accroît le rôle de l'information scientifique et technique et elle multiplie les besoins documentaires du chercheur. Dans quelques années, la recherche scientifique elle-même, tout au moins dans certaines disciplines, sera pour une bonne part absorbée par le secteur documentaire et son traitement informatique. Si nous ne savons pas prévenir l'événement, nos établissements disparaîtront ou seront marginalisés pour l'essentiel. Mais pour réussir dans ce domaine, il faut savoir que la collaboration entre le bibliothécaire et le chercheur doit s'intensifier dans l'intérêt réciproque au service de la recherche scientifique ; il s'agit effectivement, selon les cas, de précéder ou de suivre le chercheur dans sa démarche en lui fournissant les outils documentaires indispensables et en élaborant avec lui les programmes nécessaires à cet égard ;

3°) exploiter scientifiquement et mettre en valeur, en liaison avec les professeurs et les chercheurs, les fonds savants, rares et précieux (archives, manuscrits, incunables, livres anciens, documents audio-visuels, fonds spécialisés de tous ordres) de nos bibliothèques. Il faudra envisager notamment à ce sujet des éditions de textes, des publications de documents inédits, des inventaires critiques et des travaux scientifiques divers. Le progrès des sciences et des techniques devrait largement profiter de ces activités de recherche qui pourraient être individuelles ou collectives. En dehors des domaines littéraires traditionnels, des disciplines nouvelles ou insuffisamment développées, comme l'ethnologie historique, la sociologie historique, la démographie historique, l'histoire des sciences, pourraient utilement tirer parti de l'exploitation rationnelle des fonds des bibliothèques universitaires et des bibliothèques d'études. Les sciences exactes elles-mêmes pourraient bénéficier de certains travaux scientifiques, statistiques ou autres, réalisés dans ces bibliothèques ou en liaison avec elles.

Ces activités de recherche exigeront naturellement pour leur part la mise en œuvre des moyens informatiques que nous avons évoqués précédemment. Mais ces derniers ne seront que des instruments de la recherche à cet égard. De toute manière, les technologies modernes de l'information et de la communication seront mises au service de cette dernière. Dans la perspective de mise en valeur et d'exploitation des fonds de nos bibliothèques universitaires et de nos bibliothèques d'études — et les bibliothèques municipales, comme d'autres bibliothèques, devront être associées à l'entreprise — le bibliothécaire devra naturellement faire la preuve de son aptitude à la recherche. Faute de quoi, il sera à son tour marginalisé ou réduit au rôle d'exécutant supérieur, que certains de nos prédécesseurs imprévoyants lui avaient plus ou moins consciemment réservé dans une perspective à courte vue.

Il est bien entendu que la mise en valeur et l'exploitation des fonds savants, rares et précieux de nos bibliothèques, comme la constitution des bibliographies et des banques de données indispensables à la recherche, devront s'accompagner de programmes spécifiques intéressant les techniques du livre et des supports documentaires dans leur ensemble. C'est dire que la recherche en ce domaine comprendra nécessairement la codicologie, la bibliologie, la bibliothéconomie, l'informatique documentaire, la technologie documentaire, les sciences de la communication, etc... L'énumération n'est pas limitative, la recherche appliquée appelant d'elle-même la recherche fondamentale et inversement.

Ce programme, indispensable à l'insertion des bibliothèques universitaires et des bibliothèques d'études dans l'enseignement supérieur et dans la recherche scientifique, requiert naturellement une prise de conscience de la profession susceptible de mobiliser les compétences et les énergies et de susciter les initiatives des pouvoirs publics. Il faudra nécessairement donner aux futurs conservateurs de bibliothèques une formation professionnelle appropriée. L'administration de tutelle, c'est-à-dire la Direction des Bibliothèques, des Musées et de l'Information scientifique et technique du Ministère de l'Education Nationale, y songe sérieusement pour sa part, et nous devons nous féliciter des préoccupations qu'elle révèle à ce sujet. Pour être à même de remplir sa mission scientifique, le futur conservateur de bibliothèque devra recevoir une formation largement ouverte sur le 3e cycle de l'enseignement supérieur. Un diplôme d'études approfondies (D.E.A.) ou un diplôme d'études supérieures spécialisées (D.E.S.S.) apparaît comme un minimum indispensable au terme des deux années d'études prévues à cet effet. Intégrant à la fois la recherche, les techniques documentaires, et les techniques administratives et de gestion en liaison avec cette dernière, cette formation sera polyvalente pour répondre aux besoins divers de la profession dans les bibliothèques d'études et dans les bibliothèques publiques. En présentant des options et des variantes nombreuses autour d'un tronc commun, elle permettra de recruter des spécialistes dans toutes les disciplines des sciences humaines et des sciences exactes. Elle sera complétée par des stages et par des séminaires de formation continue susceptibles d'assurer les recyclages indispensables à l'acquisition des connaissances et des technologies nouvelles dans une profession en pleine évolution.

Pour éviter un cloisonnement préjudiciable aux intérêts de la profession et du service public, la formation initiale et continue du personnel scientifique des bibliothèques sera également ouverte sur l'enseignement supérieur qui devra être associé d'une manière ou d'une autre à la préparation des futurs conservateurs à l'exercice de leurs fonctions. Enfin l'administration devra favoriser par tous les moyens les initiatives qu'il faudra prendre pour permettre aux conservateurs ou aux futurs conservateurs qui le voudront de préparer une thèse ou de faire un stage dans un organisme de recherche documentaire — ou autre — public ou privé. Des centres et des laboratoires de recherche seront naturellement associés à l'institut de formation qui pourra aussi recevoir des chercheurs français et étrangers appartenant ou non à la profession.

Un tel programme requiert, il va sans dire, une mutation profonde de l'Ecole nationale supérieure de bibliothécaires de Lyon, qui assure à l'heure actuelle la formation du corps scientifique des bibliothèques. Conçue comme une école d'application, l'institution, dont le statut est ancien et dépassé, est inadaptée à la mission qu'on attend du spécialiste de l'information et de la documentation scientifique dans les circonstances présentes. La réforme de cette institution constitue désormais un impératif catégorique. Il appartient aux associations professionnelles et aux organisations syndicales d'établir et de proposer aux administrations centrales le programme des études en fonction des nécessités nouvelles de l'information scientifique et technique. Je ne crois pas pour ma part que la réflexion puisse tourner court à cet égard. Les arguments sont trop nombreux et trop percutants pour qu'on laisse entendre qu'ils n'arriveront pas à convaincre les responsables administratifs, s'ils sont correctement présentés.

Quant au fonctionnement des bibliothèques universitaires et des bibliothèques d'études, il devra répondre aux perspectives que nous avons définies précédemment. Cessant de limiter notre action aux besoins immédiats de la documentation primaire, l'administrtion établira les fondements d'une politique dynamique de l'information scientifique et technique, en créant les conditions nécessaires à la collaboration entre les bibliothèques d'une part, la recherche et les institutions de recherche d'autre part.

Groupant des bibliothécaires et des chercheurs spécialisés, des équipes de recherche devront être progressivement associées à nos bibliothèques sous la responsabilité de ces dernières et en liaison avec les établissements auxquels elles sont rattachées. Les subventions des ministères de tutelle et des grands organismes de recherche devront être largement sollicitées à cet effet. Des contrats pourront être également négociés dans cette perspective. Enfin, l'insertion des bibliothèques universitaires et des bibliothèques d'études dans les activités scientifiques du pays favorisera la participation de ces établissements à la politique de valorisation de la recherche qui servira d'une manière ou d'une autre la constitution et le fonctionnement du réseau documentaire automatisé que nous appelons de nos vœux dans l'intérêt du service public et dont le catalogue collectif national (publications en série et ouvrages) constitue la première étape très appréciée.

Faute d'une prise de conscience suffisante, les initiatives sont encore trop rares en ce domaine. Mais il faut dire qu'elles sont engagées dans certaines bibliothèques et qu'elles favorisent d'une façon décisive leur insertion dans les structures de l'enseignement supérieur en dehors de la recherche elle-même.

Tant il est vrai que cette insertion ne dépend pas exclusivement des structures juridiques fixées par les textes réglementaires en vigueur. Ces dernières seront de toute manière inopérantes, si la mission des bibliothèques universitaires et des bibliothèques d'études n'est pas replacée dans la finalité d'ensemble de l'enseignement supérieur et singulièrement dans la perspective de la recherche qui constitue à l'heure actuelle une activité essentielle pour l'Université dans un pays moderne.

C'est d'ailleurs cette perspective qui devra permettre aux bibliothèques de mieux remplir leur mission pédagogique proprement dite. Dans l'enseignement supérieur, la fonction de recherche est justement inséparable de la fonction enseignante, et il en est de même en définitive pour le personnel des bibliothèques. Cependant, pour les raisons que j'ai analysées ailleurs, la mission pédagogique du bibliothécaire a souvent été contestée par le système éducatif français qui n'en a pas toujours reconnu le rôle spécifique. En établissant des liens divers avec les professeurs et les chercheurs, la pratique de la recherche dans les bibliothèques universitaires et dans les bibliothèques d'études devrait susciter des comportements nouveaux à cet égard. Tout en respectant l'autonomie administrative de la bibliothèque et les caractéristiques professionnelles du spécialiste de la documentation, elle créerait une dynamique susceptible d'insérer efficacement nos établissements dans les structures de l'enseignement au sens strict du terme. De cette manière, la bibliothèque universitaire n'apparaîtrait plus exclusivement comme un magasin de livres ou un service public quelconque. Elle serait reconnue pour ce qu'elle est réellement, c'est-à-dire pour une institution scientifique et pédagogique à part entière.

Il va sans dire que cette conception n'empêcherait pas les bibliothèques universitaires de remplir les missions d'information primaire qui leur sont dévolues actuellement. Ces missions seraient au contraire valorisées par la mutation que nous évoquons et qu'il faudra bien accomplir un jour ou l'autre, si nous voulons survivre. Institution scientifique et culturelle fondamentale, la bibliothèque universitaire doit apparaître comme un instrument de pluridisciplinarité et d'interdisciplinarité, au moment même où la spécialisation du savoir compromet d'une certaine manière l'équilibre intellectuel et moral de l'esprit et l'avenir même de notre société occidentale. Dans leur souci d'encyclopédisme, les grands bibliothécaires d'autrefois avaient su comprendre leur rôle à cet égard. Même si cette mission est dépassée, sachons en comprendre le sens en introduisant dans nos bibliothèques des pratiques scientifiques susceptibles de répondre aux besoins de la recherche et de mettre en valeur dans un même établissement des fonds appartenant aux disciplines les plus variées. Tout au moins dans les sciences humaines et dans les sciences sociales, le rôle du bibliothécaire peut être décisif en ce domaine. Il dépend de nous qu'il soit reconnu sans réticence au service du public, de l'enseignement et de la recherche.

notes

1. Cf. Tuilier, A., *Mélanges de la Bibliothèque de la Sorbonne* 5 (1984), p. 137-158.

2. Sans parler du projet tout récent de création à Nancy d'une Agence Universitaire pour l'Information Scientifique et Technique (ANIST).

comptes rendus d'ouvrages et de périodiques reçus en dons par la bibliothèque de la Sorbonne

Beaucoup d'ouvrages sont offerts en dons à la Bibliothèque de la Sorbonne. Nous sommes heureux de présenter ici le compte rendu signalétique d'un certain nombre d'entre eux qui nous ont été adressés récemment. Ils intéressent les disciplines et les genres littéraires les plus divers.

BIBLIOTHECONOMIE, DOCUMENTATION ET DOCUMENTS

Croatia and the croatians : a selected and annotated bibliography in English / [ed. by] George J. Prpic. — Scottsdale (Arizona) : Associated book publishers 1982. — LVII - 315 p. : cartes, ill., 23 cm. ISBN 0-910164-02-9.

Ce livre est un remarquable outil de travail pour les chercheurs intéressés de près ou de loin par la Croatie et ses habitants. L'on y trouve en effet un état des écrits publiés en langue anglaise à ce jour sur le sujet. Ce sont aussi bien les ouvrages et pamphlets — dont plus de 450 titres sont cités — que les autres sources d'information telles que thèses ou articles, dont 600 environ sont mentionnés. S'y ajoutent, en fin de volume, listes et index.

Pour chaque publication, outre une description bibliographique soignée, l'auteur a fait figurer une brève analyse du contenu, ainsi qu'un jugement sur sa valeur documentaire. George J. Prpic, tout à la fois professeur à l'université John Carroll (Ohio) et spécialiste des problèmes de l'immigration aux U.S.A. et du communisme mondial, se trouve particulièrement bien placé pour effectuer une telle synthèse. Celle-ci rendra, sans nul doute, de nombreux services à ses lecteurs, qui la consulteront avec d'autant plus de facilité qu'elle est précédée d'un exposé historique fort clair et illustrée de nombreuses cartes et reproductions.

Madeleine Tristant.

Doctoral dissertations on Japan and on Korea : 1969-1979 : an annotated bibliography of studies in Western languages / compiled and ed. by Frank Joseph Schulman. — Seattle ; London : Univ. of Washington press, 1982. — XVI-473 p. multigr. ; 28 cm. ISBN 0-295-95961-4.

L'ouvrage précédemment édité par Frank Joseph Schulman sous le titre : «Japan and Korea : an annotated bibliography of doctoral dissertations in Western languages, 1877-1969», avait rencontré un vif succès. L'on peut présumer que celui-ci, qui lui fait suite (mais qui, pour un format équivalent, couvre la période beaucoup plus restreinte d'une décennie, du fait de l'accroissement spectaculaire du nombre de thèses traitant de ces deux pays fascinants à plus d'un titre) suscitera le même intérêt.

Les étudiants et les chercheurs trouveront ici un ouvrage qui ne fait pas double emploi avec des publications sur le même sujet, mais les complète très heureusement. Les renseignements fournis dans chaque notice figurant dans la première partie de ce livre, sont très détaillés : outre les mentions classiques (auteur, titre, collation), chacune d'elles comporte la mention d'un résumé figurant dans un volume publié (par exemple le «D.A.I.» ou «Dissertation abstracts international»). S'y ajoutent : la manière de se procurer un exemplaire de cette thèse et sous quelles formes, ainsi qu'un résumé, bref mais précis, de son contenu.

Ajoutons que les notices sont classées dans un ordre alphabétique de matières, avec un système de renvois. A l'intérieur de cet ordre, un classement par dates permet de réfléchir sur l'évolution de la recherche. A ce sujet, la deuxième partie du livre comporte de très intéressantes tables de statistiques qui montrent bien l'évolution de cette recherche. Enfin, trois index (par auteurs, lieux et sujets) complètent cet ouvrage, qui est une véritable somme sur le sujet considéré.

Madeleine Tristant.

[Exposition. Stockholm. 1983.] — *Boktryck i Sverige 500 år : Utställning 28 april - 16 oktober 1983 med anledning av den svenska tryckta bokens 500-årsjubileum* / Stockholm, Kungl. Biblioteket. — Helsinborg : Schmidts Boktryckeri A.B., 1983. — 80 p. : ill. ; 23 cm. (Kungl. bibliotekets, Utställningskatalog, nr 92).

Pour fêter le 500e anniversaire de l'introduction de l'imprimerie en Suède, la Bibliothèque Royale a organisé une exposition à Stockholm du 20 avril au 16 octobre 1983. Le plus ancien témoignage *daté* du nouvel art est le *Dialogus creaturarum* de Magnus de Mayneriis ; le luxueux colophon signale que le livre a été achevé en décembre 1483, le jour de la Vigile de saint Thomas. Mais Johann Snell, venu de Rostock en passant par Lübeck et le Danemark, avait déjà auparavant travaillé en Suède. Jusqu'en 1600, le catalogue présente, sans ordre chronologique, trente œuvres, centrées d'une part sur les débuts de l'imprimerie, d'autre part autour de la Réforme. Le latin prédomine au début, mais très vite on voit apparaître les livres en suédois, l'exposition ayant pour but de rendre hommage autant à la langue nationale qu'à l'art du livre.

A travers les siècles, aucun des aspects de l'imprimerie n'est négligé : bibles, œuvres littéraires (de Stiernhielm à S. Lagerlöf, Strindberg et Lägerkvist), livres scientifiques, populaires, littérature enfantine, mais aussi mandements, brefs, placards, périodiques, catalogues de vente de machines industrielles, ex-libris, faire-part ; le choix est rigoureux et la qualité artistique presque toujours exceptionnelle.

Pour finir, les organisateurs ont voulu résumer six siècles par six livres, choisis comme le bouquet d'un feu d'artifice ; l'admirable Bible de Gustave Vasa représente le XVIe siècle dans toute sa perfection. Parmi toutes les illustrations, citons le calligramme de 1662 (p. 22, n° 46), la cocasse page de titre de l'ouvrage de Martin Seth (p. 29, n° 57), les images de l'abécédaire de 1828 (p. 46, n° 146).

Monique Lefrançois.

Women's education in the United States : a guide to information sources / [Ed. by] Kay S. Wilkins. — Detroit : Gale research, 1979. — X-217 p. ; 22 cm. — (Gale information guide library. Education information guide series : 4). ISBN 0-8103-1410-X.

Cette bibliographie critique et sélective couvre les périodiques et livres américains pour la période des années 1968 à 1978. Ces ouvrages sont complétés, pour ce qui concerne, en particulier, l'histoire de l'éducation, par quelques documents plus anciens.

Le sujet considéré est extrêmement vaste. Kay S. Wilkins a donc dû ordonner logiquement les différents aspects qui le composent. Les premiers chapitres portent sur des points plus généraux, tandis que les suivants traitent de points plus précis.

Dans son introduction, l'auteur remarque avec justesse combien les caractéristiques de la société dans laquelle elle vit se répercutent sur l'éducation de la femme et, en conséquence, sur les ouvrages qui en traitent. Il est frappant de constater qu'aux Etats-Unis, l'importance prise par les mouvements féministes depuis les années 1970 a eu pour conséquences : d'abord l'accroissement notable du nombre de livres publiés sur le thème de l'éducation des femmes, ensuite une modification dans la manière d'aborder la question.

Loin d'être exhaustif, ce livre se veut une première approche des problèmes traités et constitue une invite à en approfondir certains.

Madeleine Tristant.

PHILOSOPHIE, EDUCATION

Association internationale pour l'histoire de l'éducation. Paris. Colloque. 1981. Sèvres. — *L'Offre d'école : éléments pour une étude comparée des politiques éducatives au 19e siècle. Actes* / du troisième colloque international, Sèvres, 27-30 septembre 1981 ; textes de M. Boulet, P. Bousquet, W.A. Bruneau [et al.] ; sous la dir. de Willem Frijhoff. — Paris : Publications de la Sorbonne ; Paris : Institut national de recherche pédagogique, 1983. — 374 p. ; 24 cm. — Ouvrage publié avec le concours du Ministère de l'Education Nationale. ISBN 2-73-42-0004-X. ISBN 2-85-944-060-7.

Le centenaire des lois françaises en matière d'éducation a servi de toile de fond à ce colloque, sans toutefois limiter son champ de recherches. Et en définitive, le nombre de communications présentées a été si important que les organisateurs ont dû opérer un choix, en fonction de leurs préoccupations.

La question fondamentale abordée ici est celle de l'élaboration d'une politique pédagogique, en fonction d'une situation donnée. En l'occurrence, il s'agit de celle du monde occidental et de ses prolongements — durant cette période charnière que fut le 19e siècle. Dans les différents pays de cette aire géographique a existé une «unité de fond de l'évolution socio-culturelle» incontestable, mais l'élaboration et la mise en pratique des «offres d'école» a varié pour chacun de ces pays.

Seule, une histoire comparée des différents systèmes en question pourrait permettre de prendre conscience des multiples facteurs qui interviennent dans l'évolution des politiques éducatives. Ce que propose cet ouvrage est un travail préliminaire. Il consiste à réunir des matériaux, en vue de dégager un «modèle d'interprétation» des systèmes, utilisable pour de futures analyses.

Un livre qui s'adresse, on l'aura compris, à des spécialistes — français ou anglais, car tout texte en français est suivi d'un résumé en anglais et vice-versa.

Madeleine Tristant.

Diccionario enciclopédico escolapio / Coordino y dirigio : Claudio Vilá Palá... ; Luis María Bandrés Rey... — Salamanca : Ediciones casalancias, 1983. — 589 p. : ill. ; 24 cm. ISBN 84-85676-23-8. II : Biografias de escolapios. — 1983. ISBN 84-85676-24-6.

Pratiquement inconnues en France, les Ecoles pies bénéficient, en Espagne et dans le monde hispanique, d'un prestige considérable. Depuis quatre siècles, les *escolapios* se consacrent exclusivement à l'enseignement secondaire, et se sont distingués, tout comme les jésuites ou les oratoriens, par l'introduction de méthodes pédagogiques originales. Deux d'entre eux, dont le fondateur de l'ordre, furent canonisés.

Ce tome II — chronologiquement le premier paru — du *Diccionario enciclopédico escolapio,* ou *Denes,* a demandé seize années de patientes recherches. Il ne présente que les plus éminents de ces maîtres, parmi lesquels figurent des représentants de toutes les branches du savoir : l'ensemble comprend environ 1.500 notices biographiques, fort détaillées en général.

Un tel dictionnaire mériterait une place de choix dans une bibliothèque consacrée à l'histoire de l'éducation à travers le monde.

Jean-Pierre Calvignac.

GHISELLI (Edwin Ernest), CAMPBELL (John Paul), ZEDECK (Sheldon). — *Measurement theory for the behavioural sciences* / Edwin E. Ghiselli,... John P. Campbell,... Sheldon Zedeck... — San Francisco (Calif.) : W.H. Freeman, cop. 1981. — XV-494 p. ISBN 0-7167-1252-0.

Demandant déjà un certain niveau de connaissance des calculs de statistique, cet ouvrage spécialisé traite des méthodes et calculs statistiques appliqués à la psychologie et aux sciences de l'éducation plus particulièrement. Deux des auteurs travaillent à l'Université de Berkeley et ont donné à leur ouvrage la forme d'un manuel universitaire. Ils abordent entre autre la construction des variables, le concept de corrélation, les limites de validité, les concepts de base de la construction des tests. Chaque chapitre est conçu dans un ordre progressif, des équations de base jusqu'aux calculs les plus difficiles, avec à la fin une section technique, sur les problèmes purement mathématiques. Ils sont suivis d'un résumé et d'une bibliographie succincte, uniquement de langue anglaise et presqu'exclusivement américaine. On trouve, à la fin, les tables statistiques, un glossaire et un index des noms.

D. Dubroca.

MEATTINI (Valerio). — *Anamnesi e conoscenza in Platone* / Valerio Meattini. — Pisa : ETS, cop. 1981. — 190 p., 21 cm.

A l'écoute du Logos platonicien, évoquant en l'homme «sa part divine», Valerio Meattini s'efforce dans cet ouvrage de «penser avec» Platon. Ainsi se dévoile «l'essence (qui) resplendit dans l'auto-transparence de l'âme». Ce recueil d'études diverses étudie successivement les concepts de réminiscence, de dialectique d'âme, d'expérience et analyse à la fin ce qui constitue pour Socrate «philosopher», en tant qu'acte de communication philosophique. Se référant essentiellement aux textes platoniciens eux-mêmes, avec la même clarté et la même élégance que son modèle, Valerio Meattini ouvre avec aisance les portes d'une connaissance revivifiée de l'œuvre platonicienne. Une bibliographie équilibrée, de bons index contribuent à rendre ce livre attrayant.

D. Dubroca.

MEATTINI (Valerio). — *L'Orizzonte etico e politico di Platone* / Valerio Meattini. — Pisa : Vigo Cursi, cop. 1984. — 266 p. ; 24 cm.

Dans les dialogues platoniciens, le lien entre le cosmos, la cité et l'âme est, selon Valerio Meattini, constamment affirmé. Son ouvrage, d'une grande clarté, analyse les idées politiques et éthiques de Platon, essentiellement à travers les commentaires qu'il fait du Gorgias. Il reprend les grands thèmes de ce dialogue, les oppositions entre rhétorique et dialectique, entre bien et plaisir, la critique des théories de Calliclès ; il les rapproche des propositions de Platon dans «La République» et le «Phèdre». C'est une étude agréable à lire de la philosophic platonicienne, morale et politique, avec à la fin une bonne bibliographie en langues italienne, allemande, anglaise et française, un index des termes grecs, un index analytique des concepts et une table des noms.

D. Dubroca.

NOWACKI (Walenty). — *Civilization and logic : the law of inversely proportional stupidity* / by Walenty Nowacki. — Forest Hills, [N.Y.] : Now Mail Order Books, 1983. — XIII-240 p. ; 22 cm.

Walenty Nowacki, ingénieur américain d'origine polonaise, s'est déjà fait connaître par un précédent essai : *Revolution without revolution.* Ses écrits se situent dans la lignée des grandes réflexions sur les problèmes de la planète et sur les moyens d'y remédier. C'est là désormais, sans ironie aucune, un véritable genre littéraire, qui nous a d'ailleurs valu des ouvrages captivants ; celui-ci en est digne, incontestablement.

En fait, l'auteur place en tête de ses préoccupations l'intérêt bien compris des Etats-Unis, menacés selon lui d'entraîner le monde dans un désastre s'ils persistent à ignorer les trois axiomes suivants : 1°) La croissance économique respectant une progression géométrique, l'écart entre les nations développées et les autres — parmi lesquelles il range les états du bloc soviétique — va s'aggravant ; 2°) Or, plus une nation s'enrichit matériellement, plus sa capacité de raisonnement logique décroît ; 3°) Conséquence de ces deux principes : les pays riches risquent d'être un jour détruits par les pays affamés. Comment éviter un tel aboutissement ?

Le retour de Washington à la doctrine Monroe est préconisé : fin des coûteux engagements politiques et militaires dans les régions autres que l'hémisphère américain. Par contre, une aide sans réserve serait apportée au développement de toute nation qui en aurait besoin, l'édification de sociétés homogènes — aux plans économique et social, notamment — constituant le seul moyen d'assurer à la démocratie des bases solides ; les Etats-Unis ne seraient pas dispensés pour autant de rechercher l'indépendance énergétique, en utilisant surtout leur production végétale. Walenty Nowacki voudrait d'ailleurs voir la société nord-américaine transformée en profondeur : il va jusqu'à demander une refonte de la constitution de 1787, mesure qui délivrerait la démocratie des «supergangs».

Mais les idées audacieuses foisonnent dans ces 240 pages, de même que des observations propres à secouer certains tabous intellectuels. Rien ne saurait remplacer une lecture, au reste rendue fort enrichissante par maints exemples tirés de l'histoire contemporaine.

Jean-Pierre Calvignac.

RELIGION, THEOLOGIE

BOYER (Régis). — *La Vie religieuse en Islance : 1116-1264, d'après la Sturlunga Saga et les Sagas des évêques* / Régis Boyer. — Paris : Fondation Singer-Polignac, 1979. — 512 p. : tabl. ; 23 cm. ISBN 2-900927-03-X.

Le choix des dates limites, 1116 à 1264, pour la période de l'histoire religieuse islandaise considérée par Régis Boyer dans son étude, n'a pas été effectué au hasard. Cette période est en effet particulièrement marquante dans l'histoire de ce pays. Il s'agit de *l'âge des Sturlungar* durant lequel cette famille a joué un rôle considérable dans l'ouverture de l'Islande à de nouveaux courants, ceux des «nations continentales du moyen âge». Grâce aux grands écrivains et chroniqueurs de ce temps — qui souvent étaient des membres de cette même famille — cette dernière phase de l'histoire républicaine islandaise est accessible.

La tâche de l'auteur était délicate : son ambition était de réaliser «une étude systématique d'ensemble» de la culture de ce temps, «vue particulièrement sous l'angle religieux» et ce, en utilisant principalement (mais non uniquement) les sagas des contemporains. De nombreuses notions se trouvaient alors mises en jeu (théologie, littérature comparée, histoire des religions et des civilisations, etc.) et risquaient de rendre l'ouvrage superficiel.

Enfin, le délai de parution du texte a été très long et il s'est trouvé diminué d'un tiers, deux raisons qui risquaient d'amoindrir sa qualité scientifique. Précisons donc que, même si celle-ci peut, à certains égards, se trouver remise en cause par les chercheurs d'aujourd'hui, ce livre demeure le premier à effectuer une telle synthèse et à tenter de faire prendre conscience aux Français de «la richesse et de la pertinence d'une littérature et d'une culture... scandaleusement ignorées chez nous».

Madeleine Tristant.

Ideology and conspiracy : aspects of Jacobitism, 1689-1759 / ed. by Eveline Cruickshanks... — Edinburgh : John Donald, 1982. — XI-231 p. ; 23,5 cm. ISBN 0-85976-084-7.

L'Institute of historical research de l'Université de Londres a organisé, en juillet 1979, une conférence sur les études jacobites. Les dix communications faites à cette occasion ont été revues avant d'être publiées dans ce volume. Notons que les contributions françaises ont été traduites en anglais pour les besoins de l'édition.

On sait que Louis XIV soutint Jacques II jusqu'à sa mort, le roi très chrétien ne voulant pas reconnaître un souverain protestant à la place des Stuarts, avec lesquels la couronne de France avait noué des relations privilégiées. A la mort de Jacques II, le roi reconnut Jacques III comme roi d'Angleterre et les tentatives de restauration furent toujours soutenues par la France. La communication de M. Burger présente l'abbé Eusèbe Renaudot, petit-fils de Théophraste Renaudot ; ce personnage a laissé une masse de papiers manuscrits, inventoriés à la Bibliothèque Nationale mais peu utilisés jusqu'à ce jour. Or l'abbé Renaudot, grâce à ses connaissances linguistiques et à ses liens avec la famille Colbert, fut un remarquable agent de renseignements, dont les rapports sur l'Angleterre, publiés ici (en français) constituent une source précieuse sur les «affaires d'Angleterre».

Bruno Neveu présente d'autres documents sur la maladie et la mort de Jacques II et de Guillaume III, sur les «miracles» obtenus par l'intercession du premier. Claude Nordmann étudie le rôle de Choiseul dans la suprême tentative jacobite, après Culloden (1746) ; le désastre du prince Charles Edward Stuart à Quiberon, le 25 novembre 1759, mit fin aux derniers espoirs jacobites.

Le reste du volume est également intéressant et nous pouvons remercier Eveline Cruickshanks pour le rôle de coordination qu'elle a joué dans cette entreprise.

Monique Lefrançois.

IKEDA (Daisaku). — *The Human Revolution. 4 : Ningen Kakumei* / Daisaku Ikeda ; ill. by Teikichi Miyoshi. — New York ; Tokio : Weatherhill, 1982. — X-245 p. ; 22 cm. ISBN 0-8348-0175-2.

La parution de la traduction américaine de cet ouvrage mérite d'être signalée ; s'y trouve retracée, en effet, l'évolution de la puissante secte laïque japonaise d'inspiration bouddhiste : la Soka Gakkai, sous l'impulsion de Josei Toda. L'auteur, devenu l'actuel président, l'a secondé et apparaît sous le nom d'emprunt de Shin'ichi Yamamoto, au fil des pages.

Ce mouvement compte désormais un million de membres dans son pays d'origine, auxquels s'ajoutent 400.000 adhérents dans le monde entier. Son importance est donc loin d'être négligeable et sa croissance est certainement révélatrice de certains phénomènes de société au Japon et ailleurs. Les débuts de cette remarquable croissance sont analysés ici, avec l'arrière-plan d'une période d'instabilité, allant de janvier 1953 à décembre 1954. Les tomes 7 et 8 de l'édition en langue originale ont en effet été condensés en un seul volume.

Nous retrouvons ici le style habituel de Daisaku Ikeda, vif et alerte. La biographie de J. Toda est rendue attachante par mille et un détails fidèlement rapportés. L'itinéraire spirituel et les principales lignes de son action sont esquissés avec clairvoyance et compréhension. Cette série a bien valeur de document humain et historique. Elle s'adresse à un large public.

Madeleine Tristant.

SCIENCES, HISTOIRE DES SCIENCES

BOULLE (Lydie). — *Laënnec : Catalogue des manuscrits scientifiques* / par Lydie Boulle, Mirko D. Grmek, Catherine Lupovici et Janine Samion-Contet ; introduction de Mirko D. Grmek ; [ed. par la] Fondation Singer-Polignac. — Paris ; New York ; Barcelone (etc.) : Masson, 1982. — 316 p. — (4) f. de fac-sim., 24 cm. Index p. 267-316. ISBN 2-225-75890-5.

L'essentiel des manuscrits de René-Théophile-Hyacinthe Laënnec est parvenu jusqu'à nous, car ce grand médecin avait soigneusement gardé ses brouillons, notes de lecture, textes provisoires ou inachevés. Ces manuscrits ont été donnés à l'Ecole de médecine et de pharmacie de Nantes. Aujourd'hui on peut les consulter au Musée Laënnec, créé en 1968 dans le cadre de la Bibliothèque universitaire de Nantes, section de médecine et de pharmacie. Les manuscrits couvrent tous les aspects de l'activité de Laënnec : médecin, chercheur, professeur. Parmi eux, certains viennent de médecins de la famille de Laënnec. D'autres manuscrits se trouvent à la Bibliothèque de l'Académie nationale de médecine et ont fait l'objet de publications.

Il existait un inventaire complet mais sommaire des documents déposés à Nantes. Aussi, il convenait de mettre ces inédits à la portée de tous les chercheurs, c'est l'objet de ce catalogue. La description de chaque feuillet manuscrit comporte l'analyse détaillée du contenu, la transcription exacte des titres, des sous-titres, des mots significatifs et des morceaux de phrases révélateurs du sujet de chaque passage. Quatre index ont été établis pour faciliter la consultation du catalogue.

Jacqueline Rose.

Civico Museo d'arti applicate. Milano. — *Strumenti scientifici. Orologi* / Museo d'arti applicate [Catalogo a cura di] Tullio Tomba, Giuseppe Brusa. — Milano : Electa editrice, 1983. — 163 p. : ill. en noir et en coul. ; 25 cm et une notice de 8 p. en anglais, espagnol, français, allemand et italien. (Musei e gallerie di Milano).

L'inventaire des musées de Milan, entrepris grâce au mécénat de la Banca commerciale di Milano, se poursuit avec une régularité digne d'éloges ; plus d'une vingtaine de volumes ont déjà paru : chercheurs et amateurs possèdent ainsi des catalogues rédigés par des experts et d'autant plus utiles que les pièces décrites n'ont pas toujours pu trouver place dans les salles d'exposition.

Tullio Tomba et Giuseppe Brusa nous présentent ici l'un des instruments scientifiques, l'autre les horloges conservés par le Musée municipal des arts appliqués au Castello Sforzesco. Comme d'habitude, les nctices descriptives sont accompagnées d'une précieuse bibliographie, d'index et d'admirables photos en noir et en couleurs. La collection d'instruments scientifiques ne comporte que trente-trois pièces, mais recèle à côté des gnomons d'ivoire, des sabliers, boussoles et poids, quelques pièces exceptionnelles : l'un des soixante compas de Galilée réalisés vers 1606 par Antonio Mazzoleni, trois astrolabes et deux globes de Jodocus Hondius, l'un terrestre, l'autre céleste. La qualité artistique de ces objets émerveille même le non spécialiste.

La collection des soixante-deux horloges, assez hétérogène car il s'agit de dons divers, possède toutefois de nombreuses pièces raffinées et des signatures prestigieuses. Nous ne pouvons que redire l'intérêt de ces travaux qui, grâce aux comparaisons rendues possibles, permettront de faire avancer la recherche.

Monique Lefrançois.

La Faculté de pharmacie de Paris : 1882-1982 / (par André Bonny, Marcel Chaigneau, Camille Clouzeau, Georges Dillemann [et al.] : sous la direction du Doyen honoraire Georges Dillemann). — Saint-Cloud : Edition Comarco, [cop. 1982]. — 207 p. : ill., plans ; 25 cm. Index. ISBN 2-903874-00-X

Cet ouvrage est destiné à commémorer le centenaire du transfert de l'ancienne école de la rue de l'Arbalète, devenue trop exiguë. C'est en même temps le bilan de 100 ans d'activité de la nouvelle Ecole de pharmacie de Paris, édifiée sur les terrains des anciennes pépinières du Luxembourg et inaugurée en 1881. On y trouve quantité de renseignements concernant la construction et le fonctionnement de la nouvelle Ecole qui deviendra «Faculté» en 1920, puis U.E.R. en 1969, l'environnement, les recherches artistiques, la bibliothèque, le jardin botanique, l'évolution des enseignements, le recrutement des enseignants etc...

Une partie de l'ouvrage est consacrée aux hommes qui y accomplirent leur carrière, s'y dévouèrent et firent la renommée de la Faculté.

Malgré plusieurs agrandissements, trop exiguë à son tour, la nouvelle Faculté doit essaimer : c'est la création de l'annexe de Châtenay-Malabry, en 1967, qui constituera une deuxième U.E.R., aujourd'hui rattachée à l'Université de Paris-Sud.

Jacqueline Rose.

TETRY (Andrée). — *Jean Rostand, prophète clairvoyant et fraternel* / par Andrée Tetry ; préf. d'Etienne Wolff... [Ed. par la] Fondation Singer-Polignac. — (Paris) : Gallimard, cop. 1983. — 387 p. : front., (4) p. de pl. ; 25 cm. Bibliogr. pp. 369-387. ISBN 2-07-023982-9.

Andrée Tétry, biologiste, amie de Jean Rostand, a collaboré avec lui à plusieurs ouvrages : elle était particulièrement indiquée pour tracer de lui le portrait le plus juste et exposer l'essentiel de son œuvre. Elle évoque l'enfance de Jean Rostand et comment celui-ci fut attiré très jeune par les sciences naturelles. Doté à la fois de qualités littéraires et scientifiques, moraliste et observateur subtil de la société dont il dénonce courageusement les injustices, Jean Rostand laisse une œuvre volumineuse où les deux aspects de sa personnalité s'imbriquent. Rebuté par les intrigues de l'Université, il accomplira seul, chez lui, avec des moyens modestes, des travaux scientifiques d'une valeur incontestable. Echappant aux servitudes d'un emploi rémunéré, il put consacrer en partie son temps à divulguer les connaissances scientifiques nouvelles, et à prévoir leur développement souhaitable pour l'homme. Jean Rostand fut aussi un historien des sciences, persuadé qu'il était que «la science tient dans nos sociétés une place considérable et qui s'élargit sans cesse». Il devint ainsi, grâce à ces ouvrages de vulgarisation, une des personnalités scientifiques les plus populaires de notre époque.

Jacqueline Rose.

SCIENCES SOCIALES

BELLETANTE (Bernard). — *Les Lycéens dans la ville* / Bernard Belletante. — Lyon : P.U.L., 1983. — 143 p. — [1] f. de pl. : ill. en noir et en coul. ; 25 cm. — (Transport, Espace, Société). ISBN 2-7297-1087-7.

Jusqu'aux environs de 1968, la population lycéenne était une autre «grande muette», dont les problèmes n'intéressaient que sur le plan scolaire. Depuis, cette masse d'adolescents s'est vue reconnaître comme un groupe social à part entière et nombre d'études paraissent à son sujet. Bernard Belletante a soutenu en «économie des transports» une thèse, que voici éditée, sur la mobilité quotidienne des élèves de première et terminale dans une grande ville — Lyon — et sur la façon dont ces déplacements constituent, pour les intéressés, un apprentissage de la cité.

Après une analyse de l'utilisation faite par les lycéens de leur «budget-temps», se trouvent définis les caractères d'une existence surtout partagée entre deux pôles, le domicile familial et le lycée. Les particularités certaines liées à l'âge et au sexe n'effacent pas les traits communs : si 61 % des interrogés possèdent un deux-roues, si 96 % peuvent accéder aux transports en commun de surface, la marche à pied reste le principal moyen de locomotion. La plupart des achats se font sur le trajet lycée-domicile ; mais les relations sociales propres au mercredi, les travaux non scolaires — pratiqués par 70 % des élèves — motivent les déplacements aux caractéristiques plus originales, étudiées ici exhaustivement. L'auteur a recouru à des méthodes fort modernes, comme la visualisation par «fichier-images» des résultats de ses sondages.

Tout en confirmant des réalités connues, l'enquête en révèle d'autres, plus surprenantes. Malgré un langage assez spécialisé, l'ouvrage offre un intérêt qui chevauche plusieurs domaines. Il faut noter son excellente présentation, avec notamment le modèle de fiche catalographique dont les Presses universitaires de Lyon accompagnent d'ailleurs toutes leurs publications : une pratique encore trop rare.

Jean-Pierre Calvignac.

El Desarollo de las ciencias sociales en Panamá / [pres. por] Alfredo Figueroa Navarro ; [con la colab. de Hernán Porras, Reina Torres de Araúz, Rafael Rivera Domínguez... et al.]. — Panamá : Universidad de Panamá, 1983. — LXII-535 p. : tabl. ; 21 cm. — (Biblioteca de la Cultura Panameña ; 5).

Les universitaires latino-américains englobent sous l'appellation *ciencias sociales* des disciplines qui, en France, relèvent soit des sciences sociales, soit des sciences humaines : ainsi, économie et politologie voisinent-elles avec histoire et sociologie. Pareille conception semble très défendable, et rappelle en fait les principes d'Auguste Comte. M. Figueroa Navarro, du reste, souligne la forte influence européenne ayant marqué les débuts des *ciencas sociales* à Panama — dès le XIXe siècle, bien avant l'indépendance. Des travaux d'une valeur incontestable purent se faire jour à partir de 1935, année où la création d'une université nationale leur fournit une vraie structure de recherche.

Depuis, le dynanisme de cette recherche ne s'est jamais démenti ; en témoigne la belle anthologie qui nous fait connaître, sous des aspects fort variés, la vie passée et présente des hommes de la petite république. Les textes réunis sont également remarquables par leur éclectisme quant aux courants de pensée cités en référence. «Pays et nation de transit», comme le rappelle un des cinquante articles, Panama mériterait, plus encore que les autres états de l'isthme, d'échapper à la vision globale et simpliste que l'Europe a trop souvent de cette région du monde, sous prétexte de son morcellement. Cet excellent recueil devrait y contribuer.

Jean-Pierre Calvignac.

DU MAS (Frank M.). — *Gay is not good* / Frank M. Du Mas. — Nashville : T. Nelson 1979. — 331 p. ; 23 cm. — Bibliogr. pp. 305-320. ISBN 0-8407-4076-X.

Un ouvrage à mettre entre toutes les mains, en particulier celles des responsables du bon fonctionnement de la société : parents, membres du clergé et du corps enseignant et, pour tout dire, éducateurs. Entre les mains aussi des intéressés. ou de ceux susceptibles de l'être, de près ou de loin, qu'ils soient jeunes ou moins jeunes.

Nous y trouvons, en effet, l'analyse en profondeur d'un problème très actuel aux Etats-Unis : celui de l'homosexualité. Face à ce qui devient un véritable phénomène de société, les opposants ont beaucoup de mal à défendre la thèse de l'hétérosexualité et ce, faute souvent d'une information suffisante et de qualité. Contester le bien-fondé du rapport Kinsey, par exemple, n'est pas à la portée de tout un chacun.

Le docteur Du Mas, psychologue diplômé et professeur, s'appuie sur une énorme documentation : 325 ouvrages sont cités dans sa bibliographie. Il fait appel à plusieurs sciences : psychologie, biologie, sociologie et médecine. Il est ainsi en mesure de fournir nombre d'arguments de qualité aux défenseurs de l'hétérosexualité humaine. Il livre aussi aux lecteurs les moyens de prévenir, et même de guérir, l'homosexualité. Car, pour lui, «tout homosexuel réellement désireux de changer d'attitude est tout à fait en mesure de le faire». Ce livre est un ouvrage de référence en la matière et, de plus, il se lit très aisément.

Madeleine Tristant.

GOBLOT (Edmond). — *La Barrière et le niveau : étude sociologique sur la bourgeoisie française moderne* / par Edmond Goblot ; préf. de Georges Balandier. — Nouvelle édition Brionne : Gérard Monfort, 1984. — VII-108 p. ; 21 cm. — (Imago Mundi). ISBN 2-85226-183-9.

Cette étude est faite par un philosophe et un logicien qui y révèle d'excellentes dispositions de sociologue «amateur». C'est une vision de la bourgeoisie française moderne, telle qu'elle s'est développée après la période révolutionnaire et qui constitua alors la classe dirigeante, plus précisément pour la période de 1890 à 1910. Edmond Goblot estimait que cette classe était vouée à disparaître. Bien que cette étude ne corresponde plus exactement à ce qu'est la classe bourgeoise contemporaine, non plus déjà à ce qu'était celle de 1925, date où fut publiée la première édition, de nombreuses observations n'en demeurent pas moins valables. Cet ouvrage est donc assurément une contribution à la connaissance sociologique des classes sociales en général.

Jacqueline Rose.

GOLDSTEIN (Reine). — *La Faculté, maillon dans l'insertion professionnelle et sociale : le devenir d'une promotion de diplômés en droit dijonnais : enquête n° 2 et 3* / Reine Goldstein, préambule de Gérard Couturier. — Dijon : Faculté de droit et de science politique, 1983. — IV-211 p. ; 21 cm. — (Travaux de la Faculté de droit et de science politique / Université de Dijon ; 3.).

Que deviennent les étudiants, une fois leurs diplômes obtenus ? De quelle manière s'insèrent-ils dans la vie professionnelle ? Comment jugent-ils rétrospectivement la filière d'études qu'ils ont suivie ? La formation qu'ils ont reçue correspond-elle à l'emploi qu'ils occupent ensuite ?

Autant de questions cruciales qui ont fait l'objet d'une enquête, dans le cas particulier de diplômés de la Faculté de droit de Dijon. Cette enquête comportait trois volets, le premier ayant fait l'objet d'un volume publié en 1980 et les deux suivants de ce volume-ci. Les grandes lignes de l'enquête se trouvent ainsi plus nettement précisées, car avec le temps disparaissent les nuances superflues.

Si le cas envisagé est bien particulier, nombre des conclusions tirées sont valables pour l'enseignement supérieur tout entier et s'appliquent même parfois à l'enseignement secondaire. La méthode d'analyse employée, dite «ethno-sociologique» n'est certainement pas étrangère à ce résultat. Elle fait, en réalité, appel à des données psychologiques, sociologiques et économiques fondamentales qui en font toute la valeur.

Sur le plan de l'établissement concerné, l'utilité de cette enquête n'est pas à démontrer. Mais en outre, dans le cadre de la réflexion actuelle sur les enseignements et dans le cadre de la nécessaire remise en question des buts et des moyens de l'université, elle apporte des témoignages concrets et des analyses très fines, indispensables à la prise de conscience qui précède tout jugement et toute décision.

Madeleine Tristant.

KOUBI (Jeannine). — *Rambu soló, «la Fumée descend : le culte des morts chez les Toradja du sud* / par Jeannine Koubi ; (publié par le) Centre de documentation et de recherches sur l'Asie du Sud-est et le monde insulindien. — Paris : Editions du C.N.R.S., 1982. — 530 p. — (38) p. de pl. : cartes, ill., couv. ill. ; 24 cm. — (Reprend la thèse de 3e cycle : Ethnologie : Paris 5 : 1979. — En appendice choix de textes en toradja. — Bibliogr. pp. 517-521). ISBN 2-222-03020-X.

Deux missions successives, respectivement de six mois et de deux ans, ont permis à Jeannine Koubi, attachée de recherche au C.N.R.S., de se familiariser avec la culture des Toradja du Sud. Pour cela, elle a appris l'Indonésien et vécu tous les aspects de la vie villageoise, qu'ils soient quotidiens ou exceptionnels. L'énorme documentation accumulée durant ce temps a été ensuite élaborée par l'auteur en vue de cette étude.

L'analyse minutieuse des rites du culte des morts dans cette province des Célèbes révèle toute une structure sociale et économique, ainsi que des fondements religieux et esthétiques particuliers. Cependant, les matériaux étant trop abondants, l'auteur a renoncé à effectuer des comparaisons avec d'autres pays. Récits, analyses et textes (dont vingt-neuf sont transcrits en toradja) sont enrichis de photographies d'un grand intérêt documentaire et qui, elles aussi, montrent bien comment, dans ce type de civilisation, existe une rare cohésion entre tous les éléments qui la composent.

Il s'agit bien là d'un ouvrage de spécialiste qui devrait satisfaire aussi bien le lecteur passionné d'exotisme que le chercheur exigeant et permettre à chacun de nous de relativiser et de repenser sa propre culture.

Madeleine Tristant.

LABORATOIRE D'ECONOMIE DES TRANSPORTS (Lyon). — *Système permanent d'observation du triangle Lyon-Chambéry-Grenoble : Spot* / [sous la dir. de] Bernard Gérardin... ; (avec la collab. de Jean-Michel Cusset... ; Jacky Valère... ; sous la respons. sc. d'Alain Bonnafous...). — Paris : C.N.R.S. ; Charbonnières : E.P.R. Rhône-Alpes, 1982. — 237 p. : ill., couv. ill. ; 24 cm.

Le Laboratoire d'Economie des Transports, unité lyonnaise du C.N.R.S., multiplie les initiatives originales et exemplaires. Cette publication présente les travaux réalisés grâce aux informations qui, provenant de 245 communes et réunies dans la base de données *Spot,* éclairent sous ses multiples aspects la vie de la zone étudiée — le côté «mobilité» se trouvant, bien entendu, privilégié. Avec une population accrue de 21,8 % entre 1968 et 1975, avec les promesses de la jeune cité de l'Isle-d'Abeau, cet espace pourrait devenir le centre véritable de la deuxième région française. Les industries se sont surtout développées dans la partie nord, ce qui entraîne chaque jour de considérables déplacements.

Les thèmes retenus ici comprennent le redéploiement industriel comme la vie associative, les transactions foncières aussi bien que les migrations alternantes ; l'ensemble apparaît cohérent. De plus, *Spot* est lui-même décrit en des pages qui semblent constituer une bonne introduction à la recherche informatisée. En période de crise, on ne saurait négliger aucun moyen de mieux connaître les conditions de l'activité économique. Au demeurant, point n'est besoin d'être un haut responsable pour s'intéresser à un livre comme celui-ci.

Jean-Pierre Calvignac.

LAMBIRI-DIMAKI (Jane). — *Social Stratification in Greece, 1962-1982 : Eleven Essays /* Jane Lambiri-Dimaki. — Athens : Ant. N. Sakkoulas, 1983. — XV-241 p. : tabl. ; 21 cm.

Dans la Grèce moderne, la recherche sociologique n'existe officiellement que depuis 1961 ; aussi, l'auteur de ces onze essais, aujourd'hui membre d'un organisme européen, compte-t-il presque au nombre des pionniers. Les textes réunis ici — dont un en français — concernent cinq thèmes : rapports entre générations ; disparités dans l'accès à l'enseignement ; inflence de l'habitat sur le style de vie ; évolution des rôles des deux sexes. Enfin, la notion même de stratification sociale est examinée.

Il paraît inutile de rappeler l'originalité d'une nation qui tend à rejoindre les pays développés, sans avoir encore aboli complètement les pesanteurs qui l'apparentaient naguère aux états du tiers-monde. Peut-être s'étonnera-t-on, par exemple, d'apprendre que les chances d'effectuer des études supérieures sont mieux partagées en Grèce qu'en France ; l'insertion professionnelle des diplômés, il est vrai, s'avère ensuite plus difficile.

Pour conclure, soulignons la lecture agréable d'un ouvrage non surchargé de chiffres, contrairement à bien des publications de ce domaine. Un désir de sérénité scientifique marque pourtant ces écrits, à un degré qui pourra surprendre : les bouleversements politiques connus par le pays dans les années 1960-1970 ont-ils si peu influencé l'évolution sociale ? En tout cas, jamais ils ne se trouvent mentionnés clairement.

Jean-Pierre Calvignac.

PASKOFF (Benjamin). — *Linguet : eighteenth-century intellectual heretic of France* / Benjamin Paskoff ; [foreword by Paul F. Paskoff]. — Smithtown, [New York] : Exposition Press, 1983. — IX-121 p : 1 frontispice ; 24 cm. — (An Exposition-University Book). ISBN 0-682-49961-7.

La pensée politique française des décennies qui précédèrent la Révolution suscite toujours, de par le monde, un intérêt quelque peu émoussé, sans doute, dans son pays d'origine. C'est ainsi que l'ouvrage posthume de Benjamin Paskoff, diplômé de l'université Columbia et historien américain des idées de la France des Lumières, ôte des ténèbres un nom bien oublié — au point que tel *Dictionnaire des auteurs* l'ignore superbement — Simon Nicolas-Henri Linguet, né à Reims en 1736.

Avocat, écrivain prolifique, le père de la *Théorie du pouvoir civil* s'opposa aux Encyclopédistes, sans défendre pour autant l'ordre de l'époque. Il condamna la propriété privée, selon lui cause de guerres, et aussi de pauvreté pour la multitude. Il prôna comme Voltaire, seul «philosophe» qu'il admirât, la tolérance religieuse. Contrairement à Montesquieu, il réclama des lois simplifiées à l'extrême : ainsi, affirmait-il, le seul intérêt des gens, au lieu de principes, guiderait le souverain. Mal compris, il passa pour un simple gardien du despotisme. Toute sa vie fut pourtant celle d'un «marginal» de l'esprit, qui connut l'exil et la Bastille. Mais en 1794, une vieille lettre l'ayant fait prendre pour un conseiller intime de feu Louis XVI, il périt à son tour sur l'échafaud !

Concis, rédigé dans un style aisé, le livre de Paskoff vient combler une indéniable lacune dans la connaissance des conceptions de l'Etat et de la société au XVIIIe siècle. Regrettons seulement l'absence d'une effigie de Linguet.

Jean-Pierre Calvignac.

SANTANGELO (Antonio). — *Meandri, donne agricole e pastori : antropologia e processo di civiltà* / Antonio Santangelo. — Milano : La Pietra, 1983. — 208 p. : couv. ill. ; 22 cm. — (Controeconomia).

Antonio Santangelo, médecin de formation, s'occupe surtout d'anthropologie, ainsi que des sciences voisines. Publié dans une collection d'écrits «alternatifs», son présent livre semble venir à la rescousse du féminisme et, à un degré moindre, des doctrines reposant sur l'idée de lutte des classes : il s'agit bien d'un texte partisan, mais la richesse scientifique de son argumentation — utilisant les dernières découvertes, tout en conservant la classique distinction paléolithique-mésolithique-néolithique — en fait un ouvrage passionnant, qui séduit en outre par son envergure.

Les premiers groupes humains, vivant de chasse, connaissant une insécurité constante, avaient hautement besoin des qualités viriles et présentaient donc un caractère patriarcal. Ce qui est moins connu, c'est que la période allant du VIIe au IVe millénaire av. J.C. aurait vu au contraire se développer, dans le Proche-Orient, des sociétés nettement matriarcales : l'élevage et l'agriculture, bases économiques nouvelles, supposaient la capacité à reproduire la vie, et faisaient donc appel à l'instinct maternel ; témoin, l'art de cette époque, privilégiant les représentations de déesses-mères. Au IIIe millénaire, la fin du «communisme primitif» et la naissance de la propriété, allant de pair avec l'apparition de la famille nucléaire, auraient marqué un retour à la prépondérance masculine.

Le balancier de l'histoire est-il arrêté à jamais, se demanderont plus d'un lecteur, plus d'une lectrice ? En tout cas, pour n'être sans doute pas définitive, la démonstration que voilà n'en donne pas moins à réfléchir.

Jean-Pierre Calvignac.

Séminaire d'économie et de sociologie du travail et de la santé 1980-1981 / Laboratoire d'économie et de sociologie du travail. — [S.I.] : C.N.R.S., 1982 (Aix-en-Provence : Ed. Clair obscur). — 330 p., couv. ill. en coul. ; 21 cm. Annexes pp. 309-330.

Ce volume est un recueil de treize articles dont certains sont des extraits d'ouvrages en cours de parution. Ces contributions permettent d'apprécier les préoccupations du LEST, Laboratoire d'économie et de sociologie du travail, par rapport au vaste champ d'étude des sciences sociales, car elles recouvrent l'essentiel des grands axes de recherche du laboratoire pour ces dernières années, à savoir le domaine de la santé et du travail. En outre, ce recueil met en évidence la fécondité pour la recherche de la présence simultanée de sociologues et d'économistes dans une structure de recherche permanente. Cette collaboration a amené une progression interdisciplinaire théorique et méthodologique nécessaire pour faire face aux exigences des réalités. Rester ancré dans la réalité est en effet le souci essentiel du LEST, qui s'est toujours appuyé sur des observations empiriques.

On trouve en annexe la liste des opérations de recherche du LEST en 1981 et celle des publications de ses chercheurs de 1979 à 1981.

J. Rose.

SERVIABLE (Mario). — *Le Tourisme aux Mascareignes-Seychelles* / Mario Serviable ; [préf. de Daniel Lefèvre...] — [Saint-Denis], [Réunion] : Université française de l'Océan indien, 1983. — 182 p. —]1] dépl. : ill., couv. ill. ; 24 cm. — (Collection des travaux du Centre universitaire). ISSN 0337-100-X.

Maurice, Réunion, Seychelles : les «tour-opérateurs» ont su garder à ces noms le pouvoir magique qu'ils avaient déjà, en Europe, au XVIIIe siècle. Se montrant sociologue et géographe autant qu'économiste, Mario Serviable se livre, justement, à une critique des mythes utilisés pour stimuler le tourisme dans ces îles ; il confronte également les diverses attitudes face à un phénomène qui, naguère aristocratique, semble appelé à concerner de larges masses.

Mieux vaut toutefois examiner les réalités, ce que fait l'auteur, chiffres en mains. Dans les deux îles indépendantes comme dans le département français, le tourisme a été délibérément choisi comme ressource. Ici comme là, malgré de sérieuses nuances, l'afflux des vacanciers contribue sans nul doute au développement d'une région dont l'avenir reste cependant plus qu'incertain : des emplois apparaissent, des devises rentrent. Le côté négatif n'est pas moins réel : hausse des prix locaux, forte dépendance extérieure, naissance d'un esprit manquant de dignité. Pourtant, Mario Serviable, fonctionnaire à la direction réunionnaise du Temps libre, ne condamne pas le tourisme : si le sud-ouest de l'Océan indien ne lui semble pas fait pour devenir une villégiature d'échelle «industrielle», un isolement total est par ailleurs inconcevable pour cette région ;

l'essentiel serait de repenser le tourisme — en remplaçant par exemple les rapports de maîtres à serviteurs par de véritables contacts entre touristes et autochtones.

Que l'on se prépare à passer quelques jours sous ces climats, ou que l'on en rêve faute de mieux, on trouvera ici une publication plus austère, mais bien plus instructive que beaucoup de séduisantes brochures.

Jean-Pierre Calvignac.

Studies in socio-cultural aspects of the mediterranean islands / [textes de] Kin-ichi Watanabé, Takeshi Hayashi, Eizo Matsuki, [et al.]. — Tokyo : Research group for the Mediterranean at Hitotsubashi University, 1979. — 143 p. : fig. ; 26 cm.

Population mobility in the mediterranean world : Studies in the historical and contemporary aspects / [textes de] Hisako Kurihara, Fukuya Kurihara, Keiichi Takeuchi, [et al.]. — Tokyo : Mediterranean Studies research group at Hitot-subashi University, 1982. — IV-181 p. : fig. tabl. ; 26 cm.

Ces deux ouvrages contiennent un ensemble d'articles rédigés par des chercheurs japonais spécialisés dans les sciences sociales. Le domaine géographique considéré est celui du bassin méditerranéen. Nous sommes en présence d'enquêtes réalisées sur le terrain, avec des données très précises et des résultats non moins précis.

Le premier volume porte sur plusieurs aspects socio-culturels de trois types d'îles en Méditerranée : les Cyclades à l'Est, Malte et les îles environnantes au centre, et les Baléares à l'Ouest. Les sujets traités sont aussi divers que : *les Berceuses chantées dans les îles Cyclades,* ou *la Vie religieuse dans une île égéenne : Naxos,* ou encore : *Une tentative d'occupation d'Ibiza par les Pays-Bas en 1629.* Mais tous ces sujets sont également révélateurs d'un style de vie ou de culture.

Le second volume décrit des mouvements de populations appartenant à l'aire géographique considérée, et ceci aussi bien d'un point de vue démographique, que social, économique et humain. Ce sont, bien sûr, des recherches fragmentaires qui, cependant, entrent toutes dans le cadre d'un intérêt global pour les problèmes existant dans cette zone du bassin méditerranéen, intérêt qui ne se développe que depuis quelques années au Japon. Les questions abordées ici concernent l'Espagne, l'Italie, la Grèce et l'Egypte. Ce sont par exemple : *l'Exode rural dans un village d'Andalousie ou Image d'autarcies villageoises dans les îles de la mer Egée.*

De nombreux articles sont rédigés en anglais ; certains le sont en français ou en italien. Tous présentent un intérêt réel, car ils sont le fruit d'études réalisées sur le terrain, par des esprits capables d'analyser les données et d'en effectuer la synthèse avec fruit.

Madeleine Tristant.

TOUALBI (Noureddine). — *Le sacré ambigu : ou des avatars psychologiques du changement social /* Noureddine Toualbi. — Alger : Entreprise Nationale du Livre, 1984. — 166 p. ; 24 cm. Bibliogr. pp. 157-162.

Noureddine Toualbi est maître de conférences à l'Université d'Alger. Il se fait ici l'observateur d'une situation qualifiée d'ambivalente, touchant les pratiques rituelles des hommes en Algérie depuis qu'ils ont acquis leur indépendance.

Le recours au sacré concerne, pour l'essentiel, des ruraux transplantés en ville. Il viendrait comme tentative de soulagement des malaises nés du fait de la transplantation et des détournements de pratiques anciennes, à l'occasion d'une recherche d'acculturation. La contradiction apparaît entre, d'une part, la force de la tradition et, d'autre part, la rapide révolution industrielle à laquelle ces personnes se trouvent confrontées, tout en y aspirant fortement et consciemment.

Il s'ensuit des tensions psychologiques et des symptômes psycho-somatiques qui apparaissent à l'auteur caractéristiques du changement social. Dès lors se manifestent à la fois la mise à distance de la tradition et sa nostalgie, champ conflictuel entre deux ordres de valeurs vécues parfois comme contradictoires. Les thérapies, rituels sacrés ou «modernes», ne sont, dans ce contexte, plus assurées de leur efficacité.

Ainsi présenté, on pourrait ne voir en cet ouvrage qu'une réflexion abstraite et générale. Car il est vrai que l'auteur ne va pas sans articuler sa thèse sur d'amples réflexions, le «malaise dans la civilisation» dont parle Freud, notamment ; on y trouvera aussi bien une ouverture sur le phallocentrisme et son importance, que sa mise en question, son vacillement. En scientifique, l'auteur avoue n'avoir pu, à cet égard, pousser assez loin ses investigations psycho-sociologiques quant aux femmes algériennes, dont on sait pourtant la place dans la novation, à plus d'un titre.

Comme l'indique dans sa préface J. Favez-Boutonier, professeur honoraire à la Sorbonne, voilà une occasion de réfléchir sur une «situation en devenir qui n'est pas seulement celle de l'Algérie, mais celle du monde entier...». Meilleure connaissance donc de l'homme algérien d'aujourd'hui, occasion de nourrir, pour peu qu'on le veuille faire sans a priori, nos propres méditations devant un avenir où coexistent valeurs humaines éprouvées et responsabilités dans nos sociétés en mutations. N. Toualbi nous invite à savoir pour mieux comprendre.

J.M. Janod.

VINCENT (Francine). — *Les Tuteurs en entreprises* / Francine Vincent. — Paris : Centre d'Education permanente de l'Université de Paris 1 : Publications de la Sorbonne, 1983. — XII-169 p. : schémas, fac. sim. ; 24 cm. — (Travaux et Publications du Centre d'Education permanente de l'Université de Paris 1 ; 1). ISBN 2-85944-058-5.

L'image, souvent exagérée d'ailleurs, d'une Education nationale indifférente aux réalités économiques et sociales du pays paraît enfin devoir s'estomper. A une telle évolution, le développement de la formation en alternance aura contribué pour beaucoup, de même, sans doute, que la parution du présent ouvrage — lequel reprend un utile et vivant mémoire présenté devant l'université Panthéon-Sorbonne.

«Tuteurs en entreprises» est le terme désignant les personnes responsables, sur les lieux mêmes du travail, de la formation des jeunes issus de l'enseignement professionnel ou, parfois, des universités. Cette fonction restait mal définie : les recherches de Francine Vincent auront largement aidé à la préciser. Une parfaite maîtrise des textes officiels, ainsi que de multiples interviews dans divers types d'établissements, ont permis à l'enquêteuse de ne laisser dans l'ombre aucun aspect des tâches et des préoccupations propres aux tuteurs, hommes — et femmes — investis d'un rôle essentiel dans un système d'insertion professionnelle encore jeune. Le tutorat, cependant, rappelle la tradition compagnonnique, ancienne, mais nullement dépassée. A celle-ci, tout comme à l'exemple «dualiste» de l'Allemagne fédérale, le livre accorde une place appréciable.

Reproduits *in-extenso,* de nombreux documents législatifs, règlementaires, syndicaux..., complètent un travail qui, au-delà des catégories directement intéressées, peut constituer pour beaucoup une excellente base de réflexion. Puisse la série qu'il inaugure tenir les promesses de ce premier volume.

Jean-Pierre Calvignac.

ARTS, JEUX ET SPORTS

The American cinema / Ed. by Donald E. Staples. — Rev. ed. — Washington : United States international communication agency, 1981. — X-407 p. : ill. ; 21 cm. — (Voice of America. Forum series).

The American cinema : ou l'histoire, l'esthétique, la théorie et la pratique du cinéma américain depuis son origine, racontées aux étrangers par la *Voix de l'Amérique*. Cette approche répond à l'intérêt suscité dans les autres pays par l'extraordinaire développement du «Septième art» aux Etats-Unis. Une vingtaine de professionnels du cinéma et de la critique cinématographique ont ainsi prêté leur concours à ces émissions radiophoniques faites en 1972.

Le panorama présenté est très complet : il inclut aussi bien la période du tout début que celle du muet, la fameuse période hollywoodienne que l'époque contemporaine (un chapitre a été rajouté pour les années 80). Des études sur différentes sortes de films, telles que films d'actualités ou films documentaires, et sur la critique cinématographique, ainsi que sur les influences reçues ou données par ce cinéma, complètent cet ouvrage. La formation des jeunes par et pour l'image n'est pas oubliée non plus.

Nous sommes donc en présence d'un excellent outil de travail pour les cinéphiles, qui est d'ailleurs devenu un classique, depuis sa première édition en 1973. Il est, en outre, susceptible d'intéresser les sociologues : il reflète une société où les «images mouvantes» ont pris une importance grandissante et où le public a désormais conquis une maturité certaine. Enfin, il montre comment cet art s'est peu à peu dégagé d'un réalisme outrancier pour laisser la place à la création véritable.

Madeleine Tristant.

BARRIERE (Claude). — *L'Art pariétal de Rouffignac : la grotte aux cent mammouths* / Claude Barrière ; [Ed. par la] Fondation Singer-Polignac. — Paris : Picard 1982. — 205 p. : ill. en noir et en coul., [3] dépl., couv. ill. en coul. ; 34 cm. — (Mémoires de l'Institut d'art préhistorique de Toulouse ; 4).

De mémoire d'homme, la grotte de Rouffignac a toujours été connue. Cette grotte et ses «peintures» sont déjà mentionnées en 1515 par François de Belleforest dans la «Cosmographie universelle de tout le monde»... La grotte fut définitivement reconnue par le Professeur Nougier en 1956, et l'art rupestre paléolithique de Rouffignac systématiquement étudié à partir de 1970. Cet ouvrage est l'aboutissement de ces recherches. On y trouve l'inventaire des figures pariétales avec, pour chacune d'elles, la photographie et le relevé d'après la photo au 1/10, ou plus réduit pour les ensembles. Les figures sont soit dessinées en couleur (noir, blanc ou rouge), soit gravées au burin entre autres sur roche dure, soit réalisées par tracé digital sur argile blanche. Puis dans une deuxième partie, l'ouvrage comporte l'analyse de l'art de cette grotte : les espèces animales représentées, les anthropomorphes, leur disposition, l'étude des techniques employées, des associations de figures, leur topographie.

L'art de Rouffignac apparaît en fin de compte comme très complexe, complexité des techniques employées, grande qualité technique, dans ces caractères correspondant au style IV ancien, selon Leroi-Gourhan.

Un essai d'interprétation achève l'ouvrage : explication de l'organisation de l'ornementation de la grotte, signification de cette fabuleuse histoire concrète racontée sur les parois.

Jacqueline Rose.

BRUXELLES (Agglomération). Commission française de la Culture. — *Guide de l'architecture des années 25 à Bruxelles* / [conçu et réd. par Annick Brauman, Maurice Culot, Hervé

Paindaveine... et al.]. — Bruxelles : Archives d'architecture moderne, 1983. — 63 p. : ill., couv. ill. en coul. ; 21 cm. + 1 dépl.

Doit-on rappeler quelle place occupe la Belgique, depuis le Moyen Age, dans l'histoire de l'architecture ? Après les ravages subis de 1914 à 1918, la reconstruction du pays favorisa l'éclosion de tendances nouvelles et fort diverses. Nombre de bâtiments bruxellois témoignent encore d'une ère correspondant à la période «Art déco» française ; le plaisant guide que nous découvrons en révèle la genèse.

Aspirations révolutionnaires, traditions nationales, influences américaine et hollandaise s'affrontèrent en de fécondes contradictions. Par exemple, Antoine Pompe resta fidèle à des maisons individuelles ne défiant pas inutilement la nature, tandis que les modernistes, émules de Le Corbusier, défendirent un habitat collectif aux lignes plus audacieuses, et un urbanisme tendant à éliminer la rue. Bien entendu, toute la force de l'époque apparaît dans des édifices publics, comme l'inimitable palais des Beaux-Arts ; plus en avance sur son temps, fut le pavillon de la Publicité qui orna l'exposition de 1935 — car en fait, cette période s'est prolongée jusqu'à la seconde guerre mondiale.

Des croquis, des photographies et des plans soignés rehaussent un texte spirituel. Dans le domaine de la construction comme en d'autres matières, les années 1919 à 1940 font maintenant partie de l'histoire : une publication comme celle-ci ne réjouira donc pas les seuls amateurs d'architecture ou de tourisme outre-Quiévrain, mais tous ceux qui veulent vraiment cerner l'esprit d'un siècle.

Jean-Pierre Calvignac.

[Exposition. Bruxelles, Bibliothèque royale Albert Ier. 1984.]. — *Aubin Pasque et Fantasmagie* / [exposition organisée par l'A.S.B.L., Archives et Musée de la Littérature... du 14 janvier au 25 février 1984] ; cat. réd. par Nathalie Grunhard. — Bruxelles : [Bibliothèque royale Albert Ier], 1984. — XIV-155 p. — [12] p. de pl. : ill. ; 20 cm.

L'enthousiasme d'un jeune public lettré pour l'occultisme et, plus largement, pour le fantastique, ne cesse de se confirmer. L'exposition tenue dans la capitale belge au début de 1984 et le catalogue qui nous en reste devraient constituer un bon exemple pour nombre de bibliothèques.

Aubin Pasque (1903-1981) se passionnait pour toutes les sciences hermétiques ; s'il brilla surtout comme graveur et peintre, ce fut pour lui un moyen de clamer ses convictions intellectuelles. Il réunit des amis partageant ses idées, tel le célèbre romancier Jean Bay, autour de la revue *Fantasmagie* — dont ce catalogue offre d'ailleurs un utile index. Le groupe ainsi formé, vivant en bons termes avec les surréalistes, s'en distinguait toutefois par plus de spontanéité : ici, pas de programme, pas de manifeste. A chacun des «fantasmages», déjà disparus pour la plupart, l'exposition a consacré une section particulière. En tout, 353 pièces, dessins, gravures, tableaux, livres publiés et documents autographes, auront mis en évidence une grande variété de talents. A méditer sur les reproductions sobres et puissantes ornant ce volume-souvenir, on se dit que, dans le domaine du surnaturel plus encore qu'ailleurs, l'image est bien une autre forme de l'écriture — à moins que ce ne soit l'inverse ?

Jean-Pierre Calvignac.

[Exposition. Nancy. 1982]. — *Claude Gellée et les peintres lorrains en Italie au XVIIe siècle* / [Exposition présentée au] Musée des Beaux-Arts de Nancy, mai-juillet 1982 ; av.-pr. de Jean Leymarie et de Suzanne Guillaume ; préf. et notices de Jacques Thuillier ; introd. de René Taveneaux ; trad. de Jean-Louis Provoyeur. — Rome : de Luca, 1982. — 485 p. : ill. en noir et coul. ; couv. ill. en coul. ; 24 cm.

Ouvrage entièrement bilingue français et italien.

L'année du tricentenaire de la mort de Claude Gellée, dit le Lorrain, a été marquée en France par la grande rétrospective présentée à Paris. Le Musée des Beaux-Arts de Nancy, secondé par l'Académie de France à Rome, célébrait, pour sa part, cet anniversaire en présentant une exposition sur le thème de la «colonie», du «foyer lorrain» qui exista au dix-septième siècle dans diverses villes d'Italie : Rome, Florence, Naples, Turin ou Venise.

Cent quarante tableaux, dessins ou gravures furent ainsi accrochés au Musée des Beaux-Arts de Nancy, grâce à de multiples concours. Ils témoignent de tempéraments artistiques aussi riches que divers et, pour certains, tombés fort injustement dans l'oubli depuis trois siècles. Car, à côté d'un Jacques Callot demeuré à jamais célèbre par une œuvre «pensée et parachevée en toutes ses parties», un François de Nomé ou un Nicolas Guillaume de la Fleur restent ignorés du public français. Nous n'avons en effet que très difficilement accès à leurs œuvres, soit du fait de leur dispersion — et de surcroît, à l'étranger — comme c'est le cas pour le premier ; soit du fait de leur disparition quasi totale, comme dans le cas du second.

Des textes, remarquables par leur érudition et leur sens critique, de Suzanne Guillaume, Jacques Thuillier et René Taveneaux, permettent de bien replacer dans leur contexte historique et sociologique ces artistes reconnus et honorés, à juste titre, de leur temps. Ils mettent aussi en lumière toute la relativité de la notion d'école, trop réductrice, et également celle d'une histoire de l'art écrite une fois pour toutes. La préface de Jacques Thuillier est à ce propos fort éclairante : «l'histoire de l'art, non moins que l'archéologie, et sans doute pour un plus grand profit, peut être encore découverte». Ce qu'illustre clairement cette exposition.

Madeleine Tristant.

[Exposition. Paris, Grand Palais. 1982-1983]. — *Fantin-Latour : Galerie nationale du Grand Palais, Paris 9 novembre 1982 - 7 février 1983, Galerie nationale du Canada, Ottawa 17 mars - 22 mai 1983, California Palace of the Legion of Honour, San Francisco 18 juin - 6 septembre 1983 /* [Exposition organisée par la Galerie nationale du Canada et la Réunion des musées nationaux avec le concours du Fine Arts Museum de San Francisco]. — Paris : Ministère de la Culture, Editions de la Réunion des Musées nationaux, 1982. — 358 p. : ill. ; 24 cm. ISBN 2-7118-0208-6.

Ce catalogue est celui de la plus importante exposition jamais organisée sur Fantin-Latour, peintre de la deuxième moitié du 19e siècle. Fantin-Latour se distingue des impressionnistes qu'il a cependant connus ; il restera fidèle aux maîtres anciens qu'il admire et dont il a fait de nombreuses copies. Sa production se répartit en trois grands groupes : portraits, natures mortes, scènes d'imagination.

Portraitiste confirmé, Fantin finira vite les travaux de commande, trop contraignants, et fera des portraits résultant de choix personnels. Ses portraits collectifs d'artistes et d'écrivains le rendront célèbre, car ils seront très reproduits. Jeune, il dut, pour vivre, peindre d'innombrables natures mortes — bouquets de fleurs coupées pour la plupart — où il atteignit la perfection et qui se vendaient bien en Angleterre.

C'est tout au long de sa carrière qu'il produisit des œuvres de veine imaginative qui reflètent les préoccupations profondes de cet être inquiet, renfermé, complexé mais animé d'un grand idéal. Ces scènes d'imagination ont pu le faire classer dans le courant symboliste : ce sont des illustrations de sujets allégoriques, mythologiques, historiques, d'œuvres poétiques ou musicales. Il illustra en particulier à merveille les opéras de Wagner qu'il admirait. Un critique écrira de lui : «Sa peinture semble faite de notes. Ce sont de splendides symphonies. C'est l'art allemand du son appliqué à la couleur»...

Fantin-Latour participa à la renaissance de la lithographie. On lui doit une suite de lithographies «Wagnériennes» considérées par certains comme l'apogée de son art.

Jacqueline Rose.

[Exposition. Paris, Maison de Balzac. 1983-1984]. — *Dessins d'écrivains français du XIXe siècle* / [Exposition organisée par la] Maison de Balzac, 25 novembre 1983 - 26 février 1984] ; av.-pr. de Jacqueline Sarment, préf. de Claude Pichois. — Paris : Maison de Balzac, 1983. — [non paginé] : ill. en noir et coul., couv. ill. ; 24 cm. — Bibliogr. de 4 pages.

Dans toutes ses manifestations, y compris dans le domaine de l'expression artistique, la vie apporte toujours des démentis aux catégories laborieusement élaborées par les hommes. Cette exposition, où les écrivains sont présentés comme des peintres ou des dessinateurs en est l'illustration. Parmi ceux-ci, Victor Hugo est le mieux connu du grand public ; et pourtant, plusieurs autres hommes et femmes de lettres de la même époque ont atteint, eux aussi, une certaine maîtrise de l'expression graphique, tels George Sand, Ch. Baudelaire ou P. Mérimée, sans parler d'E. Fromentin qui s'est toute sa vie refusé à choisir entre peinture et écriture.

Quarante-cinq artistes figurent dans ce catalogue, principalement ceux pour qui l'accès aux archives était le plus aisé. Leurs dons et leur formation sont très divers. Des caricatures cruelles d'un A. Dumas fils au *Portrait de jeune fille au pastel* d'une facture presque parfaite de T. Gautier, en passant par la «bande dessinée» débordante d'humour d'un A. de Musset, tous les genres, tous les degrés dans la maîtrise et la spontanéité sont représentés dans cette exposition. Une exposition qui a permis de révéler, dans plusieurs cas, la «face cachée» de certains de nos grands artistes, «en attendant», comme le dit Claude Pichois dans sa préface, qu'inversement «on rende hommage aux peintres écrivains, comme Delacroix»...

Madeleine Tristant.

[Exposition. Paris, Musée Antoine Bourdelle. 1982-1983]. — *André Ostier : photographies de peintres et de sculpteurs, 1941-1982* / [exposition présentée au] Musée Antoine Bourdelle, 4 novembre 1982 - 9 janvier 1983. — Paris, les Musées de la Ville de Paris, 1982. — 93 p. : couv. ill. en coul., ill. ; 22 x 24 cm. — (Mois de la Photo à Paris, 1982).

Une vie, des vies se trouvent esquissées dans ce volume. Une vie : celle d'André Ostier, consacrée, entre autres activités, à photographier des artistes, peintres et sculpteurs de son temps, qu'il a bien connus, entre 1938 et 1982. Des vies : celles de ces fortes personnalités qui ont marqué leur siècle et se sont faites, pour un instant, modèles à leur tour, devant l'objectif du photographe.

Ce dernier est alors devenu l'artiste, car il a su capter ce fragile moment de plénitude, de rencontre entre deux êtres et deux univers. Moment privilégié et dense, qui permet à toute œuvre d'être à la fois totalement ancrée dans la réalité de l'ici et du maintenant et de ne pas être fermée : le pouvoir d'évocation de chaque portrait est tel, qu'aucun n'apparaît comme un «document figé». «C'est comme si j'écrivais une histoire introductive à la compréhension du modèle», dit A. Ostier à F. Marquet, venue l'interviewer.

Ces images ont naturellement, en outre, une valeur documentaire certaine. Le photographe n'affirme-t-il pas, avec la modestie qui le caractérise : «Je ne me considère pas comme un véritable créateur. Je fais œuvre de mémorialiste.» Ces portraits, pris sur le vif et sans souci technique excessif, sont en effet très révélateurs. De plus, ils ont l'immense mérite de ne pas être conformes aux «clichés» habituels concernant tel ou tel artiste.

Madeleine Tristant.

[Exposition. Paris, Musée d'Art moderne, 1982]. — *Geer Van Velde : 1898-1977. Peintures et œuvres sur papier* / [Exposition organisée au] Musée d'Art moderne de la Ville de Paris, 21 avril - 13 juin 1982 ; préf. de Bernadette Contensou ; texte de Samuel Beckett, A.M. Hammacher, Piet Moget. — 88 p. : ill. en noir et coul, couv. ill., portr. en front. ; 30 cm.

Les reproductions en noir et blanc, ainsi que les textes judicieusement choisis de ce catalogue, devraient permettre au lecteur de bien situer l'œuvre de Geer Van Velde. Le qualificatif le mieux adapté à ce peintre et à son œuvre, en effet, pourrait être celui de «secret». Car ainsi que le faisait remarquer l'artiste lui-même : «En fin de compte, il y a dans chaque toile une ligne directrice. Cette ligne c'est toi, ton caractère, ta certitude, ton être...» Et rien n'est plus insaisissable, mais en même temps plus proche de nous, qu'un autre être.

Comment l'artiste a-t-il su nous faire partager son univers ? Au premier degré, par une certaine qualité de lumière «translucide, sèche et pâle» très particulière. Au second degré, par le choix délibéré d'un certain style de représentation : contrairement à ceux qui préfèrent occulter ce que Samuel Beckett appelle «l'empêchement objet» et «l'empêchement-œil» (qui ne sont autres que les conditions spatio-temporelles où choses et gens se trouvent placés) inhérents à toute représentation du monde, Geer Van Velde les peint résolument, atteignant ainsi l'universel.

Mais mieux vaut sans doute laisser parler cette œuvre — formée essentiellement de «composition», de moments saisis avec acuité — à la fois «distante et intime» pour le spectateur.

Madeleine Tristant.

[Exposition. Paris, Musée d'Art moderne 1982]. — *Wifredo Lam : 1902-1982 /* [organisée par le] Musée d'Art moderne de la Ville de Paris [1982] ; av.-pr. de Bernadette Contensou, Marta Arjona Pérez, Jose Ayllon ; textes de Michel Leiris, Wifredo Lam, André Breton ; trad. d'Aline Vidal. — Paris : Musée d'Art moderne, 1983. — [XIV-168 p.], ill. en noir et coul., portr. en front ; 24 cm. ISBN 2-904-497-005.

Ce catalogue est une somme, à l'image de l'exposition rétrospective consacrée par le Musée d'Art moderne de la Ville de Paris, au peintre cubain, fils d'un immigré chinois, Wifredo Lam, qui a travaillé de longues années en Europe avant la seconde guerre mondiale. Par bonheur, l'artiste avait pu contribuer, juste avant sa disparition, à l'organisation de cette manifestation.

Oeuvre importante à tous égards, qui aura marqué son siècle, autant que ce dernier l'aura marquée. Oeuvre énigmatique aussi, du moins à première vue, qui s'éclaire cependant lorsqu'on en possède certaines clés. Oeuvre fascinante enfin, car elle possède ce caractère d'«étrange familiarité» dont parlait Freud, et qui caractérise les seules productions exprimant un riche monde intérieur et un inconscient collectif.

Grâce à de multiples extraits de textes rédigés par des écrivains, des poètes, des philosophes et des artistes de toutes nationalités, la genèse de cette œuvre, qui «envoûte et enchante à la fois» et qui «est de plain-pied avec celle de Bosch tout spontanément», se dévoile quelque peu. Naturellement, comme le souligne André Breton, «quiconque a vraiment pénétré dans le temps de la peinture, sait que les initiés communiquent peu par les mots». Pourtant, l'amateur, le profane et même le spécialiste trouveront dans ces écrits un précieux complément aux reproductions de qualité qui émaillent cet ouvrage.

Soulignons que s'y ajoutent, en fin de volume, des reproductions d'objets d'art africains et océaniens, «en résonance» de l'univers de Wifredo Lam.

Madeleine Tristant.

[Exposition. Paris, Musée Bourdelle. 1983]. — *Laprade et Bourdelle vers 1900 /* [Exposition organisée au] Musée Bourdelle, juin-octobre 1983. — Paris : Musée Bourdelle, [1983]. — Non paginé [18 p. — 41 p. de pl.] : pl. en front., couv. ill. ; 22 x 24 cm.

Laprade et Bourdelle... Ou comment un artiste de valeur a su également se montrer un très bon pédagogue, respectant et développant la personnalité de son élève. Ce catalogue d'accompagnement à l'exposition des deux œuvres peintes permet d'en mesurer la différence de facture et de constater que les sources d'inspiration n'en sont pas les mêmes.

Il existe cependant une similitude de vues entre les deux artistes : ils partagent un goût profond de la recherche dans l'art et le souci constant d'une expression aussi achevée que possible. Voici ce que dit à ce sujet Pierre Laprade, écrivant à son maître : «Comme vous avez raison de dire qu'une œuvre timide n'est rien à côté d'une œuvre cherchée et rendue belle par le travail.» A ce propos, soulignons l'intérêt du texte liminaire de ce catalogue, dans lequel la reproduction de quelques lettres éclaire bien les relations, parfois assez complexes, entre les deux hommes.

Madeleine Tristant.

[Exposition. Paris, Musée Carnavalet. 1982-1983]. — *Etienne Carjat, 1828-1906 : photographies* / [exposition organisée par le] Musée Carnavalet, 25 novembre 1982 - 23 janvier 1983. — [Alençon : Impr. Alençonnaise, 1982]. — 108 p. : ill. ; 24 cm. ISBN 2-9014-14-02-P.

Cette exposition avait pour but de mieux faire connaître le talent original d'Etienne Carjat (1828-1906), qui fut certainement l'un des photographes français les plus doués. Son œuvre fait revivre le monde des lettres, des arts et de la politique au XIXe siècle en d'admirables portraits parmi lesquels on peut citer ceux de Baudelaire ou de Rimbaud, qui sont de véritables chefs-d'œuvre. Carjat s'intéressa également à la caricature, à la presse et au théâtre, mais c'est par la photographie qu'il parvient à donner un magistral témoignage de son temps. Malheureusement, son fonds d'atelier ayant disparu, on conserve de lui une œuvre moins abondante que celle de Nadar, son illustre contemporain. Comme lui, il utilisa le collodion avant sa commercialisation massive, ce qui donne des images très précises, sans grain, sur lesquelles le photographe peut répartir les ombres naturelles pour créer l'atmosphère.

Carjat ne s'intéressa guère à photographier la bourgeoisie. Il préféra les artistes, les hommes de lettres ou les demi-mondaines qu'il fréquentait. Il visait à des portraits naturels et expressifs sans les accessoires habituels à l'époque ni les séances de poses prolongées, cherchant surtout à rendre la vérité profonde de ses modèles.

Ce catalogue, largement illustré, contribuera ainsi à nous faire mieux connaître la vie littéraire et artistique du XIXe siècle et passionnera les amateurs de photographie. Il contient une bibliographie.

Jacquette Reboul.

[Exposition. Paris, Musée Cernuschi. 1983]. — *Kimonos de Kubota Itchiku* / [Exposition organisée par le] Musée Cernuschi, 19 mars - 7 mai 1983 ; av.-pr. de Marie-Thérèse Bobot ; texte de Kubota Itchiku, Kitamura Tetsuro et Yamamobe Tomoyuki. — Paris : Musée Cernuschi, 1983. — [82 p. :] ill. en coul., portr. en front., couv. ill. ; 24 cm. — (Ville de Paris).

Aucun qualificatif ne saurait rendre l'intense beauté des kimonos de crêpe de soie réalisés par Kubota Itchiku, dont un choix de trente-et-une pièces a été présenté à Paris, de mars à mai 1983. La luminosité et la subtilité de leurs couleurs, le jeu des volumes et des formes de leurs motifs dissymétriques harmonieusement assemblés, prennent toute leur valeur grâce à une technique très particulière, à laquelle l'auteur a donné son nom.

Cette technique, fruit de longues recherches et d'éternelles remises en question, nous est exposée en détails dans plusieurs textes éclairants au début du catalogue. Nous sommes en présence d'un véritable créateur qui a su assimiler l'acquis du passé pour le transmuer et l'adapter à notre temps.

K. Itchiku a su aussi rester un artisan à part entière. D'un artisan il a le savoir-faire, le soin dans la réalisation et la patience : le délai de confection de tout kimono n'est-il pas de trois ans ?

La qualité des reproductions de ce catalogue mérite aussi d'être soulignée. La richesse de la «palette» de l'artiste, les dégradés de tons, les jeux de lumière sur le tissu et les fils bordant les motifs sont restitués avec fidélité et prennent toute leur valeur sur le fond noir. Certains *furisode, hikigi* ou *kosode* participent des mêmes jeux de lumière que les différentes versions de la *Cathédrale de Rouen* de Monet.

Madeleine Tristant.

[Exposition. Paris, Musée de la mode et du costume. 1982-1983]. — *Uniformes civils français : cérémonial, circonstances. 1750-1980* / [exposition organisée par le] Musée de la mode et du costume [de la] Ville de Paris, 16 décembre 1982 - 17 avril 1983 ; présentation de Madeleine Nicolas ; car. réd. par Madeleine Delpierre. — Paris : Palais Galliéra, 1982. — 99 [-V] p. ; ill. en noir et coul. ; 24 cm.

Comme le souligne Madeleine Nicolas, dans la présentation de ce catalogue d'accompagnement à l'exposition sur les «uniformes civils français» de 1750 à 1980, choisir ce thème semblait presque une gageure à une époque comme la nôtre, où le rejet des contraintes — et celle de l'uniforme en particulier — se fait de plus en plus sentir, alors qu'une certaine — et paradoxale — nostalgie pour celui-ci et ses obligations apparaît.

L'effort était nécessaire : il n'existait, à ce jour, qu'une seule synthèse sur le sujet, datant du début du siècle et effectuée par l'historien Henri Défontaine. Y manquait cependant la période de l'Ancien Régime. Une mise au point comme celle-ci apporte, comme on s'en doute, mille et un renseignements à qui étudie l'histoire des mœurs et des idées.

Les uniformes civils sont en effet extrêmement révélateurs d'une époque comme d'un personnage. Ils sont bel et bien «chargés de sens et d'histoire», tout comme du sens artistique de ceux qui les ont façonnés. Le plaisir des yeux et de l'esprit s'y trouvent de la sorte étroitement mêlés.

Soulignons, pour finir, la précision et la densité des textes de ce catalogue qui retracent l'élaboration et l'évolution de chaque type de vêtement, qu'il s'agisse des costumes officiels de cérémonie et de fonction ou des tenues de circonstances. Le curieux, l'amateur d'art ou l'historien sont très certainement concernés par cet ouvrage.

Madeleine Tristant.

[Exposition. Paris, Musée de la mode et du costume. 1983]. — *Modes en dentelles : 1590-1983* / [Exposition organisée par le] Musée de la mode et du costume, 2 juin - 30 octobre 1983. — Paris : Palais Galliéra, 1983. — 111 p. : ill. ; couv. ill. ; 24 cm.

Sujet bien frivole que celui-ci, pensera-t-on. Et pourtant ô combien dépendant de l'état d'une société à un moment donné. La «Petite histoire de la dentelle» d'une quarantaine de pages, placée au début de ce catalogue, le montre bien. N'est-ce pas d'ailleurs Colbert qui a le premier souligné, et ce pour des raisons économiques bien précises — le problème des «devises» se posait déjà —, la nécessité de développer la production dentellière ? Cette même production dentellière derrière laquelle se devinent, en filigrane, les mœurs de la haute société ou de la bourgeoisie auxquelles elle est destinée, comme la condition des femmes ou l'organisation de la fabrication et du travail.

Et puis, l'exposé très détaillé et très complet des méthodes employées pour la dentelle à l'aiguille comme pour la dentelle aux fuseaux permet de bien se rendre compte de la manière dont chaque pays a résolu les délicats problèmes techniques, inhérents à toute création. C'est donc bien du génie artistique de l'Italie, de la France et de la Flandre, dont il est question ici. Ce catalogue, comme l'exposition qu'il reflète, est aussi didactique qu'attrayant.

Madeleine Tristant.

[Exposition. Paris, Musée de la mode et du costume. 1983-1984]. — *Indispensables accessoires : XVIe-XXe siècle* / [Exposition organisée par le] Musée de la mode et du costume [au] Palais Galliéra, 8 décembre 1983 - 23 avril 1984 : av.-pr. de Madeleine Delpierre. — Paris : Palais Galliéra. (s.d.). — 136 p. : ill., couv. ill. ; 24 cm.

Sont-ils aussi inutiles que le laisse à penser leur appellation, ces «accessoires» de la parure féminine ou masculine ? L'exposition du musée Galliéra et son catalogue très complet amènent à penser le contraire : sans leur «charme discret», les toilettes seraient souvent fades ou incomplètes.

Le classement adopté pour leur présentation coïncide parfaitement avec leurs diverses fonctions : accessoires portés sur le corps, ou portés à la main, et objets de parure. Beaucoup des pièces montrées — pour ne pas dire toutes — sont des petits chefs-d'œuvre d'invention ou de bon goût. Elles révèlent naturellement les tendances artistiques d'une époque. Par exemple, en ce qui concerne les éventails créés à la fin du siècle dernier, il est juste de dire que «les peintres (portent) en cette fin de siècle un intérêt particulier à l'éventail, que la forme et l'influence japonaises inspirent et auxquels s'essayent les plus grands : Manet, Bonnard, Maurice Denis, Gauguin». De plus, ils trahissent un genre de vie, telle la canne qui «ne trouve vraiment plus place dans la vie moderne, toute de précipitation et d'efficacité, dont la flânerie semble définitivement bannie...» Ils sont enfin tributaires de l'avancement de la technique de l'époque où ils apparaissent. L'utile et l'agréable se rejoignent donc dans cette étude, pour lui donner tout son intérêt.

Madeleine Tristant.

[Exposition. Paris, Musée du Petit Palais. 1981-1982]. — *Trésors du Musée d'art religieux et mosan de Liège : Musée du Petit Palais de la Ville de Paris, 16 octobre 1981 - 3 janvier 1982* / av.-pr. de Pierre Bas et Georges Goldine. — 132 p. : 320 ill. en noir et coul., couv. ill. en coul. ; 22 cm.

Cet ouvrage est un modèle du genre : il s'efforce de répondre à toutes les questions qu'un lecteur — historien, historien d'art ou simple amateur — est susceptible de se poser à propos de l'art mosan : quelles en sont les caractéristiques principales, quelle en est l'évolution, quels rapports, souvent étroits, il a entretenu avec d'autres formes d'art et quelles influences se sont exercées sur lui. La prodigieuse richesse et la variété de cet art se devine au travers des textes, comme des illustrations nombreuses et de bonne qualité. Les œuvres du MARAM (Musée d'art religieux et d'art mosan) sont regroupées par ordre chronologique, avec, pour chaque époque, un petit texte d'introduction. Chaque reproduction est décrite et située avec précision. La petite bibliographie en fin d'ouvrage permet, le cas échéant, d'approfondir certains aspects d'art ou d'histoire.

Madeleine Tristant.

[Exposition. Paris, Musée du Petit Palais. 1982-1983]. — *L'Art du XVIIe siècle dans les Carmels de France* / [Exposition organisée par la Ville de Paris avec le concours du Comité pour la IVe centenaire de sainte Thérèse d'Avila et de Yves Rocher]. — Paris : Y. Rocher, 1982. — 175 p. : ill. en noir et en coul. ; 24 cm.

Cette exposition a pour but de rendre hommage à sainte Thérèse d'Avila dont on vient de célébrer le quatrième centenaire de la mort. Au XVIIe siècle, le Carmel «commandera pour sa vie spirituelle une multitude d'œuvres d'art, peintures, sculptures, gravures, ornements litturgiques et pièces d'orfèvrerie». L'évocation de ce panorama artistique et spirituel s'est voulu aussi complet que possible. Les œuvres ont été groupées par thèmes ou par fonctions, depuis le noviciat jusqu'à la bibliothèque en passant par le chapitre, les ermitages du jardin, la chapelle, la nef de l'église avec ses gigantesques toiles peintes et la sacristie avec ses pièces d'orfèvrerie.

Ce très beau catalogue montre la prédilection de sainte Thérèse d'Avila et de saint Jean de la Croix pour l'image conçue comme un soutien de la vie spirituelle. Dans l'esprit de la Contre-Réforme, «la richesse des liturgies et l'action caritative n'étaient pas ressenties comme opposées», les œuvres d'art ainsi que la décoration des autels étant considérées comme un support de la foi.

Ce catalogue présente de nombreuses reproductions largement commentées d'œuvres d'art dont certaines sont inédites, tableaux, sculptures, broderies, chasubles, calices, patènes, burettes, plats, etc. Il est complété par une bibliographie et un index.

Jacquette Reboul.

[Exposition. Paris, Musée du Petit Palais. 1983-1984]. — *Au pays de Baal et d'Astarté : 10.000 ans d'art en Syrie* / [Exposition présentée au] Musée du Petit Palais, 26 octobre 1983 - 8 janvier 1984 ; av.-pr. de Judith Petit ; Préf. de Afif Bahnassi. — Paris : Musée du Petit Palais, 1983. — 320 p. : pl. en front, ill., fig. ; 28 cm. — Bibliogr. pp. 313-318. ISBN 2-86545-021-X.

Le titre aux consonances vaguement mystérieuses et poétiques de l'exposition présentée dans ce catalogue cache, en réalité, une étude approfondie des trésors archéologiques et artistiques découverts en Syrie depuis quelques décennies. Ils proviennent des musées d'Alep, de Damas et de Palmyre, mais aussi du Louvre, pour ce qui concerne la présentation à Paris.

Terre de rencontre des hommes et des cultures de par sa position géographique et son climat privilégié, la Syrie est propice au développement du commerce dans tous les sens du terme. Ceci explique la variété des influences qu'elle a assimilées depuis la préhistoire jusqu'à nos jours.

Tous les objets présentés nous questionnent sur leur signification profonde, sur le contexte socio-culturel dans lequel ils sont nés, sur l'évolution des civilisations en général. Parfois, ils bousculent nos conceptions actuelles de l'histoire ou nos critères esthétiques. Judith Petit, qui a conçu et coordonné cette importante exposition, dit, fort justement, à son propos : «*le Pays de Baal et d'Astarté* pourrait bien nous aider à transcender les mythes, sans pour autant nous priver de ce mode de connaissance indispensable qu'est l'émotion».

Madeleine Tristant.

[Exposition. Paris, Pavillon des Arts. 1983-1984]. — *Trésors de l'art serbe médiéval : XIIe-XIIIe siècle* / [Exposition organisée par la] ville de Paris [au] Pavillon des Arts, 23 décembre 1983 - 5 février 1984 ; introduction de Bojana Radojkovic. — Paris : Pavillon des Arts, 1983. — 133 p. : ill. en noir et coul., couv. ill. ; 27 cm. — (Ministère des Relations extérieures. Association française d'action artistique). ISBN 2-86545-024-4.

Le substrat historique, indispensable à la bonne compréhension du développement de l'art médiéval serbe, est esquissé par Bojana Radojkovic, de manière claire et détaillée, dans les vingt premières pages du catalogue de cette exposition — qui comportait 237 pièces. L'exposé de ces péripéties nous permet de démêler l'écheveau des multiples influences, tour à tour occidentales et orientales, assimilées par la Serbie entre le 12e et le 16e siècles. Un pays qui, même au plus fort de l'occupation turque, a su préserver sa personnalité, faire fructifier son patrimoine culturel et s'adapter aux moyens matériels, parfois très limités, dont il disposait.

Ce dernier trait est particulièrement sensible dans le domaine des arts dit «mineurs» qui font l'objet de cette exposition, arts dont les chercheurs ne se préoccupent guère que depuis les années 1950. Ils constituent pourtant, en Serbie, un riche patrimoine culturel et une source de renseignements de tout premier ordre. Tissus, broderies, céramiques, métal, bois sculpté, pierres fines, mobiliers d'églises, manuscrits, livres imprimés, reliures, icônes, pierres sculptées : autant de témoignages de la persistance du génie d'un peuple, de la conservation de son identité culturelle à travers les aléas des siècles. Nous avons là une admirable leçon d'histoire, racontée de belle façon.

Madeleine Tristant.

[Exposition. Strasbourg, Musée d'Art moderne ; Paris, Pavillon des Arts, Musée Carnavalet, 1983]. — *Gustave Doré, 1832-1883* / [Exposition organisée à] Strasbourg Musée d'Art moderne [et à] Paris, Pavillon des Arts, Musée Carnavalet. — Strasbourg : [Société d'édition de la Basse-Alsace], 1983. — 343 p. : ill. en noir et en coul. ; 24 cm.

Cette exposition a été organisée à l'occasion de la célébration du centenaire de la mort de Gustave Doré. L'artiste, né à Strasbourg en 1832, avait acquis de son vivant une renommée considérable, en particulier en Grande-Bretagne. On ne voit souvent en lui que l'illustrateur. Mais selon Henri Leblanc et Jean Adhémar, il aurait laissé plusieurs dizaines de milliers de dessins, de peintures, d'aquarelles, de sculptures, de gravures et de lithographies.

Il avait commencé sa carrière comme caricaturiste, mais le succès lui permit de se consacrer sans tarder à l'illustration et à la peinture. Ses illustrations ont trait pour la plupart à des œuvres mythiques, qui mettent en jeu les grands schèmes de l'imagination, comme la *Bible, Don Quichotte,* les *Contes* de Perrault, le *Roland furieux* ou les *Contes drolatiques* de Balzac. Transfigurant le conflit de sa vie dans son œuvre, il crée des images originales et saisissantes. Du fait de sa fixation à sa mère, il reste au stade infantile, concrétisé par les enfants rabelaisiens de taille monstrueuse ou *l'Enfer* de Dante, où il peint de façon puissante sa lutte contre la peur de la mort.

Attaché au Romantisme, il garde une forme relativement traditionnelle, caractérisée par une prodigieuse mémoire visuelle. S'il ne semble pas avoir eu de descendance directe en peinture et en sculpture, on peut cependant voir en l'illustrateur le précurseur de la bande dessinée. De son vivant, son personnage autodidacte, brillant et en faveur à la cour, irrita et fut jalousé. Depuis quelques années, son œuvre connaît un regain d'intérêt. Ce catalogue, abondamment illustré et pourvu de textes de présentation fort intéressants, nous permet enfin de mesurer la richesse de cette œuvre et de nous familiariser avec ses différents aspects.

Jacquette Reboul.

[Exposition. Troyes, Musée d'Art moderne, 1983]. — *Georges Kars : Peintures et dessins* / [Exposition organisée par le] Musée d'Art moderne, Troyes, 1er mai - 22 juin 1983 ; av.-pr. de Philippe Chabert. — 60 p. : ill. en noir et coul., couv. ill. ; 26 cm.

Des dessins d'un beau jet, avec un sens du modelé digne de celui d'un sculpteur, ainsi que des peintures aux coloris éclatants, mais d'une matière très sobre, font de ce peintre pragois un artiste inclassable. Tour à tour en Allemagne, en France ou en Espagne, il a connu les périodes expressionniste, fauve et cubiste, mais il n'a succombé à aucune de ces tentations. Il a su emprunter à chaque mouvement ce qu'il avait, à ses yeux, de meilleur et développer une œuvre à la fois forte et délicate.

Il revient au Musée d'Art moderne de Troyes le mérite d'avoir organisé cette belle exposition, à l'occasion du centenaire de la naissance de l'artiste. Le Musée possède en effet bon nombre de pièces de ce peintre, resté volontairement dans l'ombre et qui «avait appris la haute saveur que réserve la vie à quelques-uns et les flèches douloureuses qu'elle enfonce au cœur de ceux qu'à marqués le destin».

Madeleine Tristant.

[Exposition. Versailles. 1982]. — *Versailles, palais d'images : photographies 1852-1982 /* Exposition organisée par la Direction du Patrimoine, Ministère de la Culture ; [prés. par Pierre Barbin..., Philippe Neagu..., Jean-Claude Lemagny...]. — [Paris] : Association française pour la Diffusion de la Photographie, 1982. — Non paginé : ill. en noir et en coul., couv. ill. ; 22 x 25 cm.

M. Barbin note avec raison que le Domaine de Versailles compte parmi les monuments les plus photographiés. Ici comme partout, la carte postale a habitué le public à des clichés qui vont du franchement vulgaire à un pseudo-artistique dérisoire, et aussi à des vues de qualité. En tout cas, l'exposition dont le catalogue nous parvient rassemblait uniquement la fine fleur des produits de l'art inventé par Niepce et Daguerre, quand il s'applique à une illustre réalisation du Grand Siècle.

Les plus anciennes pièces, consciencieusement reproduites en sépia dans le dit catalogue, étaient les beaux calotypes des années 1850, corrigeant d'une curieuse douceur les rigoureuses lignes classiques du parc et du palais — bien des «photographes» d'alors venant de la peinture. Apparu vers 1900, le souci d'une esthétique propre à la plaque sensible, puis à la pellicule, a laissé les traces d'une évolution déjà bien entamée à l'époque du génial Louis Atget — et arrêtée, pour l'heure, aux effets imprévisibles de Jacques-Henri Lartigue, aux sobres mélodies chromatiques de Jacques Dubois ou de Rosine Mazin. Hors le champ de la beauté pure, des images peu connues ont rappelé des événements ayant eu Versailles pour cadre : procès de Bazaine, préparation du congrès de 1919... Enfin, les cinéphiles n'auront pas été oubliés, grâce à quelques plans du célèbre film de Sacha Guitry.

En matière de fidélité, la reproduction de photographies pose moins de problèmes que celle d'œuvres picturales : la valeur semble ainsi garantie d'un guide qui, en plus de cent pages, mais avec peu de mots, témoigne de rencontres — selon le terme de M. Lemagny — entre «le regard du XVIIe et celui du XXe siècle».

Jean-Pierre Calvignac.

[Exposition itinérante]. — *Bauhaus : photographie /* [exposition organisée à l'occasion des] Rencontres internationales de la Photographie : Arles, Musée Réattu, 7 juillet - 30 septembre 1983 ; Musée d'Art moderne de la ville de Paris, février-mars 1984 ; [catalogue de] Christian Bouqueret. — Arles : R.I.P., 1983. — 86 p. : ill., couv. ill. ; 25 cm.

On sait que le *Bauhaus,* ou Maison de la Construction, naquit en 1919 de la fusion de l'Ecole des Beaux-Arts et de l'Ecole des Arts décoratifs de Weimar. Réconcilier esthétique et technique, tel était l'objectif d'une institution où la photographie eut droit de cité, sous réserve qu'elle cessât de rendre simplement compte de la réalité, pour offrir désormais des produits qui fussent, intrinsèquement, des créations artistiques.

L'exposition *Bauhaus : photographie* aura fait redécouvrir les plus remarquables images réalisées par les étudiants et les professeurs de cette école hors pair qui, victime du IIIe Reich, allait répandre de par le monde une influence toujours perceptible. Les visiteurs n'ont pu rester insensibles à la variété des œuvres présentées : saisissants contrastes «négatif/positif» chers à Moholy-Nagy, compositions mystérieuses et un peu angoissantes réussies par Eugen Batz ou Walter Peterhans à partir de sujets banaux — tandis que Josef Albers ou Lotte Gerson préféraient des sculptures qui, sous des angles et des éclairages recherchés, devenaient matière à des œuvres d'art au second degré. Le *Bauhaus* innova aussi dans le domaine des photocompositions, des photomontages et surtout des photogrammes, obtenus sans appareil, par action directe sur le papier sensible.

Plus de cinquante ans n'ont pas vieilli ces pièces. A juste titre, Alain Desvergnes, directeur des Rencontres internationales, voit là un exemple tonique pour la jeune Ecole nationale de la Photographie. Et de simples amateurs ne trouveront-ils pas dans le présent catalogue, fort bien commenté, une inspiration ?

Jean-Pierre Calvignac.

FELGUEREZ (Manuel). — *La Máquina estética* / Manuel Felguérez, Mayer Sasson. — México : Universidad nacional autonoma de México, 1983. — 133 p. : ill., fig., couv. ill. ; 27 cm. ISBN 968-58-0479-6.

Le contenu de cet ouvrage défend et illustre son titre, légèrement provocateur. Certes, rendre un ordinateur «intelligent» est possible. Mais peut-on, par des «entrées» différentes, le rendre «sensible» ? C'est tout le problème que pose — et résout, avec l'aide de l'informaticien Mayer Sasson — le peintre et sculpteur mexicain, Manuel Felguérez.

Grâce à la «Théorie d'identification des systèmes», tous deux ont «sorti» de l'ordinateur des combinaisons infinies de formes, à partir de quelques figures simples. Les perspectives ouvertes par ce travail sont immenses. Employé avec discernement, l'ordinateur peut dialoguer avec le créateur et prolonger son inspiration. Pour quel résultat ? La manière de l'artiste reste-t-elle bien personnelle ? A en juger par les toiles et sculptures reproduites dans la seconde partie du volume, couleurs et reliefs propres à M. Felguérez se marient sans heurts aux «designs» suggérés par l'ordinateur, puis sélectionnés par l'homme.

Cet art d'aujourd'hui, marqué par les techniques de notre civilisation, nous concerne tous. L'étude est très détaillée et s'adresse aux spécialistes comme aux profanes.

Madeleine Tristant.

Heugel et ses musiciens : lettres à un éditeur parisien ; introd. de François Heugel, notes de Danièle Pistone. — Paris : Presses universitaires de France, 1984. — 128 p. ill. ; 25 cm. — (Centre de Recherche, d'étude et d'édition de Correspondance du XIXᵉ siècle de l'Université de Paris-Sorbonne. Paris IV. Cahiers). ISBN 2-13-038274-6.

Cet ouvrage rassemble 72 lettres émanant de 34 auteurs, choisies parmi les 4.000 lettres reçues par Jacques-Léopold Heugel et son fils Henri Heugel. Ces lettres parmi les plus intéressantes donnent une idée fort juste du plus prestigieux éditeur de musique du XIXᵉ siècle et fournissent une riche information sur la vie musicale du temps. Très diverses par leur sujet et leur style, elles sont classées selon leur milieu éditorial et autour de grands maîtres. Elles ont pour auteurs presque tout ce qui compta en musique à cette époque, soit Dupont, Charpentier, Offenbach, Meyerbeer, Gounod, Saint-Saens, Halévy, d'Indy, Massenet, etc...

En 1812, Jean-Antoine Meissonnier créa un magasin de musique relativement modeste. Il s'associa en 1839 avec Jacques-Léopold Heugel, qui développa considérablement son fonds de commerce pour en faire bientôt l'une des plus importantes maisons d'édition musicale de Paris. A sa mort en 1883, son fils prit sa succession jusqu'en 1916. Le père et le fils furent des figures de la vie musicale et lyrique du temps et jouèrent un rôle important dans la diffusion de la musique française. Les correspondances qui leur furent adressées par les musiciens de l'époque représentent une source documentaire d'un grand intérêt.

Jacquette Reboul.

Hollywood as historian : American film in a cultural context / ed. by Peter C. Rollins ; [articles by Everett Carter, Douglas Gomery, Ira S. Jaffe... et al.]. — Lexington : The University Press of Kentucky, 1983. — X-276 p. : ill., couv. ill. ; 23 cm. ISBN 0-8131-0154-9.

Il est peut-être difficile, hors des Etats-Unis, d'imaginer la place prise dans la conscience historique nationale par certaines productions cinématographiques. Douze films, parmi les plus caractéristiques à cet égard, se trouvent ici analysés en fonction de leur contexte et de leur réception par le public.

Il ne s'agit pas uniquement de reconstitutions historiques, comme *The Birth of a nation.* Certains films, en agissant sur les mentalités, ont eux-mêmes pu influencer le cours de l'histoire :

ainsi, les documentaires sur les réformes économiques de Roosevelt, dans les années 1930, ou *The Negro soldier,* plaidoyer antiraciste. Avec *The Snake pit* et *Dr Strangelove,* Hollywood s'est fait historien de manière inconsciente. Par ailleurs, on ne saurait oublier le remarquable mariage opéré entre esthétique et idéologie dans les chefs-d'œuvre où joua Charlie Chaplin — comme, plus récemment, dans *Apocalypse now.*

Si les films étudiés sont de grands classiques, tous les spectateurs n'ont sans doute pas su leur porter un regard aussi profond. En bref, ces pages aux illustrations judicieusement choisies confirment, s'il en était besoin, que le septième art, ôté du strict domaine artistique, peut rester un centre d'intérêt majeur.

Jean-Pierre Calvignac.

MOUTSOPOULOS (N.C.). — *Geraki : les églises du Bourgade* / N.C. Moutsopoulos, E. Dimitrokallis. — Thessalonique : Centre d'études byzantines, 1981. — (Monuments d'agglomérations byzantines ; 1.).

A l'extrême Sud de la Grèce, au-dessus du golfe de Laconie, s'étend une région particulièrement riche en vestiges byzantins : le Bourgade.

Déjà remarqué par les byzantinologues du siècle précédent, le Bourgade ne fut toutefois l'objet de fouilles systématiques qu'à partir de 1905 à l'initiative de l'Ecole archéologique anglaise d'Athènes. Avec sa collaboration et celle de spécialistes français comme Gabriel Millet, la Société historique grecque prit le relais en s'engageant dans une série de fouilles et de relevés scientifiques de l'état des lieux qu'elle commença à publier. Dès lors, l'exploration du Bourgade et de Geraki ne connut plus d'interruption notable, si l'on excepte les périodes troublées des deux guerres mondiales.

En publiant ce luxueux volume, les auteurs ont cherché un moyen terme entre les articles trop spécifiques et les ouvrages trop généraux publiés jusqu'ici sur le sujet. Leur étude porte sur l'architecture et la décoration de six églises byzantines soigneusement choisies et décrites : St Jean Chrysostome, St Nicolas, St Théodore, Notre-Dame de l'Annonciation, St Athanase et St Sôzon. Etayés de nombreuses références bibliographiques, les commentaires s'accompagnent de photographies de qualité, certaines en couleurs : témoignage précieux sur l'état des lieux, les détails architecturaux et les fresques murales, d'une fraîcheur parfois remarquable...

Premier d'une collection consacrée aux monuments byzantins, cet ouvrage doit être suivi de nouvelles études concernant les églises du Kastros, les églises et monastères des régions voisines, enfin l'histoire générale du Bourgade.

Nicole Pierre.

The movies in our midst. Documents in the cultural history of film in America / Ed. by Gerald Mast. — Chicago ; London ; University of Chicago Press, Cop. 1982. — XXII-766 p. ; 23 cm. ISBN 0-226-50981-8.

Gérald Mast est professeur d'anglais à l'Université de Chicago. Il a déjà publié *A Short story of the movies* et *The Comic mind comedy and the movies.* Il présente dans cet ouvrage, par ordre chronologique, un choix de documents sur l'histoire du cinéma aux Etats-Unis : ce sont des documents primaires comme le Hollywood Production Code, les décisions de la Cour Suprême ou les comptes rendus des audiences en 1947 et 1951/52 du comité des activités anti-américaines. Mais on y trouve aussi des articles de critique, tels que ceux de Aldous Huxley sur le parlant ou le commentaire par D.W. Griffith de *Birth of a Nation.*

Bien que ces choix puissent être critiqués, on ne peut qu'être heureux de trouver un si grand nombre de documents rares, et même inaccessibles, sur la totalité de l'histoire du cinéma américain des commencements, 1882-1900, à 1977. Une bibliographie des sources de langue anglaise complète l'ouvrage.

D. Dubroca.

Museo Poldi Pezzoli. Milan. — *Ceramiche, vetri, mobili e arredi* / Museo Poldi Pezzoli. — Milano : Electa editrice, 1983. — 472 p. : ill. en noir et en coul. ; 25 cm. (Musei e gallerie di Milano.).

Deux ouvrages déjà parus dans la collection des *Musei e gallerie di Milano* ont inventorié d'une part les peintures, d'autre part les pièces d'horlogerie et d'orfèvrerie, éléments des collections rassemblées au milieu du dix-neuvième siècle par Gian Giacomo Poldi Pezzoli, pour constituer un musée ouvert aux Milanais. Après la mort de Poldi Pezzoli, le musée a continué à s'accroître et il faut prévoir au moins sept volumes pour achever le catalogue de ses richesses.

Le troisième tome, que nous avons entre les mains, est consacré aux céramiques, aux verreries, aux meubles et aux objets d'ameublement et de décoration. Parmi les céramiques et porcelaines, qui vont du 8e siècle avant J.C. jusqu'au vingtième siècle, il y a des vases grecs à figures noires, des services à thé, à café, des statuettes et des plats provenant des manufactures de Meissen, de Vienne, de Sèvres, de Strasbourg, de Wedgwood, de Capodimonte, de Doccia : cela peut manquer d'unité, mais la qualité des pièces compense le défaut ; parmi les superbes chinoiseries nous ne citerons qu'un couple de grues de l'époque K'ien Long et, bras dessus, bras dessous, les génies de l'Union et de l'Harmonie dont le sourire raffiné enchante l'amateur.

Il ne nous est pas possible, regrettons-le, de nommer tous les collaborateurs : ils sont huit ! Comme toujours, les notices sont précises, complétées par six pages de bibliographie et par un index des noms et des sujets. Voici, pour les spécialistes, un instrument de travail qui ravira les amateurs.

Monique Lefrançois.

NOELLE (Louise). — *Agustin Hernández : arquitectura y pensamiento* / Louise Noëlle ; préf. de Federico Silva ; av.-pr. de Diego Rivera ; texte de Agustin Hernández. — México : Universidad nacional autonoma de México, 1982. — 136 p. : ill. en noir et coul. ; 24 x 29 cm. — (Monografias / Instituto de Investigaciones estéticas. Série mayor ; 5.). ISBN 968-58-0285-8.

De tous les métiers, celui d'architecte est peut-être le plus complet et celui qui permet le mieux à un être de réaliser toutes ses potentialités. C'est à cette sorte d'idéal, où l'homme se veut à la fois penseur et réalisateur, pleinement plongé dans son temps, sans toutefois oublier ses racines, que tend l'architecte mexicain contemporain A. Hernández.

Dans cet ouvrage, ce sont, en premier lieu, sa pensée et ses écrits théoriques qui nous sont présentés. La définition de son art et sa place dans la société au fil des temps, le processus de la création, bref, l'esthétique de l'architecte, transparaissent au long des textes et des schémas de l'artiste et des commentaires de l'auteur. Dans un deuxième temps, la «praxis» de l'œuvre est abordée. Les réalisations majeures, habitations et édifices publics, sont reproduites et analysées avec grand soin. Pour chacune, le lecteur est frappé par le jeu subtil des lignes et des volumes, mis en valeur par les effets de lumière et les matériaux. Formes courbes et rectilignes hardiment combinées forment un tout harmonieux. Alors qu'en arrière-plan se devine constamment la recherche d'une parfaite adéquation du bâtiment à sa fonction et à son site, sans compromission envers le mercantilisme ou les stéréotypes de la mode. Ainsi, l'œuvre actuellement réalisée est-elle déjà d'une grande variété d'inspiration et classe-t-elle A. Hernández parmi les tous premiers architectes de son pays et peut-être de son temps.

Madeleine Tristant.

OTT (Bertrand). — *Liszt et la pédagogie du piano : essai sur l'art du clavier selon Liszt* / Bertrand Ott ; préf. de Norbert Dufourcq. — Issy-les-Moulineaux : Ed. scientifiques et psychologiques, 1978. — 313 p. : ill., fig. ; 22 cm. — (Coll. Psychologie et pédagogie de la musique).

Ce livre est celui d'un historien de la musique, puisqu'il se fonde sur des documents de tous ordres : «historiques, musicologiques, littéraires» — et même, iconographiques — pour réaliser une analyse très fine du jeu lisztien.

C'est aussi le livre d'un technicien du piano qui dissèque les hypothèses proposées par les documents, vérifie chaque assertion et cherche à extraire de chacune la «substantifique moëlle».

Le pédagogue, dans le sens le plus noble du terme, qu'est Bertrand Ott, transparaît à chaque page. Davantage encore, pourrait-on le qualifier d'humaniste. Car, ainsi que le souligne Norbert Dufourcq dans son introduction : «Que de travail et d'amour suppose un tel volume !». En cela, le peintre a su se hausser au niveau de son modèle qui, rapporte Pourtalès, estimait à propos de Paganini, que «pour surnaturel que fût le violoniste, quelque chose d'essentiel lui manquait : la faculté de mourir à soi-même pour se donner aux autres. Un moi monstrueux, songe Liszt, ne saurait être qu'un dieu solitaire et triste».

Madeleine Tristant.

PAQUET (Marcel). — *Photographies de Magritte* / texte de Marcel Paquet. — Bruxelles : Atelier Vokaer, 1982. — 143 p. : ill., couv. ill. ; 31 cm.

A côté de la peinture, de la littérature et du cinéma, le surréalisme a utilisé bien d'autres moyens d'expression, héritant par exemple de son «ancêtre» Dada un goût prononcé pour la photographie. Le maître belge René Magritte, notamment, a beaucoup photographié, et cet album qui lui rend hommage était fort attendu.

Certaines images furent réalisées comme simples souvenirs, mais l'artiste a également laissé des vues à caractère «technique», destinées à préparer ses tableaux — dont beaucoup, du reste, se devinent déjà dans ces clichés. Toutes ces créations reflètent une recherche inlassable des aspects mystérieux des êtres et des choses, un effort constant pour montrer l'invisible : de ses modèles, Magritte photographiait volontiers le dos, élément ignoré des portraitistes classiques ; il appréciait aussi les personnages vus de face, mais dissimulant leur visage, et savait jouer du pouvoir déformant des miroirs. Notons aussi une science consommée de la mise en scène, avec un emploi judicieux d'objets tels que ces bilboquets rendus familiers par certaines toiles.

Mais pourquoi décrire plus longtemps ce qui est fait pour être vu ? Un pareil livre apporte, outre une grande et plaisante émotion, la preuve que nulle cloison ne saurait exister entre les différentes formes de l'art.

Jean-Pierre Calvignac.

La Sauvegarde de l'art français : cahier 2. — Paris : Picard, 1982.

Ce cahier n° 2 de «*La Sauvegarde de l'art français*» est dédié à la mémoire du fondateur de l'Association du même nom, le duc de Trévise. L'article liminaire est d'ailleurs consacré à sa présidence qui dura de 1921 à 1946.

Correspondant à l'intention première du fondateur, qui fut de «faire partager, par un public de plus en plus élargi, sa connaissance approfondie et son goût passionné des beaux-arts», nous trouvons, au fil des pages, des articles documentés et abondamment illustrés. Ces articles concernent l'organisation interne de l'Association, comme ses réalisations de sauvegarde. Parmi ces dernières, citons par exemple : *le Prieuré de Ronsard à Saint-Cosme,* ou *l'Aide temporaire aux églises fortifiées de la Thiérache.* D'autres articles, tel celui sur *Notre-Dame de Paris : état présent de la recherche,* sont d'intérêt plus général. Enfin, des notices bibliographiques sur des publications récentes, allant dans le sens des actions de la Sauvegarde, figurent en fin de ce volume susceptible d'intéresser tout amateur d'art éclairé, quelle que soit sa nationalité.

Madeleine Tristant.

VELAZCO (Jorge). — *Dos músicos eslavos : Gargantúa : semblanza de Anton Rubinstein ; política y creación musical : el caso Shostakovich* / Jorge Velazco ; [prólogo de Uwe Frisch]. — México : Universidad nacional autonoma de México, 1981. — 149 p. — [6] f. de pl. : ill., couv. ill. ; 28 cm. — (Instituto de Investigaciones estéticas : Cuardernos de música ; 2). ISBN 968-58-0076-6.

Les cultures slave et latino-américaine ont en commun leur caractère périphérique par rapport à l'occidentale : ainsi, le préfacier de cette double étude explique-t-il l'intérêt porté par l'université mexicaine aux grands compositeurs que furent Anton Rubinstein et Dimitri Chostakovitch. Il s'agit là d'une explication très partielle : l'un et l'autre ont bien mérité de la culture tout court, et le livre que voici, agréablement présenté, témoigne d'un bel effort pour les faire mieux connaître.

Exubérant, généreux sous des dehors hautains, Rubinstein (1829-1894) avait fait en Allemagne ses études musicales. Sous la protection d'Helena Pavlovna, il fut l'auteur d'opéras profanes ou d'inspiration biblique, et surtout, d'une œuvre instrumentale considérable. Le *Quatrième concerto en ré mineur,* op. 70, allait avoir, vers 1900, la faveur de tous les virtuoses.

Quant à Chostakovitch (1906-1975), sa vie mêla étroitement politique et musique. De bonne heure, il passa pour l'enfant terrible de cet art en U.R.S.S. — bien que son œuvre, souvent inspirée du folklore ou du sentiment national, fût plus typiquement slave que celle de Rubinstein. Jorge Velazco tient la *Quinzième symphonie en la majeur,* op. 141, datant de 1971, pour la plus remarquable création du compositeur.

Les notices musicographiques occupent plus du tiers d'un ouvrage par ailleurs admirable de précision, dans ses biographies comme dans ses considérations strictement «techniques».

Jean-Pierre Calvignac.

LANGUES, LITTERATURES

Alphabet des lettres belges de langue française / Préf. de Liliane Wouters ; éd. par Alberte Spinette ; [précédé de] *Balises pour l'histoire de nos lettres* / par Marc Quaghebeur. — Bruxelles : Association pour la promotion des lettres belges de langue française, 1982. — 311 p. : ill. ; 24 cm.

Qui sont-ils, ces écrivains belges de langue française qui n'ont «aucune conscience d'un patrimoine littéraire qui leur serait propre» et qui font néanmoins partie d'une histoire littéraire riche de cent cinquante ans d'existence ? Telle est la question à laquelle cet ouvrage tente de répondre, dans les deux parties qui le composent. La première retrace et caractérise les différentes étapes d'une histoire littéraire pleine de méandres, exactement comme l'histoire tout court dans laquelle elle s'inscrit. La seconde est un «alphabet» et non un annuaire, comme le précise bien Liliane Wouters dans sa préface. Cet alphabet est résolument sélectif, bien que le choix des auteurs présentés soit «très large, très divers, très étudié». Ces auteurs sont des contemporains pour la plupart, et ils «font» la création littéraire d'aujourd'hui. Une création qu'encouragent les instances les mieux placées et qui a désormais un large public.

Un tel livre était nécessaire, qui est à la fois une mise au point et un point de départ pour la littérature belge francophone d'aujourd'hui. Il est en outre présenté très agréablement : de nombreuses photos et documents rendent plus vivant un texte très documenté, sans fioritures et dépourvu de tout pédantisme.

Madeleine Tristant.

The American poetry anthology / Ed., with introd., index and biographical sketches by John Frost and the staff of the American Poetry Association. — Santa Cruz [Ca.] : The American Poetry Association, 1982. — 335-[13] p. : ill. ; 28 cm. — (The American poetry anthology, ISSN 0734-5135 ; vol. 1, nb 1.). ISBN 0-88147-000-7.

Ainsi que le note John Frost dans son introduction, la poésie anglo-américaine se situe à la pointe d'une langue en constante évolution. De fait, les poèmes contemporains que ce florilège nous invite à apprécier, tout en faisant connaissance avec leurs auteurs, reflètent un langage on ne peut plus actuel, exempt de tout artifice, libre de toute forme que le vieillissement aurait rendue étrangère à une expression naturelle ; et pourtant — là semble résider une part de magie — quelle musique ne se dégage-t-elle pas de ces vers ! Une musique parfois gaie, souvent tragique, presque toujours tendre. L'éditeur s'est fixé pour règle de publier seulement des textes ne dépassant pas vingt lignes, afin d'accueillir dans ce volume et dans ceux à venir le plus grand nombre possible de talents : pratique louable, étant donné la variété de sensibilités qui, de Paul R. Bowers à Gregory Warholak, ne s'accommodent visiblement des contraintes d'aucune «école».

Les paysages qui, gravés aux alentours de 1900, jalonnent le livre et s'harmonisent avec les écrits d'une manière indéfinissable, quoique certaine, prouvent s'il en était besoin que la beauté peut défier les frontières du temps.

Il ne nous reste plus qu'à attendre les prochains recueils de cette série prometteuse... et à souhaiter, avec plus de force désormais, revoir enfin la belle vitalité qui marqua longtemps la poésie française.

Jean-Pierre Calvignac.

BARADI (Soupramania). — *Soupramania Bâradi ; poète du pays tamoul : pages choisies /* Soupramania Bâradi. — Pondichéry : Gouvernement de Pondichéry, 1982. — XIV-184 p. : ill. ; 30 cm.

Ce volume présente une anthologie des œuvres en vers et en prose de Bâradi (1882-1921), écrivain indien d'expression tamoule. Cette langue du Sud de l'Inde est dotée d'une littérature fort riche, mais encore peu connue du public français. Comme l'écrit Remuka Appadorai dans son avant-propos, «Le nom de Bâradi brille d'un éclat particulier au firmament de la poésie tamoule. D'une part, il appartient à la prodigieuse lignée des poètes mystiques, d'autre part il ouvre magistralement la voie à la poésie politique et sociale. Il était à la fois un sage et un homme d'action et son œuvre en témoigne par son universalité et sa vigueur».

A onze ans, en raison de son génie précoce, les poètes de la cour du prince d'Ettayapouram lui conférèrent le titre de Bâradi, qui désigne la déesse des lettres et des arts. Il connut une carrière fulgurante mais trop courte, car il mourut à quarante-et-un ans. Il s'essaya en divers genres et devint le «poète de Pondichéry». Il se fit le chantre des opprimés : il appela ses compatriotes à la liberté, dénonça l'état d'infériorité et d'ignorance de la femme indienne, l'exploitation des ouvriers et la situation déplorable des intouchables. Ce génie, unique dans la littérature tamoule, connut dès son vivant une célébrité considérable et eut une grande influence sur les jeunes poètes de son pays.

Les extraits de ses œuvres réunis dans ce recueil ont été choisis et traduits par divers intellectuels français et tamouls. Par leur diversité, ils donnent une idée juste du grand talent du poète et de la profondeur de son inspiration.

Jacquette Reboul.

BRUNET (Yuko). — *Naissance d'un écrivain : étude sur Kawabata Yasunari* / Yuko Brunet. — Paris : l'Asiathèque, 1982. — VI-154 p. : couv. ill. ; 24 cm. — (Collège de France. Bibliothèque de l'Institut des Hautes Etudes japonaises). ISBN 2-901795-15-3.

Expliquer l'homme par l'œuvre et l'œuvre par l'homme, telle est la méthode choisie par Yuko Brunet pour évoquer Kawabata Yasunari. Méthode la plus éprouvée, sinon la plus simple, car elle exige de la part du critique une très bonne connaissance des textes et également que ces derniers soient suffisamment révélateurs. En l'occurrence, Yuko Brunet disposait d'un large éventail de documents fiables : le journal intime, les postfaces des œuvres complètes, et la biographie rédigée par l'écrivain lui-même. Aucune affirmation n'est gratuite et les hypothèses sont présentées comme telles. Cependant, de même qu'un chercheur perturbe quelque peu le déroulement d'une expérience à partir d'un certain degré de finesse, le critique littéraire est susceptible d'apporter des éléments subjectifs dans son analyse. Dans ce cas, néanmoins, la constante référence aux textes mêmes de l'artiste diminue les risques d'erreur d'interprétation.

Ainsi, au fil de la vie, au fil de l'œuvre, se forge devant nous la personnalité de l'écrivain et se déroule son itinéraire spirituel et artistique. L'homme n'expliquera jamais entièrement l'œuvre, ni l'œuvre, l'homme, mais leur imbrication étroite est ici évidente. Une telle étude devrait permettre au public français de mieux pénétrer dans l'univers très particulier de l'écrivain dont huit œuvres sont, à ce jour, traduites dans notre langue.

Madeleine Tristant.

DOCA (Gheorghe). — *Analyse psycholinguistique des erreurs faites lors de l'apprentissage d'une langue étrangère : applications au domaine franco-roumain* / Gheorghe Doca. — Bucarest : Editura academiei române ; Paris : Publications de la Sorbonne, 1981. — 250 p. : tabl., dépl. ; 24 cm. — (Recherches ; 45. — Bibliogr. pp. 203-209).

Dans cet ouvrage, l'approche des problèmes de l'apprentissage d'une langue étrangère est profondément originale. Elle va dans le sens des recherches entreprises à l'Université de Bucarest par Madame T. Slama-Cazacu. Le livre est d'ailleurs fondé sur les conclusions d'une thèse de doctorat soutenue par l'auteur, dans cette même université, en 1977. Par opposition aux méthodes traditionnelles, l'approche «psycholinguistique» proposée se veut telle, à part entière, c'est-à-dire aussi bien psychologique que linguistique. D'un point de vue théorique, cette approche est interdisciplinaire : on analyse ici l'individu et son contexte (deux facteurs essentiels du processus de communication) et la langue considérée, sans privilégier tel ou tel élément au détriment de l'autre. D'un point de vue pratique, la méthode est différente de celles qui, partant de théories et de postulats souvent fragmentaires, aboutissent à des méthodologies très coupées de la réalité.

Fondées sur l'observation d'une situation particulière, à savoir l'apprentissage du roumain par des français et, plus particulièrement, des erreurs (ou «interférences») qui apparaissent toujours à cet égard, les conclusions de cette étude sont très solides. Elles concernent, naturellement, les obstacles que l'on rencontre pour cet apprentissage, mais également pour les pédagogies du même type.

Madeleine Tristant.

La Belgique fantastique avant et après Jean Ray : anthologie établie et présentée / par Jean-Baptiste Baronian : œuvres d'Ayguesparse, Baronian, Bours, Compère, [et al.] ; ill. originales d'Henri Lievens. — Bruxelles : J. Antoine, 1984. — 382 p. ; 23 cm.

Si l'on peut dater de 1880 la naissance de la littérature belge en tant que telle, la littérature fantastique apparaît très tôt et connaît au fil des années un épanouissement extraordinaire analogue à celle de l'Argentine depuis soixante ans. Plutôt d'origine flamande, elle vient remettre en question la vie quotidienne. Elle produit des œuvres originales, très diverses mais souvent linéaires, oscillant entre le symbolisme et le naturalisme, des œuvres derrière lesquelles on sent «une certaine manière de poser la voix», selon Julien Gracq.

Cette anthologie très complète offre un panorama coloré de la nouvelle fantastique en Belgique depuis la fin du XIXe siècle. Elle se compose de trois parties : Avant Jean Ray, Autour de Jean Ray et Après Jean Ray. Elle cite de nombreux auteurs de premier plan comme Franz Hellens, Jean Ray, Michel de Ghelderode, Marcel Thiry, Thomas Owen ou Jacques Sternberg. Au fil des auteurs, on assiste à une épuration de la veine fantastique qui d'abord très réaliste, mettant en scène sorciers et sorcières, appareil magique et diables, évolue vers des récits plus dépouillés où le fantastique devient l'étrange, l'inexplicable, l'intrusion de l'inconnu dans la trame du quotidien.

Cette anthologie nous ouvre un univers surprenant et envoûtant. Ajoutons qu'elle est remarquablement présentée.

Jacquette Reboul.

DUHOUX (Yves). — *L'Etéocrétois : les textes, la langue* / Yves Duhoux. — Amsterdam : J.C. Gieben, 1982. — 335 p. : ill. ; 23 cm. ISBN 90-70265-05-2.

Comment le linguiste devient à ses heures archéologue et géologue lorsqu'il s'efforce de ressusciter les langues éteintes, ces fossiles de l'expression humaine, voilà qui est parfaitement illustré par l'ouvrage d'Yves Duhoux. Par les témoignages plus ou moins abondants qu'elles ont laissés d'un passé souvent prestigieux, les langues mortes sont assurément une clé fabuleuse pour notre connaissance des mondes disparus. Au nombre de ceux-ci, la civilisation crétoise, à peine émergée de la nuit des temps, offre encore toutes les perspectives d'investigation. La terre de Crète, où coexistent les nombreux vestiges d'écritures anciennes et énigmatiques, s'est en effet révélée un remarquable conservatoire linguistique aussi bien qu'archéologique. Est-il besoin de rappeler à cet égard l'intérêt passionné suscité par la découverte des linéaires A et B, et par le déchiffrement du linéaire B en 1952 ?

Y. Duhoux a consacré son étude à l'une des plus anciennes langues de l'île, l'étéocrétois. Langue particulière car non-hellénique, mais écrite dans cet alphabet grec que ses lecteurs, devenus par la suite les héritiers culturels des Minoens, furent peut-être les premiers à inventer. Langue probablement indigène, mais dont la parenté avec les autres langues du second millénaire, écritures hiéroglyphiques et linéaire A, est rien moins que certaine.

S'appuyant tant sur les éléments de la tradition et de l'histoire locale (récits des Anciens notamment) que sur une analyse strictement linguistique, l'auteur signale d'une part les erreurs ou ambiguïtés apparues dans les transcriptions et interprétations précédentes, et établit d'autre part les éléments du corpus étéocrétois. Une méthode qui sera utile à l'étude d'autres langues inconnues, toujours dans le même ordre d'idées : explorer l'écriture détentrice des secrets de l'histoire.

Nicole Pierre.

HOUDELOT (Robert). — *Le Laurier noir : poèmes* / Robert Houdelot. — Bonnétable (Sarthe) : R. Crès, 1984. — 175 p., 22 cm.

Pour un artiste, l'amour et ses corollaires, la solitude et la mort, sont des thèmes d'inspiration inépuisables. Avec pudeur et retenue — mais, précisément, avec d'autant plus de force — Robert Houdelot chante la passion humaine. Cette dernière pourrait d'ailleurs être une sorte de prélude à une forme plus généreuse, et même plus mystique, de l'amour :

«Au fond de votre cœur si l'Amour vit encore
Ou s'il couve, pareil aux feux abandonnés,
Ne craignez rien, vos yeux verront luire l'aurore
Etrange, où les amours vous seront pardonnés.»

Dans ces poèmes, courts pour la plupart, l'on ne trouve ni complaisance excessive, ni grandiloquence. L'essentiel a été ressenti et dit, comme en témoigne un poème tel que *Dieppe* :

«J'entends sourdement la trompe de brume
Et sonner au loin les clochers dieppois ;
O mer, c'est toujours la même amertume
Qui me prend le cœur dès que je te vois...

Le jour pâle a fui vers la côte anglaise,
Le vent a frémi sur l'immensité
Et dans l'ombre, où pleure un cri répété,
Un oiseau perdu cherche la falaise.»

Ainsi, un espace de liberté suffisant est laissé à l'imagination du lecteur, pour qu'il puisse à loisir projeter sur ces «instantanés» ses propres souvenirs, ses propres réflexions, ses propres rêveries. Au crépuscule de sa vie, le poète a su faire un choix parmi les pièces les plus réussies que lui a suggérées sa vive sensibilité et ceci, pour notre plus grand plaisir.

Madeleine Tristant.

JOYCE (James) : *Arno Schmidts Arbeitsexemplar von Finnegans wake by James Joyce : Faksimile des von Arno Schmidt mit verschiedenen Bunt — und Bleistift-Unterstreichungen, Randglossen und Kleinstübersetzungen versehenen Exemplar* / Arno Schmidt. — Zürich : Arno-Schmidt-Stiftung im Haffmans-Verlag, 1984. — 628 p. ; 26 cm + *Ubersetzungsbeispiele sowie Ammerkingen und Nachwort* / von Arno Schmidt (12) Bl : 47 cm. — Nachdr. der Ausg. von : London : Faber and Faber, 1950. In Mappe. ISBN 3-251-00024-1.

Voici, sous coffret couleur de bure, un fac-similé de l'exemplaire de travail d'Arno Schmidt, sur le grand œuvre de Joyce : *Finnegans wake.* Il s'accompagne d'une reproduction en réduction du tapuscrit avec un tableau d'exemples de traductions et concordances dans différentes langues. On sait que Joyce a écrit : «le génie original d'un homme doit être recherché dans ses gribouillages». Ici les gribouillages sont au second degré, puisque nous voyons l'érudit A. Schmidt au travail. Mais «gribouillages» serait péjoratif ! Tant il s'agit d'un travail : soulignements de plusieurs couleurs (reproduites au crayon), notes marginales, embryons de traduction, et jusqu'à des multiplications et prolongements personnels des «puns» de Joyce !...

Voilà qui ajoute au vertige qui nous prend à la lecture de l'édition originale, sans notes, lorsque syntagmes et paradigmes joyciens se jouent de notre entendement, dans une apparence de hasard semblable à celle de la roue d'une loterie tournant, lorsqu'axe horizontal et axe vertical se muent l'un dans l'autre, jusqu'à une butée qui abolit ce hasard. Serait-ce une fin, non une résolution... ?

Les études joyciennes vont bon train ; citons, parmi d'autres les numéros spéciaux des revues : *Europe* ; janvier-février 1984, ou l'*Ane* ; n°6 ; automne 1982, qui reproduit la si éclairante conférence inédite prononcée par J. Lacan à l'ouverture du 5e symposium Joyce, tenu en Sorbonne le 16 juin 1975 ; gardons-nous d'oublier qu'une traduction complète de *Finnegans wake* est parue en notre langue, traduction qu'on doit à Philippe Lavergne (Gallimard, 1983).

Cette édition plaira aux bibliophiles sachant l'anglais. Surtout, elle sera utile aux spécialistes de la traduction, aux critiques et linguistes de tous bords, qui pourront se placer là à un point de vue génétique sur la façon même de travailler d'A. Schmidt comme de Joyce. Ce sera l'occasion de fécondes recensions. Le célèbre Irlandais l'avait narquoisement prévu : «ce que j'écris ne cessera pas de donner du travail aux universitaires», il ajoutait même : «pour trois siècles»... Explorons donc ces abîmes horizontaux, à fleur de langue, avec sérieux, mais aussi avec joie.

Ce n'est sans doute pas par hasard que la présentation matérielle en soit un coffret : les éditeurs ont sans doute pensé que le lecteur y reviendrait souvent...

J.M. Janod

KONKA (Romain). — *Histoire de la littérature camerounaise :* tome 1 / Romain Konka. — Paris : l'auteur, 1983. — 175 p. : ill., facs-sim ; 22 cm. ISBN 2-904424-00-8.

L'histoire d'une littérature n'est pas la simple résultante du contexte géographique, social et politique dans lequel elle s'inscrit. Elle en est cependant, d'une certaine façon, tributaire. Inversement, ce milieu subit toujours des influences de sa part. Cette *Histoire de la littérature camerounaise* le prouve, s'il en était besoin. Le but avoué de l'auteur est d'ailleurs de décrire l'évolution des traditions orales et écrites du pays, en rapport avec «le cadre global de la nation de la République fédérale du Cameroun».

Romain Konka a su mêler avec bonheur analyses et extraits de textes. Il nous présente successivement, dans ce premier tome de son ouvrage, la littérature orale «point de rencontre et d'harmonie des sciences humaines», puis la littérature écrite. Cette dernière «née de la rencontre des cultures : cultures camerounaise, européenne et orientale» a été profondément marquée par deux événements récents et importants : la seconde guerre mondiale et l'accession du Cameroun à l'indépendance. Soulignons, à ce propos, l'importance qu'accorde, non sans raison, l'auteur au journalisme, «activité parallèle à l'évolution de la littérature d'un peuple».

Parce qu'il comporte des textes traduits en différentes langues, donnant une idée concrète du sujet traité, et parce qu'il comporte un nombre de détails précis suffisant sans être excessif, ce livre est très accessible à tous. Néanmoins, il se révèle plein d'enseignements — et de renseignements.

Madeleine Tristant.

La littérature chinoise au temps de la guerre de résistance contre le Japon : de 1937 à 1945 / Colloque international organisé par la Fondation Singer-Polignac en juin 1980. — Paris : éditions de la Fondation Singer-Polignac ; (D.L. 1982). — 402 p. ; 27 cm. ISBN 2-900927-08-0.

Traiter un thème aussi vaste que celui de la littérature chinoise de 1937 à 1945 en un seul colloque — fût-il organisé avec la participation de trente éminents spécialistes de toutes nationalités — tenait de la gageure. D'autant que c'est aussi bien la création littéraire que le contexte dans lequel elle s'inscrit, dont il est question. En outre, le problème de l'accès aux documents se pose encore à l'heure actuelle. Malgré tous ces obstacles, R. Ruhlmann peut, à juste titre, dire dans sa conclusion : «De toutes parts, on nous assure que ce Colloque audacieux est un colloque réussi».

L'impression ressentie à la lecture des exposés est celle d'un foisonnement des thèmes traités et d'une grande différence dans la manière de les aborder. S'en dégage une idée assez complète des œuvres écrites durant cette période troublée, des œuvres jusqu'ici «moins lues que celles de la période précédente et de la suivante», mais dont la valeur et la quantité ne leur cèdent en rien.

Le lecteur attentif regrettera sans doute le fait que «la littérature des Chinois d'outre-mer et notamment de l'Asie du Sud-Est, l'œuvre de Ba Jin, celles de Zhao Shuli, de Xiao Hong, de Hu Feng, n'aient fait l'objet d'aucune communication spécifique». Mais l'essentiel est dit successivement sur *La guerre de résistance et ses prodromes dans le Nord-est ; Les Grands écrivains de Yan'an ; Les Grands écrivains de l'arrière ; Résistance, révolution et nationalisme en littérature ; Les Sichuanais d'origine et d'adoption ; Les Poètes ; Le Théâtre et la littérature orale.* Il restera aux chercheurs futurs, ainsi que l'indique R. Ruhlmann «pour analyser plus avant leur objet à se limiter à un genre unique, ou à une seule des zones géographiques définies ci-dessous».

Madeleine Tristant.

LYR (René). — *L'Oeuvre poétique* / René Lyr ; préf. d'André Gascht. — Tournai : Unimuse, 1982. — 367 p. ; 20 cm.

Cet ouvrage rassemble les recueils poétiques jusqu'ici épars et certains inédits du poète belge René Lyr (1887-1957). Ce dernier, qui eut une vie très active marquée par des opinions anarchistes et insurrectionnelles de tendance libertaire, étrangères à tout esprit partisan, milita pour la formation d'un esprit de fraternité international parmi les gens de lettres. Il s'intéressa également à la critique, au journalisme, à la musicologie et aux arts plastiques.

Après deux recueils de poésie plutôt traditionnelle publiés pendant son adolescence, il attendit vingt-cinq ans pour publier successivement de 1949 à 1957 quinze ouvrages poétiques divers de forme et d'inspiration, mais qui s'acheminent progressivement vers un lent dépouillement. Gaston Bachelard lui écrivit le 23 octobre 1954 à propos de la sortie de *La Présence intérieure* : «A vous lire, j'étais rendu à mon destin de philosophe songeur. J'ai à mon gré dans vos poèmes les saisons chères au solitaire».

Ces poèmes en vers rimés ou assonancés sont harmonieux et musicaux, ainsi cet extrait de *Provence* publié en 1957 :

«Le jour s'incline parallèle
à la courbe toute irréelle
de ce paysage pensé.
Je cherche l'esprit de l'été
dans une tache de lumière.
Le soleil a mûri la terre
odorante et lourde de fruits
mais c'est l'espace qui me fuit
de sa présence comme un bloc
entre les cadences du roc».

Il est intéressant de redécouvrir par cet ouvrage une œuvre poétique qui intéresse les lettres belges et en illustre un courant particulier.

Jacquette Reboul.

MARTINET (Marie-Madeleine). — *Le Miroir de l'esprit dans le théâtre élizabéthain : variations dramatiques sur une idée philosophique, littéraire et artistique* / Marie-Madeleine Martinet. — Paris : Didier érudition, 1981. — 501 p. : [2] pl. en front. ; 24 cm. — (Publications de la Sorbonne. Littératures ; 16. Collection Etudes anglaises ; 79). ISBN 2-86460-015-3.

C'est après avoir constaté la fréquence «d'expressions figurées formées autour de l'image du miroir, qui semblaient présenter des modes de signification symbolique» dans le théâtre élizabéthain que M.-M. Martinet a été amenée à examiner de plus près un mode d'expression et un langage particuliers. Puis «cette question de vocabulaire révéla ses vastes implications dans le domaine des autres littératures, de l'histoire des idées, des arts et de l'iconographie». Le résultat de toutes ces recherches est exposé dans une thèse de doctorat et ce volume en est une édition abrégée.

Le thème du miroir est éminemment ancien et fécond, donc complexe, surtout à l'époque envisagée qui est celle de la Renaissance anglaise tardive. Il atteint alors sans doute son plus haut degré de perfection. Les jeux savants de l'esprit et du langage auxquels il se prête ont été remarquablement mis en lumière par l'auteur. M.-M. Martinet analyse en effet aussi bien le système de pensée et d'expression impliqué par ces jeux que le fonctionnement de ce même système à l'intérieur des cas particuliers que sont les œuvres de cette période. La compréhension de ces œuvres s'avère difficile sans la connaissance de ce langage symbolique et de son mécanisme compliqué.

Cet ouvrage, destiné à un public cultivé, témoigne d'une profondeur de vues et d'une maîtrise du sujet traité tout à fait remarquables.

Madeleine Tristant.

MUNO (Jean). — *L'Hipparion* / Jean Muno. — Bruxelles : éd. J. Antoine, 1984. — 239 p. — [10] p. ; 21 cm. — (Passé-Présent ; 40.).

Flâner un beau matin d'été sur une plage déserte en quête de fossiles et rencontrer au détour d'une dune un étrange petit cheval aux allures archaïques, telle est l'aventure qui attend M. Van Aerde, instituteur retraité et collectionneur passionné. L'événement n'aurait pas de quoi troubler la vie paisible de cet amateur de curiosités archéologiques et paléontologiques si l'animal ne se révélait être un hipparion, représentant unique et égaré d'une branche des Equidés éteinte peu après le pliocène. Antiscientifique par excellence, la bête fabuleuse semble s'attacher à son découvreur qu'elle suit comme son ombre et qui finit par organiser sa vie autour d'elle. Mais l'existence de l'hipparion, irruption du merveilleux au sein du scientifique, défi au quotidien, se heurte vite à la mesquinerie générale, au scepticisme des hommes et à leur refus. Dès lors il n'est plus d'issue possible. Sinon, peut-être, à travers le regard d'un enfant...

Ce n'est pas là un hasard. Lui-même parvenu à mi-chemin entre l'adolescence et la vieillesse, lorsqu'il écrit ces lignes nostalgiques teintées d'ironie, l'auteur cherche à suggérer la perte progressive du monde magique et onirique de l'enfance qui atteint (presque) tous les hommes, les laissant chaque jour plus pauvres d'eux-mêmes...

Roman fantastique, conte poétique et philosophique, ce joli texte puise ses origines dans l'antique tradition orale des mythes et légendes, au cœur du bestiaire merveilleux enfanté par l'imaginaire collectif puis individuel, lorsque s'impose, dès la fin du XVIIIe siècle, le rationalisme. Il s'inscrit dans la lignée des contes de fées, ces «rêves d'enfance» qui, selon l'expression de Herder, «nous forment et nous déforment davantage que tous les systèmes desséchés des pédagogues». En une époque dépourvue de véritable mythologie, étrangère à l'irrationnel, l'hipparion doit mourir comme meurent les rêves, faute d'adhésion collective. Et pourtant, peut-on vivre dans un monde sans hipparion ?

Nicole Pierre.

NOUGE (Paul). — *Des Mots à la rumeur d'une oblique pensée* / Paul Nougé. — Lausanne : l'Age d'homme, 1983. — 115 p. : 23 cm. — (Cistres - Lettres différentes).

«Les grandes choses se font parfois
sur une table nue
au cœur d'un silence sans fêlure»

écrivait dans *Les Cartes transparentes* Paul Nougé, celui qu'on appelait le pape du surréalisme belge. Cet ouvrage rassemble des pièces en vers et en prose jusqu'alors dispersées et représente le troisième volume des œuvres de l'auteur. On y retrouve le poète, mais aussi l'essayiste, le moraliste et le théoricien, d'où le titre choisi pour le recueil, *Des Mots à la rumeur d'une oblique pensée.* Ainsi, Francis Ponge écrivait de lui qu'il était «non seulement la tête la plus forte (longuement couplée avec Magritte) du surréalisme en Belgique, mais l'une des plus fortes de ce temps».

Ami de Jean Paulhan, il refusa les facilités de l'automatisme et se méfia de l'inspiration, dans un souci d'expérimentation et de manipulations phonétiques et sémantiques. Nougé fut un esprit cohérent qui sut redéfinir le langage comme une partie essentielle de l'être et un explorateur des facultés humaines et de l'esprit créateur. Ce volume nous donne une idée juste de son intelligence et de la diversité de ses dons.

Jacquette Reboul.

PAYSAC (Henri de). — *Francis Vielé-Griffin : poète symboliste et citoyen américain* / Henri de Paysac. — Paris : A.-G. Nizet, 1976. — 285 p. ; 23 cm.

Cette biographie est l'œuvre du petit-fils du poète Vielé-Griffin, ce qui en explique le caractère particulièrement compréhensif. Les mille et un détails qui tissent une vie et jouent parfois un rôle décisif dans sa progression sont exposés dans ces pages. Tandis que se trouve ressucitée toute une partie de la vie littéraire du tournant de ce siècle.

Francis Vielé-Griffin a, en effet, tenu un rôle de premier plan dans les luttes littéraires — et parfois politiques — des années 1890 : «Le Symbolisme, en pleine révolte contre les formes rigides de la poésie, se retrouvait en pleine communion avec ce mouvement [l'Anarchisme].» L'artiste a ainsi contribué à une libération des formes poétiques, tout en suivant «sa propre voie, celle qui chante la vie et la joie». Il a su être l'admirateur et l'ami de plusieurs personnalités marquantes de son temps : H. de Régnier, J. Mac Neil Whistler, A. Gide, F. Jammes, E. Verhaeren, P. Claudel. Lui qui, au départ, avait balancé entre la peinture et la poésie comme moyen d'expression, a pleinement développé ses virtualités dans l'écriture. Signoret, avec justesse, a pu dire de lui que «M. Vielé-Griffin, par la suavité de ses couleurs, sa raideur et l'élévation de ses pensées, est véritablement le Giotto de la poésie française».

Madeleine Tristant.

PETERS (Arthur). — *The Bridge : an essay on Thomas Mann* / by Arthur Peters. — Madison : Lillibridge Books, 1982. — 66 p. ; 21 cm.

Cet essai sur Thomas Mann n'a, de l'aveu même de son auteur, rien d'ambitieux : «L'on ne peut, dans un seul essai, donner la mesure de la créativité de Thomas Mann, et si l'aspect artistique de son œuvre a été quelque peu négligé dans ces pages, c'est au profit de qualités que l'on semble davantage rechercher à notre époque».

Les aspects caractéristiques de l'œuvre dans son ensemble et les traits essentiels de la personnalité de l'artiste sont pourtant suggérés et se dégagent de l'analyse qui est faite des principaux écrits : *Les Buddenbook, la Montagne magique, Joseph et ses frères, le Docteur Faust.* Mais l'accent est mis par Arthur Peters sur l'aspect «médiateur» de l'écrivain et de sa production, comme l'indique le titre du volume. Ces pages méritent d'être lues, car le critique a su projeter un éclairage assez inhabituel sur l'œuvre du grand écrivain.

Madeleine Tristant.

REOUVEN (René). — *Grand-père est mort : roman* / René Réouven. — Paris : Denoël, 1983. — 193 p. ; 21 cm. — Coll. Sueurs froides. ISBN 2-207-22888-6.

REOUVEN (René). — *Un tueur en Sorbonne : roman* / René Réouven. — Paris : Denoël, 1984. — 220 p. ; 21 cm. — Coll. Sueurs froides. ISBN 2-207-22991-2.

BLAKE (Harry). — *Meurtres clandestins* /. Textes de Harry Blake ; dessins de Martin Vaughn-James. — Paris : librairie Attica, 1982. — 205 p. : ill. ; 19 cm.

L'une des caractéristiques essentielles des ouvrages de René Réouven est que l'on ne peut véritablement les classer ni parmi les romans, ni parmi les ouvrages policiers : ils sont un peu tout cela à la fois. D'emblée, le lecteur se trouve plongé dans une atmosphère bien particuiière que crée un subtil dosage de suspense, de notations psychologiques, d'observations sociologiques et aussi d'évocations de sensations : les sons jouent par exemple un rôle très important dans l'évocation de la Sorbonne. Le tout est pimenté d'une bonne dose d'humour, souvent teinté d'ironie féroce, particulièrement en ce qui concerne la vie de bureau.

Nul besoin pour l'auteur de situer ses romans dans quelque cadre exotique de pacotille. Le dépaysement est ailleurs, dans la présentation au lecteur de mentalités différentes de la sienne, de milieux différents du sien, ou simplement d'un autre regard, jeté sur son propre milieu. Selon un procédé classique désormais, mais toujours efficace, le cadre nous est familier, mais il est rendu inquiétant par de menus détails : la scène du café dans *Grand-père est mort* est, à cet égard, tout à fait révélatrice.

L'ouvrage de Harry Blake se présente, par contre, tout à fait différemment des précédents. S'il fallait user, à son propos, d'un seul qualificatif, peut-être celui de surréaliste serait-il le plus adéquat. Alors que les livres de René Réouven s'enracinent dans un contexte précis et décrivent la progression d'événements avec logique, celui-ci, faisant sienne la technique du «nouveau roman», tente de décrire le puzzle épars des impressions, idées et réflexions, qui se bousculent dans l'esprit juste après un meurtre. Tentative périlleuse pour l'auteur qui cherche à reconstituer le moment vécu mais, ce faisant, le fixe et le déforme ; tentative risquée pour le lecteur qui, comme devant un tableau abstrait ou une page d'écriture automatique, se trouve sollicité et parfois remis en question.

Il faut souligner la qualité des illustrations de M. Vaughn-James, «instantanés» d'une sèche précision. Ce recueil de nouvelles policières ouvre peut-être une nouvelle voie dans le genre. Affaire à suivre...

Madeleine Tristant.

SZELPAL (Arpád). — *Les Haillons de la vieillesse* / Arpád Szélpál. - Paris : éd. «d'atelier», 1982. — 89 p. : fac.-sim. sur la couv. ; 24 cm.

Introduits brièvement, mais non sans «esprit de finesse», par G.E. Clancier, voici les poèmes d'âge mûr d'un exilé hongrois. Malgré l'obstacle que peut constituer une langue «d'adoption», il a su exprimer dans la nôtre ses impressions, ses sensations, ses sentiments, ses idées.

Multiples sont les thèmes abordés par cet homme au seuil de la vieillesse, unique demeure le souci de l'écrivain de forger un art «créateur et non pas récepteur», tout à fait à l'opposé d'un «art du parti». C'est dès 1919, dans une sorte de manifeste publié par Lajos Kassák, dans sa revue «Ma», qu'Arpád Szélpál a exprimé ce point de vue «activiste». Un point de vue selon lequel l'artiste est animé par un «élan révolutionnaire» que ne devrait pas figer l'appartenance à une quelconque faction. Cet ouvrage témoigne, une fois de plus, de la fidélité de l'auteur à son idéal d'authentique «avant-garde».

Madeleine Tristant.

TANAKA (Sadao). — *Les Débuts de l'étude du français au Japon* / par Sadao Tanaka : préf.

de Takahashi Kunitarô. — Tôkyô : France, Tosha, 1983. — IX-230 p. : pl. en front. ; 22 cm. — (Ouvrage publ. avec le concours du Ministère de l'Education nationale du Japon).

Malgré les problèmes certains d'accès aux archives rencontrés par l'auteur du fait de la disparition de nombreux documents, successivement en 1868, en 1923 et durant la seconde guerre mondiale, S. Tanaka nous présente un ouvrage très minutieux et documenté. Il s'agit d'ailleurs d'une thèse de doctorat d'université de Paris III remaniée.

Les trois érudits dont la vie et l'œuvre sont retracées ici, ont été choisis à dessein par le spécialiste de l'histoire de la civilisation comparée franco-japonaise qu'est S. Tanaka. Ils personnifient à merveille trois étapes de l'histoire et de l'évolution de l'apprentissage de notre langue au Japon, au siècle dernier. Grâce à la précision des détails fournis, obtenus souvent dans des textes inédits — des papiers confiés par une famille, par exemple — et à la vivacité du style de l'auteur qui maîtrise parfaitement notre langue, c'est avec un grand intérêt que nous suivons les débuts laborieux de ce pionnier que fut Murakami, puis les fructueuses études à l'étranger d'Irie, et pour finir l'accès au français de conversation de Yamamoto.

Il n'est pas question, bien sûr, dans cet ouvrage de portée limitée et au sujet bien circonscrit d'aborder le vaste problème de l'influence de notre langue sur la culture et la civilisation japonaises, mais l'auteur a parfaitement réussi à «montrer de façon concrète les difficultés matérielles et autres rencontrées par les pionniers et à rappeler quelques noms oubliés», ainsi qu'il se proposait de le faire.

Madeleine Tristant.

THOMAS (Claire-Françoise). — *Les Yeux dans le regard : poèmes* / Claire-Françoise Thomas. — Paris : Fondation Singer-Polignac, 1982. — 106 p. ; 23 cm + erratum. ISBN 2-900-92711-0.

«La poésie de langue française se meurt» : sans doute faudrait-il, avant d'accepter comme telle une affirmation aussi commune, se demander si cette prétendue mort ne tient pas en partie à l'excessive prudence des «gros» éditeurs, condamnant les talents d'aujourd'hui à l'ingrate publication à compte d'auteur — sauf lorsqu'une fondation clairvoyante et désintéressée remarque l'un d'eux ; tel a été le cas, par bonheur, pour Claire-Françoise Thomas.

Couronnés d'un titre qui tient presque toujours en un mot, les quatre-vingt-dix-neuf poèmes de ce recueil sont extraordinairement féminins ; une comparaison avec les symbolistes, par exemple, s'avérerait vite illusoire. Une sensualité constante les imprègne, un amour fou de la vie et de la beauté s'en dégage. Leur rythme suggère un souffle humain passionné ; en même temps, l'impression que le lecteur a souvent de les découvrir d'un coup d'œil, couleur et toucher compris, en fait de vraies œuvres picturales. Qu'ajouter, par exemple, aux cinq vers de *Délivrance* ?

> Une évidence de pêche dévêtue de chair fauve
> Une espérance d'été dévoilée de mer fauve
> Une délivrance en lisières de larges lumières
> Décante les livides alluvions des hivers tentaculaires
> Enchante d'atmosphères amusées les nébuleuses médusées.

En bref, il s'agit là d'un recueil à ne pas dédaigner.

Jean-Pierre Calvignac.

GEOGRAPHIE,HISTOIRE

ABBOT (Paul D.). — *Provinces, Pays and Seigneuries of France* / by P.D. Abbot. — Myrtleford [Australia] : P.D. Abbot, 1981. — 679 p. : cartes, tabl. ; 29 cm + addenda. ISBN 0-9593773-0-1.

Un seul désagrément suivra peut-être la découverte de ce monumental ouvrage de référence : la légère humiliation de ne pas y voir le fruit d'une initiative française. En fait, l'auteur a utilisé pour l'essentiel des travaux, grands classiques comme humbles recherches locales, dus à des historiens de notre pays ; voilà qui n'altère en rien le mérite d'un pareil effort de synthèse.

Après un bon aperçu des institutions et de l'évolution dynastique de la France jusqu'au XVIIIe siècle, chacune des anciennes provinces, dans ses limites pré-révolutionnaires, fait l'objet d'une étude méthodique : son histoire politique depuis les origines, sa géographie à un degré moindre, se trouvent exposées ; des tableaux aussi précis que possible retracent la généalogie des familles qui la dominèrent. Suivent des informations comparables sur ses différents «pays», érigés en fiefs au Moyen-Age : la plus infime seigneurie jouit ici d'une place appréciable ; détail à noter, l'actuel département incluant son territoire apparaît toujours indiqué. La Picardie se voit consacrer vingt-et-une pages au total ; la Guyenne, vingt-neuf. Les acquisitions postérieures à 1789, ainsi que la principauté de Monaco, n'ont pas été oubliées.

Voilà donc une somme proprement encyclopédique, et qui devrait se révéler un usuel indispensable aux bibliothèques d'histoire générale comme aux fonds régionaux. Batailles et généalogies, nous le savons de reste, relevaient d'un domaine négligé depuis quelques lustres par notre histoire universitaire. Mais un revirement ne s'amorce-t-il pas aujourd'hui ?

Jean-Pierre Calvignac.

Acta Curie felicis urbis Panormi : collana di atti medievali della città di Palermo / Direttore : Pietro Gulotta... — Palermo : Municipio di Palermo, Assessorato beni culturali — Archivio storico, 1982. — 28 cm.

1 : Registri di lettere, gabelle e petizioni : 1274-1321 / a cura di Fedele Pollaci Nuccio e Domenico Gnoffo ; introduzione di Francesco Giunta. — 1982. — XXXII-448 p. : pl. — Ristampa anastatica dell'ed. di 1892.

A l'occasion du septième centenaire des Vêpres siciliennes (lundi de Pâques 1282) et d'un Congrès international «Società mediterranea all' epoca del Vespre», la Commune de Palerme a décidé de publier les textes et documents de ses archives du Moyen âge. Le comité scientifique, constitué de Francesco Giunta, Romualdo Giuffrida et Pietro Gulotta, sous la direction de ce dernier, a choisi pour commencer de réimprimer l'ouvrage publié en 1892 par Fedele Pollaci Nuccio et Domenico Gnoffo. Cette première édition n'ayant été tirée qu'à cent cinquante exemplaires aux frais du duc de Verdura était devenue rarissime, et sa re-publication est donc la bienvenue.

Tout un programme d'édition est d'ailleurs envisagé par la Ville de Parlerme et son service de la Culture ; à côté des *Acta Curie felicis urbis Panormi,* qui comprendront six volumes, sont annoncés trois autres recueils de documents concernant la même époque : une réimpression de l'ouvrage de Fardella (*De rebus regni Siciliae, 9 settembre 1282-26 agosto 1283...* — Palermo, 1882), une édition par Gulotta dans les Fonti e studi del Corpus membranarum italicarum (*Le Imbreviature del secondo registro del notaio Adamo di Citella a Palerma, 1298-1299...* — Roma, 1982) et, par les soins d'Iris Mizarita, une future édition des *Documenti relativi all'epoca del Vespro,* tratti da manoscritti della Biblioteca communale di Palermo. Ce programme ambitieux mérite qu'on rende hommage aux organisateurs, d'autant plus que la distribution de l'ouvrage de Nuccio e Gnoffo a été assurée gratuitement.

Monique Lefrançois.

ANGULO VALDES (Carlos). — *Arqueología del Valle de Santiago, norte de la Colombia* / Carlos Angulo Valdes. — Bogotá : Banco de la República, 1983. — 196 p. : ill. en noir et en coul. ; 23 cm. — (Publicaciones de la Fundación de Investigaciones Arqueológicas Nacionales ; 19).

Nous connaissons déjà cette série, remarquable par sa présentation comme par son contenu. Le dix-neuvième volume rend compte des fouilles effectuées ces dernières années dans la vallée de Santiago, région de la Colombie riveraine de l'Atlantique et donc fort différente de la zone andine. Les niveaux explorés s'échelonnent entre les années 900 et 1695 de notre ère.

Sous un climat extrêmement humide, les indigènes avaient su s'adapter à un système écologique déséquilibré : les escargots, abondants, jouaient un grand rôle dans leur alimentation, mais aussi dans leur artisanat, car la coquille de ces mollusques servait au finissage de céramiques décorées, localement produites en grandes quantités — comme en témoignent de nombreux restes de vases, dont l'ouvrage présente une typologie minutieuse. C'est plus tardivement que les Indiens de la vallée semblent avoir connu la culture du maïs ; le coton a également été cultivé et travaillé ici : des restes de fuseaux le prouvent.

La richesse, la diversité des anciennes civilisations de l'Amérique ne cessent de se confirmer. Ce volume, soyons-en sûrs, recevra le même accueil que les précédents.

Jean-Pierre Calvignac.

Atatürk's way / Articles contribued by Prof. Dr. Turhan Feyzioglu (editor), Prof. Dr. Mustafa Aysan, Prof. Dr. Hamza Eroglu, [et al.] on the occasion of the centennial of Kemal Atatürk ; [Translated by Nüket C. Olson Eraslan, Joshua Bear, Harun Rizatepe]. — [Istanbul] : Otomarsan, [1982]. — 384 p. — [16] f. de pl. : ill. en noir et en coul., couv. ill. en coul. ; 24 cm.

La Turquie a célébré en 1981 le centenaire de son rénovateur, Mustafa Kemal Pacha. Celui qui fut appelé Atatürk à partir de 1934 (et mourut quatre ans plus tard) restera une figure marquante de l'histoire du XXe siècle.

Le présent recueil, qui ne dissimule guère un caractère officieux, lui rend hommage. Après avoir rappelé l'ancienne grandeur ottomane, puis le déclin de l'empire (dès le XVIIIe siècle) et l'effondrement consécutif à la première guerre mondiale, les auteurs retracent et expliquent l'œuvre accomplie par Mustafa Kemal dans tous les domaines : lutte pour l'indépendance réelle du pays et reconquête d'une identité nationale ; édification d'une société nouvelle, fondée sur la raison et la science ; mise en place d'une politique économique originale. Tout cela constitue le «kemalisme», défini comme une mentalité plutôt que comme une doctrine. S'ajoutant aux succès militaires ou diplomatiques, ce sont bien les réformes du *Gazi* qui, pétries de laïcisme, marquèrent paradoxalement le réveil du monde islamique.

Cet ouvrage n'accorde pour ainsi dire aucune place aux jugements critiques. Mais il semble procéder de sérieuses recherches. Après chaque chapitre, une bibliographie signale des titres turcs, mais aussi occidentaux. Une chronologie précise achève d'en faire un document non dénué d'intérêt.

Jean-Pierre Calvignac.

BAEZ MACIAS (Eduardo). — *El Edificio del hospital de Jesús : historia y documentos sobre su construcción* / Eduardo Báez Macías ; [pres. por Jorge Alberto Manrique]. — México : Universidad nacional autónoma de México, 1982. — 164 p. — [41]p. de pl. — [1] dépl. : ill., plans, couv. ill. en coul. ; 23 cm. — (Instituto de Investigaciones estéticas : Monografías de Arte ; 6). ISBN 968-58-0268-8.

La construction de l'hôpital de Jésus, au centre de Mexico, dura deux siècles environ. Peu de monuments latino-américains sont aussi chargés d'histoire que celui-ci, d'abord voué à l'Immaculée Conception, et qui semble avoir été le premier établissement de ce type dans le Nouveau Monde. L'excellent ouvrage de M. Báez Macías permettra de tout savoir sur ce legs majeur de l'ère coloniale.

Commencé entre 1524 et 1529, l'édifice respecte un plan cruciforme, inspiré de celui des hôpitaux européens de l'époque ; il est fait de la même pierre que celle employée pour la cathédrale de Mexico — du moins, en ce qui concerne les infirmeries, terminées à la fin du XVIe siècle. Ensuite, fut édifiée la belle église baroque, destinée à remplacer la chapelle primitive, et dont le clocher allait être achevé en 1704. Mais dès 1712, une secousse sismique provoquait de graves dégâts ; dès lors, les réparations se succédèrent au fil des années. A l'heure actuelle, l'une des infirmeries a disparu, et les pilastres toscans du patio principal ont fait place à d'austères colonnes. Mais l'ensemble abrite toujours de nombreux chefs-d'œuvre, notamment picturaux, de l'art *criollo* : tableaux religieux, mais également, portraits de Cortès, rappelant à l'occasion que les conquistadors ne firent pas uniquement bâtir des maisons secourables.

Cet ouvrage, enrichi de multiples illustrations, sera fort utile à la connaissance de la civilisation mexicaine et, plus généralement, de l'histoire artistique des temps modernes.

Jean-Pierre Calvignac.

BARRADAS DE CARVALHO (Joaquim). — *A la recherche de la spécificité de la Renaissance portugaise...* / Joaquim Barradas de Carvalho ; [témoignage de Fernand Braudel ; av.-pr. de Pierre Chaunu]. — Paris : Fondation Calouste Gulbenkian, 1983. — 2 vol., XV-852 p. — [1] dépl. : graph., tabl., 1 front., couv. ill. ; 25 cm.

Parler de la Renaissance, c'est nécessairement parler des grandes découvertes ; c'est aussi évoquer l'essor de l'humanisme, ou plutôt *des* humanismes, comme le souligne l'auteur — aujourd'hui décédé — de ce livre qui fut d'abord une thèse.

En 1383, le Portugal avait été la première nation à connaître une révolution bourgeoise ; pourtant, démontre Joaquim Barradas de Carvalho, ce pays, vivant en marge de l'Europe avant le XVe siècle, n'aurait pas connu de Renaissance sans les voyages nautiques qui lui ouvrirent une partie du monde, et sans la littérature née de ces découvertes. L'historien insiste sur le concept de découverte, opposé à celui, espagnol, de conquête. Il voit dans l'*Esmeraldo de situ orbis*, longuement commenté ici, l'ouvrage caractéristique de cette période ; car le livre de Duarte Pacheco Pereira, traité de cosmographie et de géographie en même temps que chronique — au sens médiéval du terme — et *routier,* réalise la synthèse de toute la littérature de voyages parue jusqu'alors. La Renaissance portugaise, au sens de «progression vers la science et la pensée modernes», aurait finalement eu pour trait essentiel de s'être développée «dans le milieu culturel des navigateurs et des hommes de science étroitement liés à eux».

Les notes occupent presque la moitié des deux volumes, ce qui prouve le caractère extrêmement consciencieux de recherches par ailleurs exposées dans un remarquable français. En retour, il est vrai, les apprécier pleinement sera réservé au lecteur ayant quelques notions de portugais, compte tenu des nombreuses citations.

Jean-Pierre Calvignac.

Church, state and society under the Bourbon kings of France / Ed. by Richard M. Golden. — Lawrence (Kansas) : Colorado press, 1982. — [VIII-] 379 p. : tabl. ; 22 cm. ISBN 0-87291-161-6.

Ces huit textes portent sur une période particulièrement mouvementée de l'histoire de l'Eglise de France, qui a connu aux 17e et 18e siècles de graves luttes intestines. L'idée de publier des écrits apportant des précisions sur la monarchie et la société françaises à la veille de la Révolution et qui révélent déjà le divorce entre l'Eglise et l'Etat est d'autant plus intéressante que peu d'ouvrages en langue anglaise sont disponibles sur le sujet.

Richard M. Golden a su, dans une introduction assez étoffée, donner les caractéristiques essentielles de l'époque considérée et dégager, de ce fait, les rapports logiques indispensables entre des textes qui, à première vue, pourraient sembler disparates. Les études de Joseph Klaits sur *Les Procès de sorcières et la monarchie absolue en Alsace* et d'Elizabeth Labrousse sur *Les Idées politiques de la diaspora huguenote* ont effectivement peu de traits communs entre elles, mais elles soulignent toutes les deux les fissures évidentes qui apparaissent dans le système social du temps.

Cet ouvrage permet de connaître l'état de la recherche en ce domaine dans les pays anglo-saxons. Il provoque chez le lecteur français une remise en cause des idées reçues et des méthodes de travail sur certaines questions.

Madeleine Tristant.

[Exposition. Marseille. 1982-1983.]. — *L'Orient des Provençaux dans l'Histoire ; novembre 82-février 83* / [préf. de Gaston Defferre...]. — Marseille : Archives départementales ; Chambre de Commerce et d'Industrie ; Archives de la Ville, 1982. — 472 p. : ill. en noir et en coul., couv. ill. en coul. ; 30 cm.

Depuis la décolonisation, Marseille a vu s'éclipser son rôle traditionnel de «Porte de l'Orient», et a dû se tourner vers de nouvelles activités. Mais les souvenirs demeurent, et le merveilleux catalogue que voici témoigne des efforts grâce auxquels une exposition a fait revivre plusieurs siècles de relations avec le Levant et l'Afrique du Nord.

En fait, toute la Provence fut concernée par ces échanges, déjà actifs au XIIe siècle : échanges commerciaux, dont des documents écrits, des objets manufacturés, des échantillons des produits les plus divers font foi ; mais également, échanges culturels — n'excluant pas le retour, de temps à autre, à des rapports moins pacifiques. L'exposition a consacré une place toute particulière à certains aspects historiques : création et développement des Echelles ; contacts avec l'Egypte, fort importants après l'expédition de Bonaparte ; conquête, puis colonisation du Maghreb. Une indéniable note artistique s'est trouvée apportée par des gravures et des tableaux reflétant la vision française de ces terres lointaines, ainsi que par de multiples chefs-d'œuvre de l'artisanat oriental. L'histoire des techniques de navigation n'a pas été oubliée.

Mais il serait vain de vouloir décrire en quelques lignes la manifestation mémorable dont ce volume, très agréable à lire quoique riche de commentaires confinant à l'érudition, conservera la trace. De plus nombreuses expositions comme celle-là ne pourraient-elles pas jouer un rôle considérable dans l'amélioration des rapports entre les peuples — surtout quand se trouve concernée une région du monde aujourd'hui douloureusement troublée ?

Jean-Pierre Calvignac.

[Exposition, Paris, Musée Carnavalet, 1984-1985]. — *Lutèce : Paris de César à Clovis* / [Exposition organisée par le] Musée Carnavalet et [le] Musée National des Thermes et de l'Hôtel de Cluny, 3 mai 1984-printemps 1985. — Paris : Société des Amis du Musée Carnavalet, 1984. — 431 p. : ill. ; 24 cm. ISBN 2-901414-06-0.

A l'arrivée des légions de César, les rives de la Seine où devait s'édifier plus tard une capitale n'abritaient qu'une tribu de pêcheurs et de bateliers. Aurait-on pu alors imaginer la destinée de cette population celte venue du Danube aux alentours du 3e siècle avant J.C. et les transformations successives d'un lieu aussi paisible ? Des Parisii aux Parisiens, des balbutiements de Lutèce à l'affirmation de Paris, des premiers développements de la bourgade gauloise puis gallo-romaine autour de la montagne Sainte-Geneviève (site déjà protohistorique) et de l'île de la Cité à l'épanouissement de la capitale franque, que d'étapes franchies pour un devenir urbain d'exception !

Organisée par le Musée Carnavalet avec le concours de divers organismes et de nombreuses personnalités, l'exposition *Lutèce* nous entraîne à la découverte des origines de la cité : sa naissance — l'*oppidum* primitif des Parisii, son évolution — de la bataille de Lutèce qui met un terme à l'indépendance gauloise (51 av. J.C.) à la période mérovingienne, l'émergence de son rôle politique, économique et culturel, les signes indéniables de sa prospérité indissolublement liée à celle de la puissante corporation des Nautes et aux effets de la *Pax Romana.* Evocation essentiellement historique d'une enfance, âge aussi crucial pour les villes que pour les hommes... Le hasard a en effet voulu qu'après les *Sculptures Médiévales*(1980) et le *Paris des Mérovingiens* (1981/82) nous remontions le cours du temps, au fil de ces expositions partielles qu'a engagées le Musée Carnavalet avant d'installer définitivement ses collections d'archéologie parisienne.

A la fois chronologique et thématique, l'exposition aborde les aspects politiques, religieux, artistiques autant que quotidiens de la vie urbaine, du Haut et Bas-Empire à l'époque chrétienne. Le tout est ponctué d'œuvres (pilier des Nautes) et de personnages (Julien, Clovis) particulièrement marquants. Son catalogue, issu d'un important travail collectif, adopte pour des raisons pratiques un style agréablement «indépendant» quoique fidèle aux grandes lignes du plan d'ensemble. Plus qu'un guide, il constitue un véritable ouvrage de référence, où la qualité des commentaires va de pair avec la beauté des planches photographiques et l'esthétisme général de la présentation.

Nicole Pierre.

HAFT (Cynthia J.). — *The Bargain and the Bridle : the General Union of the Israelites of France, 1941-1944* / Cynthia J. Haft. — Chicago : Dialog press, 1983. — XVIII-137 p. ; 22 cm.
ISBN 0-914153-00-5.

Au terme des quatorze chapitres qui composent ce livre, peut-on affirmer que Cynthia J. Haft a répondu aux principales questions que chacun est en droit de se poser à propos de l'UGIF, ou Union générale des Israélites de France ? Il semble que oui et ce, avec le plus d'impartialité possible, en dépit de l'engagement personnel de l'auteur.

Plusieurs faits se dégagent de l'analyse : le pouvoir de l'UGIF fut tout à fait illusoire et, paradoxalement, le bien-être social qu'elle a pu dispenser a été largement contrecarré par le mal commis. Elle a en effet servi, avant tout, de courroie de transmission aux nazis qui ont su tirer profit de l'ascendant moral de ses dirigeants sur leurs coreligionnaires. La conclusion logique est donc celle d'un détournement du but initial, en dépit des résistances qui ont cependant permis de diminuer l'ampleur de l'extermination en France, par rapport à d'autres pays, notamment ceux de l'Est.

De par les sources d'informations utilisées, cet ouvrage, paralléle à celui de Maurice Rajsfus : *Des Juifs dans la collaboration : l'UGIF 1941-1944* et paru à peu près en même temps, s'en différencie : la gamme des documents écrits consultés est plus vaste, car s'ajoutent aux archives du *Centre de documentation juive contemporaine* une partie de celles du *Yad Vashem* à Jérusalem et de l'*Institut Yivo* à New-York.

Madeleine Tristant.

HASQUIN (André). — *Historiographie et politique : essai sur l'histoire de Belgique et de la Wallonie* / Hervé Hasquin ; préf. de Félix Rousseau ; [suivi de] *La Wallonie devant l'histoire* / [par] Francis Dumont. — 2e éd. rev. — Charleroi : Institut Jules Destrée, 1982. — 139 p. : portr. en front. ; 21 cm.

Quarante ans après sa première édition, l'ouvrage d'André Hasquin est de nouveau publié, sous une forme revue et complétée par un article de Francis Dumont, paru dans un périodique de l'époque.

Comme le rappelle Félix Rousseau dans sa préface, l'auteur fut «le premier historien chargé d'enseigner, dans une université, l'histoire de la Wallonie en tant que région. Il était donc fort bien placé pour analyser avec perspicacité les différentes thèses défendues depuis 1830 par la Belgique à propos de son histoire et de celle de l'une de ses provinces, ainsi que les réactions de cette dernière à une «façon systématique de gommer exagérément les différences régionales».

Ce petit livre qui, selon l'auteur même, «ne se veut nullement exhaustif», offre un grand intérêt dans la mesure où, à partir d'un cas particulier, se trouve abordé le problème de l'interprétation de l'histoire et celui de son enseignement. Le lecteur, en définitive, souscrira ou non à l'opinion de F. Dumont, selon lequel H. Hasquin se serait davantage préoccupé de l'enseignement de l'histoire «*en* Wallonie» plutôt que de l'histoire «*de* Wallonie».

Madeleine Tristant.

HEIM (Jean-Louis). — *Les enfants néandertaliens de La Ferrassie : étude anthropologique et analyse ontogénique des hommes de Néandertal* / par Jean-Louis Heim ; [éd. par la] Fondation Singer-Polignac. — Paris ; New-York ; Barcelone [etc.] : Masson, 1982. — 169 p. : ill. ; 27 cm. ISBN 2-225-76351-8.

Cet ouvrage est consacré à l'étude des 6 squelettes d'enfants néandertaliens découverts de 1909 à 1973 dans les trois gisements préhistoriques de La Ferrassie sur la commune de Savignac-de-Miremont en Dordogne. Tous ces squelettes étaient situés dans les niveaux moustériens et sont d'âges divers qui vont depuis le fœtus et le nouveau-né jusqu'à la grande enfance. A proximité des fosses contenant les restes d'enfants intentionnellement inhumés, se trouvaient deux squelettes d'adultes, un homme et une femme, peut-être les parents.

L'analyse minitieuse des restes d'enfants met en évidence deux faits essentiels : la précocité de l'apparition des traits typiques relevés chez les adultes de ce taxon d'*homo sapiens* et la rapidité de l'ossification par rapport aux enfants modernes. La période juvénile était donc plus courte chez les Néandertaliens qui disparurent il y a 40.000 ans. Ce groupe avait pourtant persisté près de 30.000 ans, durée qui indique l'existence d'une faculté d'adaptation particulièrement bonne vis-à-vis des pressions sélectives dues à l'environnement.

Seulement 22 squelettes d'enfants néandertaliens sont connus à travers toute l'Europe. L'étude de la série de La Ferrassie, sans doute la plus complète découverte jusqu'à ce jour, apporte des éléments nouveaux quant aux modalités de croissance. Cependant, elle ne peut à elle seule amener de réponse absolue concernant cette croissance ni l'origine véritable des différences biologiques et anatomiques qui distinguent les Néandertaliens des hommes modernes.

Jacqueline Rose.

HERRIOT (Edouard). — *Dans la forêt normande* / Edouard Herriot... — Saint-Pierre-de-Salerne [27800 Brionne] : G. Monfort, 1984. — 369 p. : couv. ill. ; 18 cm. ISBN 2-85226-184-7.

Il faut avouer qu'en littérature, l'académicien Edouard Herriot avait laissé peu de souvenirs, sinon une définition fameuse de la culture. Cet oubli injuste est enfin réparé, en partie du moins, par la réimpression du beau volume qu'écrivit en 1925, lors de vacances passées à Bagnoles-de-l'Orne, le grand homme d'Etat radical.

Herriot, qui disait ne jamais séparer la politique de l'humanisme, fait revivre avec son génie propre, loin des platitudes d'un régionalisme mal compris, les heures illustres de la Normandie. A propos des «temps héroïques», il pondère les idées courantes sur la cruauté des conquérants scandinaves. Ce farouche anticlérical salue les cathédrales de Bayeux, Coutances, Lisieux..., comme autant de «parthénons chrétiens». Un style toujours limpide et vivant nous conduit jusqu'à cet été 1793 qui vit éclater l'héroïsme tragique de la caennaise Charlotte Corday.

Quelque chose, qui ne tient pas seulement au sujet, fait penser aux grands romans de La Varende. A chaque page, cependant, le tribun républicain montre le souci de juger sans passion. Le public réagira sans doute en conséquence : dans un pays libre, un auteur de qualité peut, plus facilement qu'un président du Conseil, réunir autour de son œuvre une forte majorité — fût-elle rétrospective. A ce *reprint* bienvenu, et dû à un éditeur normand, font néanmoins défaut la préface et l'introduction qui achèveraient de le mettre en valeur.

Jean-Pierre Calvignac.

HOXHA (Enver). — *Les Menées anglo-américaines en Albanie : souvenirs de la lutte de libération nationale* / Enver Hoxha. — Tirana : éd. «8 nëntori» 1982. — 474 p. : pl. en front. 20 cm. — (Institut des Etudes marxistes-léninistes près le Comité Central du Parti du Travail d'Albanie).

C'est en 1975 qu'Enver Hoxha, secrétaire général du Parti communiste albanais, a rédigé cet ouvrage qui fait partie de la série de ses «souvenirs de la lutte de libération nationale». Les événements relatés portent sur la période de la seconde guerre mondiale et mettent en scène l'auteur, chef de l'armée et du Front de libération nationale, face à différents représentants de l'Angleterre et des Etats-Unis.

Le style est simple et vivant, et la démonstration politique claire. Cet ouvrage apporte bien des renseignements sur l'Albanie d'hier et d'aujourd'hui.

Madeleine Tristant.

International symposium on the comparative study of megalithic cultures in Asia. Séoul 1981. — *Megalithic cultures in Asia [: papers presented at the]* / International symposium on the comparative study of megalithic cultures in Asia, under the joint auspices of the Hanyang university and the Korean national commission for UNESCO... held in Seoul february 1981 ; éd. par Pyung-hee Lee. — Séoul : Hanyang university, 1982. — [IV-]204 p. : fig. ; 25 cm. — [Monographs ; 2].

Ce symposium international, dont les résultats des travaux sont publiés par l'université d'Hanyang, en Corée, où il s'est tenu, abordait un thème de recherches encore assez peu exploité. Les premières études sur les monuments mégalithiques d'Asie ne remontent, en effet, qu'à une cinquantaine d'années. Or, l'aire géographique considérée couvre 1/5 des terres immergées et comporte la moitié de la population du monde ; on imagine donc aisément le nombre et la diversité des vestiges découverts et à découvrir.

Dans l'introduction, intitulée *Problèmes et sources,* Byung-mo Kim déplore, à juste titre, l'absence d'une synthèse pouvant, au besoin, servir de référence, qui réunirait dans une vue d'ensemble les traits caractéristiques des monuments mégalithiques de cette vaste zone. Car les comparaisons indispensables ne peuvent être faites que de région à région, et non dans une optique plus vaste. Cependant ces articles présentent un très grand intérêt, d'autant plus que pour chacun des sujets traités — les restes mégalithiques sur le territoire s'étendant de l'Inde au Japon — les auteurs ont inclus, dans la mesure du possible, les connaissances acquises à ce jour dans le pays considéré, y compris les résultats de fouilles non encore publiés. Chaque fois se trouvent également abordées plusieurs questions : les différents types de monuments représentés, la culture à laquelle ils se rattachent, leur signification et leur datation. De nombreuses figures apportent un complément aux textes. Précisons enfin qu'aucune communication n'ayant été fournie par la Chine, l'éditeur y supplée par un court résumé.

Madeleine Tristant.

KAISER (Daniel H.). — *The Growth of the Law in Medieval Russia* / Daniel H. Kaiser. — Princeton : Princeton university press, 1980. — 308 p. ; 24 cm. ISBN 0-691-05311-1.

C'est à de multiples sources que Daniel H. Kaiser a fait appel pour mieux développer sa pensée : textes légaux publiés, archives de Léningrad et de Moscou, et enfin et surtout, registres de paroisses. En outre, la vaste culture de l'auteur dans les différents domaines de la sociologie, de l'anthropologie et du droit, l'a conduit à utiliser un modèle d'évolution de la législation pour évaluer les modifications qualitatives et quantitatives survenues dans la Russie du 12e au 15e siècle, par rapport à celles connues par les autres pays d'Europe. C'est ainsi que D.H. Kaiser a été conduit à remettre en question bien des idées reçues, que ce soit par l'historiographie soviétique traditionnelle ou par les études occidentales (qui n'en sont, du reste, qu'à leurs débuts).

La pensée de l'auteur est remarquablement nuancée : pour lui, la mutation de la législation, bien qu'ayant nettement eu lieu dans le sens du passage d'un système bivalent (où seuls se trouvent en présence l'offenseur et l'offensé) à un système trivalent (où intervient l'arbitrage d'un représentant de l'état), s'est coulée très lentement dans le moule de la société et avec d'infinies variations dans le temps et dans l'espace. Lors de la mise en place du nouveau système, l'Eglise a joué un rôle non négligeable, rôle souvent méconnu par les études portant sur ce sujet.

La clarté et la précision sont deux caractéristiques essentielles de ce livre. S'y ajoute la largeur des vues de l'auteur qui a su faire ressortir l'impact des changements étudiés sur la vie politique et la société qui les avaient elles-mêmes suscités.

Madeleine Tristant.

KERN (Liselotte). — *Fritz Kern 1884-1950. Universalhistoriker und Philosoph. Hinweis auf einer unveröffentlichten Nachlass* / Liselotte Kern. — Bonn : Röhrscheid, 1980. — 152 p. — (Academica Bonnensia ; 6).

Né en 1884 à Stuttgart, Fritz Kern fit des études variées : le droit en Suisse, l'histoire à Tübingen et à Berlin, des études d'archiviste en France et en Angleterre formèrent cet esprit ouvert à la pluridisciplinarité. Il consacra une thèse soutenue à Kiel à «La politique d'expansion de la France» en 1909. Désormais les publications se suivent : elles sont essentiellement consacrées à l'histoire. Leur auteur devint professeur de l'Université de Bonn en 1922. L'œuvre qui le rendit célèbre est sans nul doute sa monumentale «Historia Mundi», pour laquelle il utilisa les sources de nombreuses archives et bibliothèques, ainsi que des travaux préliminaires significatifs.

L'auteur de cet ouvrage nous présente cependant Fritz Kern non seulement comme historien, mais aussi comme philosophe de l'histoire et philosophe à part entière. Cette démonstration minutieuse et savante fut permise à l'auteur par l'accès direct aux archives de Fritz Kern. Nous avons donc comme résultat un portrait intellectuel aussi fidèle que possible de ce grand savant.

Le livre est pourvu d'un appendice qui sera particulièrement précieux pour la recherche ultérieure. Il contient non seulement une bibliographie exhaustive de toutes les publications de Fritz Kern, mais aussi nous pouvons y trouver une description précise des archives du savant. Ces archives comportent des pièces extrêmement précieuses, cours et rapports, mais aussi des notes prises par Kern pendant des conversations savantes, des manuscrits sur l'histoire culturelle, des ébauches sur des thèmes de la philosophie et de la philosophie de l'histoire, et pour finir, des notes de journaux intimes. Bref, un riche matériau de recherche dans un modeste petit livre.

M. Berciere.

MAHN-LOT (Marianne). — *Bartolomé de Las Casas et le droit des Indiens* / Marianne Mahn-

Lot. — Paris : Payot, 1982. — 285 p. : carte, couv. ill. ; 23 cm. — (Le Regard de l'histoire). ISBN 2-228-27390-2.

Nul n'ignore que les autochtones du Nouveau Monde ont péri par millions après l'arrivée des Espagnols. Certains historiens actuels attribuent pareil drame aux épidémies qui auraient résulté du «choc microbien». Pourtant, les témoignages de Las Casas demeurent, qui rendent malaisément niable la réalité de massacres et de traitements plus qu'inhumains.

Depuis une quarantaine d'années, on a beaucoup écrit sur le grand dominicain ; mais le livre de Marianne Mahn-Lot, reflétant les dernières découvertes, apporte maints éclairages nouveaux, l'essentiel des connaissances n'étant toutefois pas remis en cause. C'est avec profit que le lecteur trouvera retracés, étape par étape, les combats du courageux pionnier — né en 1484, et non en 1474 — de l'anticolonialisme : son arrivée à l'île Espagnole, comme colon cherchant fortune ; sa «conversion», face aux horreurs qu'il découvre bientôt, et les efforts que, devenu religieux, il déploiera sans trêve, concernant les Indiens, pour le respect des droits naturels — malgré l'hostilité de ses compatriotes ; ses succès, hélas partiels, comme la promulgation des *Lois nouvelles* de 1543... L'auteur évoque également les travaux d'historien et d'anthropologue laissés par Las Casas.

En résumé, il nous est rappelé que la *Très brève relation de la destruction des Indes,* dont une réédition récente existe en français, ne fut qu'un élément d'un ensemble considérable ; d'où la nécessité qui s'impose à tout esprit consciencieux de lire, après ce classique, le présent ouvrage.

Jean-Pierre Calvignac.

MARTEL (Marie-Thérèse de). — *Etude sur le recrutement des matelots et soldats du Roi dans le ressort de l'intendance du port de Rochefort (1691-1697) : aspects de la vie des gens de mer /* Marie-Thérèse de Martel ; [préf. d'Etienne Taillemite]. — Vincennes : Service historique de la Marine, 1982. — 406 p. — [2] dépl. : 1 front., cartes, tabl. ; 24 cm.

La Marine du XVIIe siècle, on le sait, fut la première institution française qui offrit à ses serviteurs une pension de retraite. Mais elle fut aussi le premier corps militaire à pratiquer, avec le système des «classes», une forme de conscription obligatoire. Ce système a été peu étudié jusqu'ici : l'intérêt s'en trouve accru du livre de Mlle de Martel — réédition d'une thèse naguère soutenue par cette brillante chartiste.

Modifiée en 1692-1693, la province maritime de Rochefort s'étendait de l'île de Noirmoutier à la Bidassoa, et s'enfonçait dans les terres jusqu'en Toulousain : même les bateliers des rivières étaient appelés, en cette période dévoreuse d'hommes. Le recrutement, malgré les efforts des Pontchartrain et de leurs commis, fut toujours difficile, nombre de gens de mer se cachant pour fuir le service ; l'importance du protestantisme en Saintonge compliquait encore le problème. Les marins du Roi menaient une rude vie : les matelots partageaient avec du bétail les entreponts aux sabords calfatés. Tous les hommes participaient aux abordages, même si les soldats des Compagnies franches — créées en 1690 — portaient seuls les armes. Les ouvriers de l'arsenal de Rochefort entraient eux aussi dans le cadre des classes.

Le rôle considérable de la Marine au XVIIe siècle — le terme de «Royale» n'a-t-il pas subsisté jusqu'à nos jours ? — interdit d'ignorer un ouvrage magistral, appuyé sur une impressionnante documentation aussi bien que sur la perspicacité de son auteur.

Jean-Pierre Calvignac.

MASSON (Philippe). — *La Marine française et la mer Noire (1918-1919) /* Philippe Masson. — Paris : Publications de la Sorbonne ; Service historique de la Marine, 1982. XI-669 p. : couv. ill. en coul., cartes ; 24 cm. — (Série internationale ; 21). ISBN 2-85944-055-0.

La thèse que voici éditée constitue un travail d'historien, uniquement un travail d'historien : c'est déjà beaucoup, si l'on considère les passions qui accompagnent parfois encore l'évocation d'événements étudiés ici avec le plus grand souci d'objectivité. Philippe Masson, professeur agrégé d'histoire et spécialiste des questions maritimes, a utilisé des sources occidentales aussi bien que soviétiques, pour faire revivre un épisode qu'il place dans le prolongement immédiat du premier conflit mondial, retraçant la situation de l'Europe depuis le début de 1918.

Après avoir rappelé les éphémères occupations alliées d'Odessa et de Sébastopol, l'auteur nous montre «le film» des mutineries qui ont affecté la flotte française au printemps de 1919 : si, au plan politique, elle révéla la personnalité d'André Marty, cette révolte était aussi à étudier, tout comme la seconde vague d'indiscipline survenue en juin, en fonction de paramètres psychologiques, sociaux, ou encore, purement militaires. Philippe Masson l'a fait, pour conclure à la faible part de la préméditation dans des événements qui auraient eu, parmi leurs causes principales, la lassitude des hommes après cinq années de belligérance. Du reste, une amnistie assez rapide évita des rebondissements excessifs.

L'historien rattache les mutineries de la mer Noire à une longue lignée de mouvements semblables, comme celui connu par la *Royal Navy* en 1797. En bref, ce livre est à lire absolument, si l'on veut mieux comprendre l'un des premiers drames auxquels la France ait été mêlée après la grande Guerre.

Jean-Pierre Calvignac.

MAURO (Frédéric). — *Le Portugal, le Brésil et l'Atlantique au XVIIe siècle (1570-1670) : étude économique* / Frédéric Mauro. — Paris : Fondation Calouste Gulbenkian, 1983. — CXVI-653 p. — [3] f. de pl. — [1] dépl. : ill., couv. ill. ; 25 cm.

Il semble inutile de présenter l'auteur de ces recherches, qui firent l'objet d'une thèse soutenue en 1957 et publiée trois ans plus tard. Les progrès des sciences historiques depuis deux décennies font apprécier cette nouvelle édition, redevable notamment aux méthodes récentes de la géographie historique ; c'est ainsi que la première partie s'attache à l'océan et à ses contraintes, étude préliminaire à un examen détaillé des divers secteurs économiques — nul commerce n'étant omis, portât-il sur le bois, les esclaves ou le sucre. Bien entendu, l'historien se penche aussi sur les problèmes monétaires, sur «les cadres politiques du commerce», et retrace l'évolution générale au cours de ce siècle.

Frédéric Mauro, pour conclure, fait ressortir l'originalité des échanges coloniaux portugais par rapport aux autres — espagnols, surtout : si ces échanges s'inscrivaient bien dans le contexte général du capitalisme marchand, ils avaient pour caractéristique d'être aux mains de pilotes et d'agriculteurs, non de soldats ou de juristes ; par ailleurs, la prospérité du Brésil contrastait avec le déclin déjà évident du monde hispanique. Malgré quelque cent pages consacrées aux sources, l'auteur souligne les difficultés que lui a causées une documentation très incomplètement conservée et, de surcroît, dispersée «sur 30.000 kilomètres». A tout point de vue, donc, le livre que nous découvrons rajeuni mérite bien de l'école historique française : jugement qui ne diminue en rien la valeur des aides lusitaniennes saluées en avant-propos.

Jean-Pierre Calvignac.

MORGEN (Curt von). — *A travers le Cameroun du sud au nord : voyages et explorations dans l'arrière pays de 1889 à 1891* / Curt von Morgen ; traduction, présentation et bibliographie de Philippe Laburthe-Tolra. — [Paris] : S. Fleury ; publications de la Sorbonne, 1982. — 411 p. : ill., cartes ; 23 cm. — (Publications de la Sorbonne. Série Afrique ; 7). Bibliogr. p. 405-411. — ISBN 2-86729-000-7. ISBN 2-85944-059-3.

Cet ouvrage est le compte rendu fait par Curt von Morgen, officier allemand, des deux expéditions qu'il mena de 1889 à 1891 à l'intérieur du Cameroun. Chacun des chapitres est suivi de commentaires minutieux faits par le traducteur, Philippe Laburthe-Tolra.

C'est une description unique de l'état du Cameroun au seuil de l'ère coloniale : les peuples, leurs modes de vie, la géographie, le climat, la végétation. En moins de deux ans, Morgen explore du 10e au 13e degré de longitude est et du 3e au 8e degré de latitude nord. Il a accompli 3.000 kms à travers le Cameroun, à pied, à cheval ou en pirogue. Sa venue est tantôt bien acceptée par des populations indigènes accueillantes et pacifiques, tantôt donne lieu, avec des peuples belliqueux, à des heurts qui entraînent quelquefois des incidents regrettables.

Outre sa mission d'exploration, les buts de l'intervention de Morgen étaient divers. Du point de vue idéologique, il s'agissait de pacifier, de combattre les despotismes et le trafic des esclaves. Du point de vue pratique, il fallait protéger et réorganiser le commerce de produits recherchés tel que l'ivoire ou le caoutchouc.

L'ensemble de l'ouvrage apparaît comme un récit passionnant de l'épopée accomplie par cet explorateur, séduit par l'Afrique et ses habitants.

J. Rose.

Novara e la sua diocesi nel Medio Evo attraverso le pergamene dell'Archivio di Stato / [ed. da] Maria Franca Baroni ; [pres. da Giovanni Silengo]. — Novara : Banca popolare di Novara, 1981. — XXI-278 p. — [20] p. de pl. : ill. en coul., couv. ill. en coul. ; 31 cm.

Malgré de nombreuses destructions subies au cours de l'histoire, les archives italiennes demeurent extrêmement riches de documents médiévaux sur parchemin. Dans ce livre que l'on peut qualifier de somptueux, Maria Franca Baroni a publié, après trois années de patientes recherches, une sélection de cent quarante-deux textes nous restituant, sous divers aspects, la vie de Novare et de sa région entre 1183 et 1400. Chaque pièce, après un résumé concis et une description matérielle, se trouve intégralement publiée dans le latin d'origine, assez facile à comprendre. Parmi les écrits présentés, figurent des documents diplomatiques importants — «Conditions préliminaires de paix entre l'empereur Frédéric et la Ligue lombarde» —, aussi bien que de simples actes privés : «Pietro Passera, fils de feu Lanfranco di Mosezzo, vend à Francesco «de Baldo», fils de feu Giustiniano, pour trois livres impériales, une pièce de terre située sur le territoire de Mosezzo». Ainsi, la vie quotidienne et l'histoire événementielle sont-elles toutes deux représentées. De belles illustrations, reproduisant notamment des miniatures contemporaines des manuscrits édités, confèrent à ce volume un caractère vivant et concret.

Tous les médiévistes auront à cœur de faire connaissance avec un tel recueil, exemple possible pour bien des chercheurs locaux.

Jean-Pierre Calvignac.

ODORICO da PORDENONE. — *Relazione del viaggio in Oriente e in Cina (1324 ?-1330) /* Odorico da Pordenone ; [pres. da Paolo Musolla]. — Pordenone : Camera di Commercio, Industria, Artigianato e Agricoltura di Pordenone, 1982. — 120 p. : ill en noir et en coul., couv. ill. en coul. ; 29 cm.

La chambre de commerce de Pordenone mérite une grande reconnaissance pour avoir réédité, en italien et en latin, le récit légué au XIVe siècle par un illustre fils de cette petite ville proche d'Udine : le bienheureux Odoric de Pordenone, dit aussi de Frioul (v. 1265-1331), missionnaire qui, quelques années après Marco Polo, parcourut la Perse, l'Inde, l'Insulinde et la Chine, empruntant des voies terrestres autant que maritimes. Odoric appartenait à l'Ordre des Frères mineurs.

Sans aucune prétention littéraire, le texte reflète une naïveté qui, tout en conférant aux descriptions un surcroît de vie, permet au lecteur de partager les impressions merveilleuses ressenties par le voyageur médiéval. On appréciera particulièrement les notes sur le Cathay, alors soumis à la domination mongole.

Cette œuvre, facile à lire en italien du *trecento* aussi bien qu'en bas-latin, nous est offerte, richement annotée, sous une présentation matérielle des plus agréables. Précieuse source de documentation demeurée longtemps rare, elle trouvera sa place dans toute bonne bibliothèque historique.

Jean-Pierre Calvignac.

ORBAN (Balazs). — *A Székelyföld leiràsa történelmi, régészeti, természetraizi s népismei szempontbol /* Orbán Balázs ; [az új bövitett kiadàst sajtó alá rendezte, a bevezetö tanulmányt irta... Illyés Elemér]. — Firenze, München : Bibliofilo [Nyomda], 1981. — 3 vol., pagination multiple : ill. ; 29 cm. En hongrois. Fac-similé de l'édition de Pest : Ráth Mór (puis) Tettei Nándor, 1869-1873.

Voici la réédition d'un ouvrage véritablement monumental, consacré à la *«description de la Transylvanie»* comme l'indique son titre.

La Transylvanie est aussi connue sous le nom allemand de Siebenbürgen. Son nom signifie «au-delà des forêts». C'est en effet une région située dans la moitié Ouest de la Roumanie, et la plus grande partie de son territoire est occupée par les monts splendides des Carpathes. Sa population est composée de Roumains, de Hongrois et de Saxons. Elle fut, au cours de son histoire, souvent rattachée à la Hongrie ou à la Roumanie, mais elle connut aussi d'importantes périodes d'indépendance. C'est précisément pendant une période d'indépendance, entre 1526 et 1711, que la Transylvanie joua un rôle historique important en Europe. De fait, l'occupation turque du bassin du Danube concentra alors sur ce territoire d'importantes forces politiques et religieuses opposées à la maison de Habsbourg. L'esprit anti-autrichien et protestant devint traditionnel dans certaines couches de la société transylvanienne, en particulier au sein de la petite noblese. Au XIXe siècle, l'écrasement de la révolution de 1848 raviva et renforça ces sentiments.

Orbán Balazs, l'auteur de cet important ouvrage consacré à la Transylvanie, était issu précisément de cette petite noblesse de nationalité hongroise. Dans sa jeunesse, il passa de longues années à l'étranger. En Grèce, il apprit à aimer passionnément l'Antiquité classique. A Londres, au British Museum, il s'initia aux méthodes de la recherche historique. Auprès de la famille de Victor Hugo, il se mit à s'intéresser à al photographie.

Muni de l'appareillage photographique le plus moderne de son temps, mais aussi d'instruments de dessin et de carnets de notes, il prit la route, en 1862, pour parcourir son pays. Son but était de recueillir le maximum possible de matériaux historiques, archéologiques, géographiques, folkloriques et ethnographiques de sa terre natale. A pied, à cheval et en charrette, il voyagea pendant six années, pensant souvent qu'il était plus facile de traverser l'Océan et parvenir en Amérique que de vaincre les mauvais chemins qui conduisaient d'un village à l'autre au milieu des Carpathes. Mais son œuvre exceptionnelle fut menée à bien malgré tous les obstacles.

Orbán Balazs réussit à rassembler une masse considérable d'informations très diverses sur la Transylvanie du XIXe siècle et sur le passé de ce pays. Mais sa «boussole» fut avant tout l'histoire. Il étudia les correspondances des grandes familles, les registres paroissiaux, les inscriptions latines des ruines et il nota tout. Il dessina les plans des monuments architecturaux, il photographia des œuvres d'art aussi bien que des châteaux ou des groupes de personnes. Les costumes et les chansons populaires, les coutumes et les légendes locales n'ont pas non plus échappé à son attention. En cours de voyage il classa, ordonna ses matériaux. Et sept ans après son départ, il commença la publication de sa *Description de la Transylvanie...*, racontant sa patrie dans une langue admirable. Grâce à la beauté de cette langue, l'œuvre d'Orbán Balazs présente de véritables qualités littéraires. Son caractère pluridisciplinaire qui correspond à son époque et la hauteur littéraire de ses descriptions apparentent cette œuvre au grandiose *Tableau de la géographie de la France* écrit par Vidal de la Blache à la même époque.

M. Bercière.

PEARSON (Lionel). — *The Lost Histories of Alexander the Great* / Lionel Pearson. — Chico [California] : Scholars Press, 1983. — XIV-275 p. ; 23 cm. — (Philological Monographs ; 20). ISBN 0-89130-641-2

Alexandre le Grand, l'un des rares conquérants dont l'image soit demeurée généralement sympathique, se situe pour nous à mi-chemin de l'histoire et de la légende. Sa personnalité, ainsi que l'épopée inséparable de son nom, nous sont seulement connues, en effet, par des récits postérieurs de plusieurs siècles à la mort du Macédonien, et tirés de témoignages directs aujourd'hui disparus — mais encore disponibles quand écrivaient Arrien, Diodore ou Plutarque. Ces derniers, heureusement, n'ont pas manqué de nommer les auteurs de leurs sources. Lionel Pearson s'est précisément attaché à mieux connaître ces témoins et les observations auxquelles ils se sont livrés, compte tenu d'un certain contexte. La présente étude, publiée pour la première fois en 1960, constitue donc, indirectement, une critique de l'histoire alexandrine dans son ensemble.

En particulier, l'auteur s'est intéressé à Callisthène d'Olynthe, souvent tenu pour l'historien officiel d'Alexandre, au marin Néarque de Crète, ou encore au soldat Ptolémée, futur roi. Des auteurs de moindre importance, transmettant des on-dit ou soucieux de «propagande», trouvent également place ici. Rien n'a été négligé, pour reconstituer le départ de ce voyage dans le temps, par lequel le souvenir de l'épopée allait parvenir jusqu'à nous. Lionel Pearson précise que son livre s'adresse aux historiens, non aux spécialistes de la littérature classique. Est-ce bien certain ? Savoir comment, à partir de quels matériaux, s'écrit véritablement l'histoire ancienne, voilà qui ne devrait pas intéresser les seuls historiens, mais tous les esprits tant soit peu curieux.

Jean-Pierre Calvignac.

SEVERIN (Tim). — *The Sindbad voyage* / Tim Severin. — London ; Melbourne ; Sydney [etc.] : Hutchinson, 1982. — 239 p. — 24 p. de pl., ill., 25 cm. ISBN 0-09150560-7.

D'aucuns pourraient dire qu'un tel ouvrage n'a pas sa place dans une bibliothèque de recherche telle que celle de la Sorbonne. Et pourtant, une relation de voyage de cette qualité qui revêt, selon les moments, un aspect d'analyse psychologique ou anthropologique et parfois aussi un aspect artistique, mérite d'être signalée.

Comme lors de ses précédents voyages, Tim Severin s'est attaché à reconstituer les conditions exactes de navigation d'une période marquante de l'histoire des hommes. Du sultanat d'Oman jusqu'à la Chine, sur les traces de Sindbad le marin, accompagné de vingt hommes d'équipage, ce sont 6.000 milles marins qu'il a parcourus, où présent et passé se mêlaient étrangement et intimement.

L'auteur a auparavant consulté une documentation solide, sinon volumineuse. Son récit est vivant, sans trop de détails, et les photographies très belles. Un ouvrage rédigé et présenté avec soin qui, dans son genre, est une réussite.

Madeleine Tristant.

Smithsonian Institution. Washington. Colloque. 1980. Washington. — *The Muses flee Hitler : cultural transfert and adaptation, 1930-1945* / Edited by Jarell C. Jackman and Carla M. Border. — Washington : Smithsonian Institution Press, 1983. — 347 p. : ill., couv. ill. ; 24 cm. ISBN 0-87474-554-3.

En fait, ce volume, fruit d'une vingtaine de contributions, rend compte de deux colloques tenus à l'occasion du centenaire d'Albert Einstein. Sa haute valeur documentaire ne nuit en rien à son accessibilité.

Si l'antisémitisme nazi chassa outre-Atlantique les savants qui allaient doter leur pays d'accueil de l'arme nucléaire, il ne faudrait pas oublier que cette migration a aussi concerné, parmi des centaines de milliers de personnes, des représentants de la vie intellectuelle et artistique sous toutes ses formes. On trouvera ici traitées les persécutions anti-culturelles du IIIe Reich ; après un excellent aperçu de la politique d'immigration des Etats-Unis, c'est avec surprise que beaucoup découvriront le rôle joué, en France occupée, par l'*Emergency Rescue Committee* dans le sauvetage d'artistes comme Chagall, Ernst ou Matisse. Mais la plupart des textes évoquent les problèmes d'adaptation des réfugiés et, surtout, leur influence sur la civilisation nord-américaine : de Bertolt Brecht à Sigmund Freud et à Darius Milhaud, sans négliger de grands noms des sciences, longue serait la liste des exilés illustres ; mieux vaut se reporter à l'index, fort de dix-neuf pages. Quant aux intellectuels ayant cherché refuge au Canada, au Royaume-uni ou dans d'autres nations, leur cas n'a pas été oublié.

On ne peut qu'apprécier le caractère quasi exhaustif et les efforts d'explication marquant ces travaux — véritable hommage rendu par les *Etats-Unis* à des hommes qui, en échange de l'asile, leur ont tant apporté.

Jean-Pierre Calvignac.

SOPPELSA (Jacques). — *Des tensions et des armes* / par Jacques Soppelsa. — Paris : Publications de la Sorbonne, 1984. — 156 p. : cartes, tabl., couv. ill. ; 21 cm. — (Points chauds du Globe ; 1). ISBN 2-85-944-082-8.

Cet ouvrage inaugure une collection dont le titre n'appelle aucun commentaire. Il traite d'une actualité brûlante, évoquée maintes fois, mais rarement avec une telle envergure.

La course aux armements nucléaires, course que n'ont pu interrompre les tentatives de «détente» des années 1970, est allée jusqu'ici de pair avec une bipolarisation de la planète. Ce dernier phénomène avait été prévu, dès le début du siècle, par le géographe britannique Mc Kinder. En fait, existe-t-il vraiment une concurrence, ou bien une collusion tacite, entre les deux super-puissances que l'arme atomique a placées en tête des nations ? L'auteur observe qu'il n'y a eu depuis 1945 que des conflits localisés, mais de plus en plus nombreux ; il démontre aussi que la course aux armements est avant tout une compétition technologique. Les «progrès» scientifiques ont engendré des armes spectaculaires, mais aussi ont rendu possible la vulgarisation d'arsenaux miniaturisés. De là, pourrait découler une multipolarisation du Globe : vingt-deux pays, outre ceux du «club» nucléaire, seraient aujourd'hui en mesure de posséder l'arme atomique. Plusieurs de ces nations appartiennent au Tiers-Monde, ce qui amène Jacques Soppelsa à conclure que la sauvegarde de la paix internationale passe nécessairement par la lutte contre le sous-développement.

Suivant une formule désormais courante, «nous sommes tous concernés» par les problèmes dont traite ce livre, richement documenté.

Jean-Pierre Calvignac.

SRIVASTAVA (M.P.). — *The Korean conflict : search for unification* / M.P. Srivastava. — 2e éd. — New-Delhi : Prentice Hall of India, 1982. — V-120 p. tabl. ; 22 cm. — (Eastern economy edition). ISBN 0-87692-217-5.

Clarté, concision et profondeur d'esprit caractérisent ce livre d'une centaine de pages, écrit par un spécialiste des relations internationales, professeur et chercheur aux universités d'Agra et de Meerut et qui joue un rôle politique certain dans le gouvernement de son pays. Ceci n'est pas indifférent et explique la manière dont l'auteur pose le problème du conflit coréen, en le replaçant dans le cadre plus général des rivalités entre grandes puissances : Chine, Etats-Unis et URSS qui, du fait de leurs intérêts politiques, stratégiques ou autres, se retrouvent, tantôt opposées, tantôt complices, dans cette région du monde.

Un des problèmes majeurs abordés par M.P. Srivastava est celui de la succession du président de la Corée du Nord, Kim Il Sung, qui a su faire l'unanimité de Moscou et de Pékin, par un «culte de la personnalité» absolument original.

Un autre problème majeur qui se trouve analysé dans ces pages est celui d'une éventuelle réunification du pays, pour laquelle les deux parties en présence envisagent un *modus operandi* fort différent. Pour sa part, l'auteur préconise une solution de conciliation très progressive et sans aucune intervention étrangère. La lecture de ce livre soulève bon nombre de questions d'une brûlante actualité et intéresse aussi bien pour le sujet traité que pour la manière de l'aborder.

Madeleine Tristant.

VAGLIANO-ELOY (Sonia). — *Les Demoiselles de Gaulle : 1943-1945* / Sonia Vagliano-Eloy ; préf. de Maurice Schumann,... — Paris : Plon, 1982. — 262 p. : couv. ill., ill., [4] p. de pl. ; 23 cm. ISBN 2-259-00906-9.

C'est grâce au journal qu'elle avait tenu que Sonia Vagliano a pu écrire ce récit détaillé de l'épopée qu'elle a vécue depuis son engagement volontaire à 21 ans dans les Forces françaises libres, en 1943, jusqu'à la fin des hostilités de la 2e guerre mondiale, en 1945. Formée officier de liaison en Angleterre, Sonia Vagliano débarque en Normandie au mois de juin 1944 avec 60 autres officiers féminins de la MMLA (Mission militaire de liaison administrative). Ces officiers, répartis en équipes de quatre, s'occuperont des réfugiés, des personnes déplacées et des prisonniers libérés, pendant toute la durée de l'avancée des troupes alliées à travers la France, la Belgique et l'Allemagne. Le lieutenant Vagliano interviendra constamment à quelques kilomètres du front, dans la zone la plus périlleuse. Elle côtoya la souffrance, la peur et la mort à chaque instant. Intrépide et animée d'une ferme détermination, c'est à elle que seront confiés l'évacuation du camp de Buchenwald, puis la direction des 30 équipes réparties sur la zone américaine et l'échange de prisonniers est-ouest.

Par leur conduite héroïque, ces jeunes femmes officiers de la MMLA, qu'on surnomma «les demoiselles de Gaulle», ont largement contribué à restituer à la France le rang d'une nation victorieuse.

Jacqueline Rose.

WOLFSHAUT-DINKES (Max). — *Echec et mat : récit d'un survivant de Pchemychl en Galicie* / Max Wolfshaut-Dinkes ; préf. de Me Serge Klarsfeld... — Paris : Les Fils et Filles des Déportés juifs de France, 1983. — 216 p. — [8] p. de pl. : ill., couv. ill. ; 18 cm.

Le martyre sans précédent connu par le peuple juif en Europe de 1940 à 1945 s'est trouvé, dès la fin de la guerre, à l'origine de publications innombrables. Le contraire eût été inquiétant ; mais une partie de cette littérature, conduite par les soucis commerciaux à rechercher un sensationnel inutile, voire à flatter les goûts morbides d'un certain public, ne dessert-elle pas la cause qu'elle prétend défendre ? De tels excès ne fournissent-ils pas un argument aux «falsificateurs de l'histoire» dénoncés ici par le célèbre préfacier ?

Le livre de Max Wolfshaut-Dinkes, douloureux témoignage de première main, échappe complètement à ces travers. L'auteur, né dans une ville en majorité israélite avant 1939, relate la destruction d'une communauté dont il devait être le seul survivant, après être passé par cinq camps de concentration successifs. Engagé dans cette odyssée de l'horreur alors qu'il aurait pu y échapper en abandonnant les siens, le déporté dut sa survie à une foi dont l'ouvrage rend souvent compte, à une grande volonté et, de manière plus surprenante, à de remarquables talents de joueur d'échecs.

Un style fort simple rendrait le récit plus poignant encore, si besoin en était. Il faut se plonger dans ces pages, même si elles confirment certains faits très gênants, comme la participation aux menées antisémites d'habitants non-juifs des pays occupés.

Jean-Pierre Calvignac.

WYRWA (Tadeusz). — *La Résistance polonaise et la politique en Europe* / Tadeusz Wyrwa... — Paris : France-empire, 1983. — 590 p. : couv. ill. en coul. ; 24 cm. ISBN 2-7048-0307-2.

Maître de recherche au C.N.R.S., ancien résistant lui-même, l'auteur de ce livre note d'emblée que l'Europe vit toujours dans l'ombre de la seconde guerre mondiale. En tout cas, concernant la Pologne, l'issue du conflit a déterminé la floraison durable d'une historiographie officielle que le travail de M. Wyrwa, sans prétendre à une impartialité encore difficile, contrebalance sérieusement : ce n'est pas là son moindre mérite.

Succédant aux charges désespérées et magnifiques opposées aux deux envahisseurs, la résistance polonaise fut d'abord l'œuvre de ceux qui avaient lutté dès 1918 pour l'indépendance — affirme l'historien, non sans preuves. A la fin de septembre 1939, un Etat et une armée renaissaient déjà dans l'exil, cherchant à s'intégrer dans un mouvement d'échelle européenne. Sur place, la vaillante nation sombrait tout entière dans la clandestinité, produisant une avalanche de journaux combattants, fabriquant des armes dans des ateliers secrets... En 1941, le retournement forcé de Staline fit de Moscou, après Londres, un second pôle de résistance. Mais au nom de la solidarité alliée, un silence coupable allait couvrir certains faits, comme la non-assistance fatale aux insurgés varsoviens de 1944. Puis les accords de Yalta, consacrant un éclatement de l'Europe, montrèrent aussi que la Pologne libérée du joug nazi ne redevenait pas pour autant maîtresse de ses choix. Des Carpates à la Baltique, la résistance continue pour Tadeusz Wyrwa : les événements de 1956, 1968, 1970, 1980-1981 en auraient constitué de nouveaux temps forts, aux yeux de l'auteur.

Commenter ici un tel avis serait aller trop loin. Mais la place que le pays de l'Aigle blanc conserve dans l'actualité achève de faire ressortir l'intérêt d'un ouvrage exceptionnellement riche d'informations.

Jean-Pierre Calvignac.

Cet ouvrage a été achevé d'imprimer le 26 décembre 1985 sur les presses de l'Imprimerie Coopérative Folio à Saint-Julien-du-Sault (Yonne)

Denis Diderot
1713~1784

Colloque International

Paris - Sèvres - Reims - Langres (4 - 11 juillet 1984)

Actes recueillis par Anne-Marie Chouillet

PARIS
AUX AMATEURS DE LIVRES
62 Avenue de Suffren
1985

180 F